Marius Baar

Zeitbomben der Weltgeschichte

Nahost – die Folgen eines
jahrhundertealten Mißverständnisses

Verlag der
Liebenzeller Mission
Lahr

ISBN 3-88002-455-3

1. Auflage März 1991
2. Auflage April 1991
3. überarbeitete und aktualisierte Auflage September 1992
Umschlagfotos: Superbild Archiv (Farbfoto), dpa (2 Porträts)
Umschlaggestaltung: MediaCreativ, Grönenbach
Satz: Knipp Satz und Bild digital, Dortmund
Druck: St.-Johannis-Druckerei, Lahr-Dinglingen
Printed in Germany

Inhaltsverzeichnis

Zum Geleit

In der Bibel, besonders aber im Alten Testament, war der Prophet immer auch der Seelsorger. So gesehen fällt es leicht, das Zusammentreffen zwischen Marius Baar und der biblisch-therapeutischen Seelsorge zu erklären.

Immer wieder habe ich in Vorträgen und Publikationen darauf hingewiesen, daß wir die Ressourcen, die uns die Heilige Schrift anbietet, nicht nur auf das »Hier und Jetzt« beschränken sollten. Das Wissen um die biblische Prophetie macht mündig. Es führt weit über die persönlichen Probleme hinaus – und hilft dann doch wiederum zur Stabilisierung der eigenen Persönlichkeit. Wenn wir heutzutage, auch in Kreisen lebendiger Christen, immer häufiger »noogene Depressionen« vorfinden, d. h. seelische Verstimmungen, die mit Leere, Sinnlosigkeit und Perspektivenlosigkeit zu tun haben, dann ist dies nicht zuletzt durch eine einseitige Verkündigung, die ihren Schwerpunkt nur im gegenwärtigen Geschehen sieht, zu begründen. Daß die ganze Heilige Schrift weitaus mehr zu sagen hat, zeigt Marius Baar in seinem neuen Buch »Zeitbomben der Weltgeschichte«.

Sein wichtigstes Anliegen ist es, daß der Leser erkennt, welch katastrophale Folgen eine theologische Fehlprogrammierung hatte – und womöglich noch haben wird. Historisch versiert, zeigt er auf kirchengeschichtlichem Hintergrund, welch tragische Konsequenzen die Substitution Israels durch die Kirche hatte. Er macht als profunder Kenner des nahöstlichen Szenarios deutlich, daß die Ideologien des Faschismus und des Marxismus heute im Islam ihren Abschluß gefunden haben. Mächte, die mit geballter Kraft versuchen, den »Augapfel Gottes« zu zerstören.

Ein spannendes, offenes und kreatives Buch, das die Tradition der gemeindenahen Eschatologie in der Linie von Erich Sauer und Fritz Hubmer würdig fortsetzt. Ich wünschte, daß viele Christen dadurch zu neuen Zukunftsperspektiven geführt würden.

Prof. Dr. Michael Dieterich
August 1990

Vorwort

»Wer nicht weiß, wohin er will, braucht sich nicht zu wundern, wenn er ganz woanders ankommt.«[1]

Die Menschheit geht an Orientierungslosigkeit zugrunde.

Seit einiger Zeit beschäftige ich mich mit der Frage, wie es komme, daß so viele – auch solche, die sich Christen nennen – die Zeichen der Zeit nicht erkennen. Ich versuchte herauszufinden, wo die Fehler liegen könnten und ob es einen Ausweg aus diesem Teufelskreis gibt.

Das Ergebnis dieser Überlegungen ist erschütternd, aber äußerst realistisch.

Die Orientierungslosigkeit und Schizophrenie der Nationen in Ost und West, in Nord und Süd sind das Ergebnis von unkorrigierten Fehlhandlungen. Wenn es den Kirchen und Politikern nicht gelingt, diese Fehler zu erkennen und zu korrigieren, ist das Endchaos vorprogrammiert.

Die Gegenwart ist durch die Vergangenheit mit einer schweren Hypothek belastet, und die Zukunft wird noch belasteter sein.

Eine der Chancen, die Fehler zu erkennen und zu korrigieren, war am Ende des Zweiten Weltkrieges, es geschah jedoch nichts.

Während wir nicht von der Vergangenheit frei werden und uns immer noch fragen, wie es überhaupt möglich war, daß im Land der Reformation ein Hitler die Weltbühne betreten konnte, um das christliche Abendland zu verführen und ins Chaos zu reißen, bleibt die Geschichte nicht stehen. Schon wurde die Menschheit vom nächsten eschatologischen Ereignis eingeholt. Wer fragt sich heute, wie es möglich ist, daß etwa 800 Millionen Moslems[2] die Welt an den Rand eines Dritten Weltkrieges stürzen können und

---

[1] Robert F. Mayer, einer der Gründer der Lernzielproblematik in den Schulen.
[2] Je nachdem wird die Zahl der Moslems mit 800 Millionen bis einer Milliarde angegeben.

wie es im Zwanzigsten Jahrhundert möglich ist, daß eine vormittelalterliche Religion die Welt erschüttert.

Wieder hat sich die Menschheit, bevor sie es erkennen konnte, in eine Auseinandersetzung mit Israel hineinmanövrieren lassen. Nach dem Zusammenbruch des Dritten Reiches und dem Offenbarwerden seiner grauenvollen Verbrechen wurde immer wieder – bis in die Gegenwart – die Frage gestellt:»Wie war das möglich?«

Während der deutsche Bundeskanzler 1985 in Bergen-Belsen – stellvertretend für viele Deutsche – in diesem Sinne erklärte:

»Wir fragen uns heute, warum es nicht möglich war, Einhalt zu gebieten, als die Zeichen der nationalsozialistischen Tyrannei nicht mehr übersehen werden konnten, als man Bücher verbrannte, die wir zu den großen Kulturgütern unseres Jahrhunderts zählten, als man jüdische Geschäfte demolierte, ... da ... das Licht der Menschlichkeit in Deutschland und Europa von allgegenwärtiger Gewalt verdeckt war?«

rückten im Nahen Osten die »Figuren« für die nächste Auseinandersetzung an den Platz.

Wäre es nicht besser gewesen, die Politiker und Theologen hätten damals, vor Aufkommen der Katastrophe mit Hitler, *nachgedacht,* als nun an den Stätten des Grauens der Opfer zu *gedenken?*

Im Laufe ihrer Existenz hat die Menschheit eine Immunität all dem gegenüber entwickelt, was ihr Wohlbefinden beeinträchtigen könnte. Was nicht sein soll, gibt es nicht!

Obwohl der Mensch theoretisch weiß, daß gleiche Ursachen gleiche Wirkungen erzeugen, scheint er heute die Ursachen, die die Menschheit erneut zur Katastrophe führen, nicht zu erkennen.

Bücher, die zu den großen jüdisch-christlichen Kulturgütern unserer Zivilisation gehören, wurden seit 1975 im Libanon verbrannt; Menschen wurden, wenn sie nur einen christlichen Namen trugen, ermordet, und die Juden sind sich im Libanon ihres Lebens nicht mehr sicher.

Der Geiselterrorismus, dem im Libanon schon viele Menschen zum Opfer gefallen sind, hat auch in Europa Hochkonjunktur. In seinem Buch »Abou Nidal, a gun for hire« schreibt der englische Journalist Patrick Seale, daß neben Frankreich auch andere europäische Länder mit arabischen Ländern Absprachen getroffen haben, um sich vor dem Terrorismus zu schützen[3].

Unter diesem Gesichtspunkt wird die von den Journalisten aufgedeckte »Georges Habasch Affaire«, die sich im Februar 1992 in Frankreich abspielte, verständlich. Diese Ereignisse offenbaren uns die Schwäche und Erpreßbarkeit unserer »toleranten humanistischen« Demokratien.

Die Veränderungen in Osteuropa und die Wiedervereinigung Deutschlands scheinen im Augenblick alle Aufmerksamkeit der Europäer wie der Amerikaner auf sich zu ziehen.

Wegen dem, was im Dritten Reich von Deutschland ausging, bekunden heute viele Nachbarländer, die Alliierten und auch Israel ihre Befürchtungen und Bedenken über ein wiedervereinigtes Deutschland. Es scheint ihnen zu entgehen, daß die Gefahr nicht mehr von Deutschland ausgehen wird, aber durch eine geopolitische Verschiebung im Nahen Osten schon wieder vorhanden ist.

Der Schwerpunkt der Weltgeschichte verlagert sich in die Welt der Propheten. Im Libanon wurden von Seiten der Moslems, vorwiegend von drusischen Milizen, an Christen grauenhafte Massaker und Plünderungen vorgenommen.

> »57 Dörfer wurden verwüstet, aus 25 Ortschaften mit gemischter Bevölkerung mußten die Christen fliehen. Die Zahl der in Brand gesteckten Häuser wird auf über 8 000 geschätzt; mehr als 9 000 sind geplündert worden. 82 Kirchengebäude, 24 christliche Schulen und 17 Klöster wurden zerstört. Unter anderem verlor das „Kloster zum heiligen Retter" seine gesamte Bibliothek mit 20 000 Bänden und 2 000 Handschriften …«[4]

Dies ist nur ein Teil dessen, was sich gegen die Christen im Libanon zugetragen hat. Die Medien haben über diese Greueltaten und die Massaker an unbewaffneten und wehrlosen Christen kaum ein Wort verloren, ihre Berichterstattung fing bei Sabra und Schatila

---

[3] Siehe »Le Figaro« vom 9.2.92.
[4] Siehe »Idea Spektrum« vom 7.8.1985.

an, wo es 383 Tote gab gegenüber 80 000 getöteten, 300 000 verkrüppelten und 14 000 vermißten Christen. 400 000 mußten ihre Dörfer verlassen, 57 Dörfer, 183 Kirchen und 41 Klöster wurden von den Syrern, Palästinensern und Drusen zerstört.[5]

Daß heute in verschiedenen Gegenden des Nahen Ostens und besonders auch in Israel, wieder Jagd auf Juden und Christen gemacht wird, bringt die Pseudomoralisten und die neuen Antirassisten nicht auf die Barrikaden. Wie damals scheint man hier und heute nichts zu sehen, obwohl man es nicht mehr übersehen kann, sofern man nicht blind ist. Wie bei Hitler hofft man immer noch, daß es nur ein *vorübergehender* böser Traum sei und sich alles noch zum Guten wenden wird.

Als der Traum jedoch zum Alptraum wurde, war das Erwachen grauenhaft.

Um eine Antwort auf die Fragen von Helmut Kohl und über die Wiederholung der Geschichte zu finden, habe ich mich mit der Vergangenheit beschäftigt, mit jener Zeit, in der die Fehler der Gegenwart und Zukunft programmiert wurden. Der Zufall ist in der Geschichte ausgeschlossen. Der Mensch macht immer wieder die gleichen Fehler, nur erhöhen Bevölkerungs-Explosion und moderne Waffen das Ausmaß.

Nachdem das Abendland vom Rationalismus manipuliert und deformiert wurde, scheint eine sich auf die biblische Prophetie stützende Arbeit unrealistisch und utopisch. Ein logisches Denken scheint unmöglich geworden, denn die Geschichte zeigt, daß sich die Wunschträume einer rationalisierten Welt nicht erfüllen. Die biblische Prophetie geht jedoch unaufhaltsam, manchmal auf beängstigende Weise, ihrer Erfüllung entgegen, und dieses mit mathematischer Präzision. Blindheit gegenüber der biblischen Prophetie hebt dieselbe nicht auf. Jean François Revel sagt:

»Die Angst zu wissen führt zum Verlangen, verführt zu werden.«[6]

Die Erfüllung der Prophetie, wie z. B. die Wiederherstellung Israels, das Jerusalem-Syndrom, die Re-Islamisierung u.a.m. wer-

---

[5] Siehe »Figaro-Magazine« vom 22.12.1989.
[6] Figaro Magazine 15. Oktober 1988.

den von den Rationalisten nicht als Tatsachen hingenommen, sondern als Geschichtsunfälle, obwohl man diese von Jahweh aufgestellten Paniere[7], von denen die Medien täglich berichten, nicht mehr übersehen kann. Der an die biblische Prophetie Glaubende weiß, daß es keine zufälligen Unfälle gibt:

>> Bläst man etwa die Posaune in einer Stadt und das Volk entsetzt sich nicht? Ist etwa ein Unglück in der Stadt, das der Herr nicht tut?

Gott der Herr tut nichts, er offenbare denn seinen Ratschluß den Propheten, seinen Knechten.<<[8]

---

[7] Siehe: »Einführung«, Jesaja 11,11.12.

[8] Am 3,6.7.

Einführung

»Daß ihr prüfen könnt, was das Beste sei, damit ihr lauter und unanstößig seid für den Tag Christi« (Phil 1,10).

Beim Forschen in der Schrift soll es uns nicht darum gehen, eine neue Lehre zu erfinden oder eine zu vertreten, die gerade »in« ist, oder an einer alten festzuhalten. Es soll uns einzig und allein darum gehen, die Wahrheit – das Beste – zu erkennen, auf daß der, der allein »Weg, Wahrheit und Leben« ist, verherrlicht werde.
In diesem Sinne sagt Rabbi Paulus:

»Predige ich denn jetzt Menschen oder Gott zuliebe? Oder suche ich Menschen gefällig zu sein? Wenn ich noch Menschen gefällig wäre, so wäre ich Christi Knecht nicht« (Gal 1,10).

Um das Wachstum nicht zu hemmen, müssen wir frei sein, d. h. wir dürfen nicht Knechte der Menschen und ihrer Institutionen, Lehren und Dogmen sein. Über allem und vor allem sollte Christus, d. h. das inspirierte (theopneustos) und fleischgewordene Wort (Logos) stehen, denn:

»Ihr sucht in der Schrift, denn ihr meint, ihr habt das ewige Leben darin; und sie ist's, die von mir zeugt« (Joh 5,39).

»... von ihm und durch ihn und zu ihm sind alle Dinge. Ihm sei Ehre in Ewigkeit! Amen« (Röm 11,36).

Jeshua (= in Jahweh ist Heil), Ha Maschiach (= der Gesalbte) allein ist das Wort, von dem Johannes schreibt:

»Im Anfang war das Wort (Logos) und das Wort war bei Gott, und Gott war das Wort. Alle Dinge sind durch dasselbe gemacht, und ohne dasselbe ist nichts gemacht, was gemacht ist ...
Und das Wort ward Fleisch und wohnte unter uns, und wir sahen seine Herrlichkeit, eine Herrlichkeit als des eingebo-

renen Sohnes vom Vater, voller Gnade und Wahrheit«
(Joh 1).

Nach seiner Auferstehung und Himmelfahrt konnte Jesus Christus
sagen:

> »Ich bin das A und das O, spricht Gott der Herr, der da ist
> und der da war und *der da kommt,* der Allmächtige«
> (Offb 1,8).

Durch sein erstes Kommen in diese Welt ist Christus sichtbares
Wort geworden, der Unsichtbare wurde sichtbar (Joh 14,9;
Mt 11,27; Joh 10,30 u.a.). Sein Leben war, von der Geburt bis zu
Kreuz, Auferstehung und Himmelfahrt, sichtbare Prophetie. Die
Erfüllung der Prophetie war das Ziel seines Kommens.

> »… O ihr Toren, zu trägen Herzens (oder stumpf), all dem zu
> glauben, was die Propheten geredet haben! Mußte nicht Chri-
> stus dies erleiden und in seine Herrlichkeit eingehen?«
> (Lk 24,25.26).

Gedankenlosigkeit, Zweifel und Herzensträgheit der biblischen
Prophetie gegenüber sind heute wie damals Charakterzüge des
Menschen, auch mancher Gläubigen, deswegen kann er, trotz
sichtbar gewordener Prophetie, Gottes Willen nicht erkennen.

Nur wenige sind von menschlichen Einflüssen und Zwängen
frei und bringen die Kraft auf, einzugehen in die »herrliche Freiheit der Kinder Gottes«, um sich vom Geist der Wahrheit in alle
Wahrheit leiten zu lassen. Der Geist Gottes, der jedem zuteil wird,
der gläubig[1] wird, will jeden individuell in alle Wahrheit leiten, so
daß unsere Erkenntnis, die Stückwerk ist, von Klarheit zu Klarheit
geführt wird, damit unser Glaube nicht Theorie, sondern Erfah-
rung und Praxis wird. Glaube und Heilsplan sind keine einmalig
errungene Wissenschaft und Erkenntnis. Sie bewegen sich auf ein
Ziel zu, unterliegen somit einem fortschreitenden Vollendungs-
prozeß. Bis zur Vollendung bleibt unsere Erkenntnis darum Stückwerk[2], d. h. Puzzlearbeit. Ohne die biblische Prophetie und die

---

[1] Siehe Eph 1,12-14.
[2] 1. Kor 13,9.10.

Erkenntnis der göttlichen Zeitabschnitte kann der Christ nicht mündig und zum Leitbild werden.

Von einem gewissen Zeitpunkt der Geschichte an, den die Propheten »Ende der Zeit« nennen, muß sich die Geschichte – insbesondere im Nahen Osten – mit der Prophetie decken. Da wir das prophetische Wort haben, müssen wir aufmerksam die Ereignisse unserer Zeit beobachten, dies ganz besonders von dem von Jahweh gegebenen Endzeitsyndrom an. Die Massenmedien manövrieren unsere Gesellschaft auf ein bestimmtes Ziel hin. Sie ist inhaltslos zu einer glitzernden Fassade geworden; kraftlos und gleichgültig geht sie den Weg des geringsten Widerstandes und lehnt sich gegen jede Autorität auf, so daß wir auf allen Gebieten einen Zerfall der Autorität erkennen können, der seinerseits einen Verfall der Moral nach sich zieht. Unsere Gesellschaft geht am Zerfall ihrer Werte zugrunde, wie einst das römische Imperium. Ein Volk ohne Vision ist dem Untergang geweiht.

Als die Zeit erfüllet war, haben die Pharisäer und Sadduzäer die Zeichen der Zeit nicht erkannt (siehe Mt 16,1-4). Einmal mehr scheint sich die Geschichte zu wiederholen, und nicht nur die jüdischen, sondern auch viele unserer christlichen Schriftgelehrten und Politiker sind unfähig, die Zeichen der Zeit zu erkennen.

Eine fehlprogrammierte, desinformierte und manipulierte Menschheit wird erneut den wichtigsten Augenblick ihrer Geschichte verpassen. Die biblische Prophetie und die Zeichen der Zeit laufen heute wie damals beim ersten Weltdurchgang Jesu Christi wieder synchron. Sofern man den Schlüssel zum Verständnis besitzt, kann man dies erkennen. Diesbezüglich sagt Jahweh zu dem Propheten Daniel:

»Geh hin, Daniel; denn es ist verborgen und versiegelt bis auf die letzte Zeit. Viele werden gereinigt, geläutert und geprüft werden; aber die Gottlosen werden gottlos handeln, alle Gottlosen werden's nicht verstehen; aber die Verständigen werden's verstehen« (Dan 12,9.10).

Die biblische Prophetie erfüllt sich, ob wir darauf achten oder nicht. Der Unterschied liegt darin, daß diejenigen, die es achten, sich auf die Begegnung mit dem »Bräutigam« freuen und sich darauf einstellen, die anderen werden am Ziel vorbeischießen und in den kommenden Zorn gelangen.

Das Wunschdenken einer die Prophetie ablehnenden und unkundigen Menschheit deckt sich nicht mit der biblischen Prophetie und läuft nicht mit den Zeichen der Zeit synchron.

Durch die Menschheitsgeschichte hindurch kann man immer wieder feststellen, daß der Mensch Fehler beging, wenn er eigenwillig gehandelt und die Prophetie vergewaltigt hat, indem er Verheißungen in eine Zeit versetzte, in die sie nicht gehörten, für die sie nicht bestimmt waren und darum auch nicht eintreffen konnten.

Wer den Heilsplan nicht kennt, weiß nicht, *was wann* geschehen soll.

Für die Gläubigen gibt Gott das prophetische Wort, aus welchem der Mensch die Zeichen der Zeit erkennen kann; Tag und Stunde jedoch sind in Gottes Hand. Ist die Zeit jedoch erfüllt, handelt Gott schnell. So sind bei der ersten Begegnung Jesu mit der Geschichte 845 Verheißungen binnen 33 Jahren über die Weltbühne gegangen[3].

Die von Jesaja achthundert Jahre vor dem Eintreffen vorausgesagte Jungfrauengeburt (siehe Jes 7,14) war *das* Zeichen, daß die Zeit erfüllt war:

»Als aber die Zeit erfüllt war, sandte Gott seinen Sohn, geboren von einer Frau ...« (Gal 4,4).

Nach seiner Geburt verkündigten die himmlischen Heerscharen den Hirten auf dem Felde:

»Denn euch ist heute der Heiland (Jeshua) geboren, welcher ist Christus (Maschiach), der Herr, in der Stadt Davids (Bethlehem, siehe Mi 5,1; Joh 7,42; Mt 2,1-6). Und das habt zum *Zeichen* : Ihr werdet finden das Kind in Windeln gewikkelt und in einer Krippe liegen« (Lk 2,11.12).

Über diese Geburt (a) des Messias und seinen Auftrag (b) berichtete der Prophet Jesaja:

---

[3] Siehe »Nahost«, Kap. II: Die Welt der Propheten, das Morgenland.

(a) »Denn uns ist ein Kind geboren, ein Sohn ist uns gegeben,
(b) und die Herrschaft ruht auf seiner Schulter; und er heißt
Wunder-Rat, Gott-Held, Ewig-Vater, Friede-Fürst; auf daß
seine Herrschaft groß werde und des Friedens kein Ende auf
dem Thron Davids und in seinem Königreich, daß er's stärke
und stütze durch Recht und Gerechtigkeit von nun an bis in
Ewigkeit. Solches wird tun der Eifer des Herrn Zebaoth«
(Jes 9,5.6).

Wenn sich die Geburt des Sohnes wie verheißen in Bethlehem
vollzogen hat (a), besteht kein Zweifel daran, daß sich der zweite
Teil (b) der Verheißung nach der Parusie (= Wiederkunft) auch
erfüllen wird.

Der Messias hat »zwei Seiten«, wie eine Medaille: eine leidende (Jes 53,1-12; 1 Petr 2,21-25) und weil Jeshua (= in
Jahweh ist Heil) der Leidende war, kann er auch nur der erhöhte
Christus sein (siehe Phil 2,1-11; Hebr 7,26-10,25; Offb 1,4-8;
17,18).

Dies war die Überzeugung derer, die schon damals erkannt hatten, daß Jesus (Jeshua) auch der Messias (Maschiach) ist, daß
beide ein und derselbe sind. Daß er der Segen Abrahams ist, der
all denen zuteil wird, die an ihn glauben, seien sie aus den Juden
oder aus den Nationen (siehe 1 Mose 12,3; Gal 3,13-16). Die Nationen scheinen nicht erkannt zu haben, daß das Angebot Jahwehs
an sie in Raum, Zeit und Menge begrenzt ist.

Die Parusie ist, wie auch das erste Kommen, von Begleiterscheinungen gekennzeichnet.

Das Zeichen (Panier) der Endzeit und des Wiederkommens des
Messias ist die von den Propheten vor mehr als 2 500 Jahren
vorausgesagte Wiederbringung des Überrestes der Juden aus allen
Himmelsrichtungen in das Land der Verheißung.

»Und der Herr wird *zu der Zeit* zum zweiten Mal seine Hand
ausstrecken, daß er den Rest seines Volkes loskaufe, der
übriggeblieben ist in Assur, Ägypten, Patros, Kusch, Elam,
Schinar, Hamat und auf den Inseln des Meeres.
Und er wird ein *Zeichen* aufrichten unter den Völkern und
zusammenbringen die Verjagten Israels und die Zerstreuten

Judas sammeln von den vier Enden der Erde« (Jes 11,11.12; siehe auch Hes 38,8).

Seit bald 2 000 Jahren bietet Jahweh durch den Sohn denen, die ihn aufnehmen, sein Heil an (siehe Joh 3,16-18).

Eine Menschheit, die im großen und ganzen dieses Liebesangebot Jahwes ignoriert und abgelehnt hat, wird am Ende der Zeit in die Krisis (Gericht) des kommenden Zornes gelangen.

»Das ist aber das Gericht (Krisis), daß das Licht in die Welt gekommen ist, und die Menschen liebten die Finsternis mehr als das Licht, denn ihre Werke waren böse« (Joh 3,19).

Durch die Wiederherstellung Israels werden die Königreiche, d. h. die Nationen, vor die Alternative gestellt, sich für oder gegen Jahweh, sein inspiriertes und fleischgewordenes Wort zu entscheiden. Um diese Entscheidung zu ermöglichen, erlaubt Jahweh das Erscheinen eines Pseudo-Propheten und einer Pseudo-Offenbarung und eines Pseudo-Volkes, die das Land beanspruchen und die Unterwerfung der Welt unter einen Pseudo-Elohim (= Gott) anstreben.

Daß dies heute, ganz besonders in der Welt der Propheten[4], nicht mehr außerhalb der politischen und religiösen Reichweite liegt, kann jeder, der offene Augen hat, sehen.

Um die Zeichen der Zeit zu erkennen, dürfen wir nicht, wie die Pharisäer und Sadduzäer zur Zeit der ersten Parusie, an Fehlvorstellungen festhalten. Wir müssen aufgrund der Ereignisse und der Prophetie forschen, ob es sich also verhält und ob die Puzzleteile an den richtigen Ort passen. Dazu brauchen wir das klare Bild des Heilsplanes, einen wachen Geist, um die Ereignisse des Weltgeschehens zu erkennen und eine Erkenntnis des prophetischen Wortes.

Unser Jahrhundert wurde von zwei Ideologien in Atem gehalten, die der europäischen Gesellschaft einen Aderlaß von mehr als 60 Millionen Opfern auferlegten. Der Nationalsozialismus und der Kommunismus sind letzten Endes Opfer ihres eigenen Wahns geworden und sind an ihrer Hybris zugrunde gegangen. Ihr Unter-

---

[4] ebd.

gang war für die pluralistischen Demokratien Anlaß zur Freude und zum Aufatmen. Es könnte sein, daß die Ereignisse im Osten Europas unsere Welt in eine hypnotisierende Euphorie versetzen, die falsche Hoffnungen erwecken. Das egozentrische Europa glaubt schon, das Morgenrot einer neuen Weltgesellschaft zu erkennen und scheint nicht zu sehen, daß der Halbmond schon weit über dem südöstlichen Horizont steht, und der – wie wir es in Algerien, Persien, dem Libanon, im Sudan, Tschad, in Aserbaidjan und Kaukasus u.a. erkennen können – alles ablehnt, was sich ihm nicht unterordnet.

Der Islam, der parallel zur Wiederherstellung Israels zu neuem Leben erwachte, dessen Programm die Weltislamisierung vorsieht, macht aus seinem Fanatismus eine Tugend und aus der Toleranz eine Übertretung seiner Ideologie.

Diejenigen, die sich ihm widersetzen, stempelt er als Satane ab und betrachtet sie als »unreine Tiere«. So beschimpfte ein mutmaßlicher Terrorist, der in Frankreich unter Verdacht steht, an Attentaten beteiligt gewesen zu sein, – bei denen 13 unschuldige Personen umkamen und 250 verwundet wurden – den Richter als »Schwein«[5] ...:

> »... Sohn eines Christen und einer Jüdin, du hast kein Recht, dein Maul aufzutun, wenn ein Moslem redet. Ich bin hier, um dich zu zerdrücken. Der Islam wird deinen Tod und den des Abendlandes herbeiführen.«[6]

Spätestens seit dem Ölschock von 1973 wissen unsere Industrienationen, daß ihre Zukunft nicht mehr ohne das Öl aus den islamischen Ländern geschrieben wird. Somit sind die überzüchteten Industrienationen, die nur noch vom Öl zu leben scheinen, wohl oder übel den islamischen Ländern hörig.

Zweifellos steht das Abendland nicht nur am Scheideweg, sondern am Rande des Abgrundes. Diese Krise ist die Konsequenz des Abfalls, sie ist also eine geistliche Krise. Die Kirchenflucht im christlichen Abendland ist der Beweis dafür, daß die Christen

---

[5] Im Koran sagt Allah, daß er Nicht-Moslems in Schweine und Affen verwandelt. Sure 5,65.
[6] Siehe »Le Figaro« vom 7.1.90.

ihr Vertrauen in die Kirche verloren haben. Die Auflösung der Kirchen ist letztlich der Zusammenbruch falscher Theologie und einer Verlegung heilsgeschichtlicher Ereignisse in einen falschen Zeitabschnitt. Viele in der Kirche sind an Orientierungslosigkeit erkrankt, was aber keineswegs bedeutet, daß es das Ziel nicht gibt.

Die Christenheit wird schon sehr lange von größtenteils prophetie-unkundigen Blindenführern geleitet. Es bleibt nur zu hoffen, daß viele Gläubige die Zeichen der Zeit erkennen und aus ihrem Schlaf erwachen. Doch wie es scheint, wird sich an diesem Zustand in nächster Zukunft nicht viel ändern. Wo liegen die Fehler?

Die Decke der Nationen

Am Straßburger Münster kann man die beiden Figuren »Synago-ge« und »Ekklesia« bewundern. Diese Gegenüberstellung war zur Zeit, als es noch fast keine Zeitungen, kein Fernsehen und Radio gab, schon eine Möglichkeit, die Massen zu manipulieren. Die Darstellung der beiden Figuren ist eine Desinformation und eine Fehlinterpretation der Heiligen Schrift. Beim Betrachten dieser beiden Figuren wäre es gut, wenn man sich der Worte des Heiden-apostels Paulus erinnerte, die er *an die Gläubigen* in Rom schrieb:

»... so rühme dich nicht gegenüber den Zweigen. Rühmst du dich aber, so sollst du wissen, daß nicht du die Wurzel trägst, sondern die Wurzel trägt dich. Nun sprichst du: Die Zweige sind ausgebrochen worden, damit ich eingepfropft würde. Ganz recht! Sie wurden ausgebrochen um ihres Unglaubens willen; du aber stehst fest durch den Glauben. Sei nicht stolz, sondern fürchte dich! Hat Gott die natürlichen Zweige nicht verschont, wird er dich doch wohl auch nicht verschonen. Darum sieh die Güte und den Ernst Gottes: den Ernst gegen-über denen, die gefallen sind, die Güte Gottes aber dir gegen-über, sofern du bei seiner Güte bleibst; sonst wirst du auch abgehauen werden. Jene aber, sofern sie nicht im Unglauben bleiben, werden eingepfropft werden, denn Gott kann sie wie-der einpfropfen. Denn wenn du aus dem Ölbaum, der von Natur wild war, abgehauen und wider die Natur in den edlen Ölbaum eingepfropft worden bist, wieviel mehr werden die natürlichen Zweige wieder eingepfropft werden in ihren eigenen Ölbaum. Ich will euch, liebe Brüder, dieses Geheim-nis nicht verhehlen, damit ihr euch nicht selbst für klug hal-tet: Verstockung ist einem Teil Israels widerfahren, so lange bis die Fülle der Heiden zum Heil gelangt ist; und so wird ganz Israel gerettet werden, wie geschrieben steht (Jes 59,20; Jer 31,33): Es wird kommen aus Zion der Erlöser, der abwen-den wird alle Gottlosigkeit von Jakob« (Röm 11,18-26).

In ihrem Machttaumel hatten die stolzen christlichen Nationen die Thora, die Propheten, die Lehre Christi und der Apostel falsch verstanden und falsch ausgelegt.

Für mich persönlich war es ein Schock und eine Offenbarung, als ich erkennen mußte, daß falsche Prophetieauslegung bis in manche evangelikale Kreise gelehrt und vertreten wird. Dies oft, ohne daß es die Gemeindeglieder merken oder wissen. Für mich war es selbstverständlich, daß jeder gläubige Christ an die biblische Prophetie und eine einheitliche Auslegung im Zusammenhang mit dem göttlichen Heilsplan glaubt, doch eines Tages wurde ich gewahr, daß dem nicht so ist. Als wir einmal einen amerikanischen Mennonitenprediger (Ältesten) nach Hause eingeladen hatten und ich ihm meine Bedenken über die Gleichgültigkeit der Mennoniten gegenüber dem prophetischen Wort (in bezug auf Israel) kundtat, sagte er mir, daß die Lehre der Mennoniten amillenaristisch[1] sei.

Diese Ansicht ist mir z. B. auch bei Methodisten und Baptisten begegnet, ganz zu schweigen von der offiziellen Kirche und auch von den Zeugen Jehovas.

Dies löste in mir den Wunsch aus, diesem Problem nachzugehen und herauszufinden, wann und wo diese amillenaristische Lehre ihren Ursprung haben könnte. Diese Lehre konnte nur aus der Teilverwerfung und Fehlinterpretation des inspirierten Wortes hervorgehen, demnach ist sie eine subtile (verführerische) Bibelkritik oder Entmytologisierung unter religiösem Deckmantel.

Die Übertragung der Verheißungen an Israel auf die Kirche respektiv auf die Gemeinde macht ihre Anhänger immun gegen die Prophetie der Endzeit. Aus ihr sind der Antisemitismus und der heutige Antizionismus entsprungen. Ist es nicht erschütternd, daß kaum 40 Jahre nach dem Geschehen im Zentrum Europas die Menschheit wieder am gleichen Punkt angelangt ist wie beim Vorläufer des Antichristen, Hitler?

In der Endzeit wird sich eine prophetieunkundige und -ablehnende Menschheit gegen die von Gott festgelegte Ordnung und seinen Heilsplan auflehnen und einen noch nie dagewesenen Höhepunkt erreichen.

---

[1] amillenaristisch – siehe Kapitel III (Papst, Rom...) S. 47 (Reich-Gottes-Fabel).

»So spricht der Herr, der die Sonne dem Tage zum Licht gibt und den Mond und die Sterne der Nacht zum Licht bestellt; der das Meer bewegt, daß seine Wellen brausen – Herr Zebaoth ist sein Name –: Wenn jemals diese Ordnungen vor mir ins Wanken kämen, spricht der Herr, so müßte auch das Geschlecht Israels aufhören, ein Volk zu sein vor mir ewiglich« (Jer 31,35.36).

Dadurch, daß auch viele Christen prophetieblind sind und sich somit auf die antisemitische Welle manipulieren lassen, werden sie plötzlich, ohne es zu merken, an der Seite des Antichristen stehen. Und wie es heute scheint, erkennt die Christenheit diesen endzeitlichen Antichristen nicht und wird, wie bei Hitler, zum Steigbügelhalter dieser Macht.

In der Endphase wird sich einmal mehr erweisen, wer den göttlichen Heilsplan aus dem prophetischen Wort kennt und wer nicht.

Die prophetieunkundigen Nationen wie auch die prophetieablehnende Christenheit werden bis zum Ende die Decke vor den Augen haben. Sie werden, wenn auch zu spät, erkennen, daß sie verführt wurden.

»Und er (Jahweh) wird auf diesem Berge Jerusalem die Hülle wegnehmen, mit der alle Völker verhüllt sind, und die Decke, mit der alle Heiden zugedeckt sind« (Jes 25,7).

Alle diejenigen, die die biblische Prophetie oder die göttlichen Zeitabschnitte ignorieren oder ausschalten, sind demnach für das Handeln Gottes in der Geschichte blind.

Es ist eine List des Satans, den Menschen irrezuführen, auf daß er nicht erkennt, daß mit der Wiederkunft Jesu Christi die Erfüllung der Verheißungen für unsere Welt ihren Höhepunkt erreichen wird.

In der Offenbarung stellt sich der Auferstandene vor:

»Siehe, er kommt mit den Wolken, und es werden ihn sehen alle Augen und alle, die ihn durchbohrt haben, und es werden wehklagen um seinetwillen alle Geschlechter der Erde. Ja, Amen.
Ich bin das A und das O, der Anfang und das Ende, spricht

Gott der Herr, der da ist und der da war und der da kommt, der Allmächtige« (Offb 1,7.8).

Die Frohe Botschaft enthält das erste und zweite Kommen Jesu Christi, beide sind untrennbar, und durch die Prophetie vorausgesagt und festgelegt. Nur der Triumph am Kreuz, die Auferstehung und Himmelfahrt geben dem Wiederkommenden die Macht, das verheißene messianische Reich Gottes einzunehmen (siehe Phil 2,5-11).

Wie es die Erfüllung der Verheißungen beweist, war die Wiederherstellung Israels am Ende der Zeit kein Mythos.

Sagte nicht Gott:

»Höret ihr Völker des Herrn Wort und verkündet's fern auf den Inseln und sprecht: Der Israel zerstreut hat, der wird's auch wieder sammeln und wird es hüten wie ein Hirte seine Herde« (Jer 31,10).

Ob die Völker und die Christenheit das Zeichen der Zeit, das Gott 1948 in die Welt gesetzt hat, gesehen haben?

Wenn ja, kann es dann sein, daß sie so blind und gleichgültig an diesem Zeichen vorbeigehen?

So wenig die Wiederherstellung Israels ein Mythos oder Geschichtsunfall war, so wenig wird auch die Parusie und das tausendjährige messianische Reich ein Mythos oder Geschichtsunfall sein.

Fazit

Keine Philosophie, Religion oder Ideologie hat, wie der Geist Gottes, den Menschen geadelt und den Geist des Menschen aus der Versklavung befreit. Alle aus dem menschlichen Geist entsprungenen Philosophien, Religionen und Ideologien schränken den Geist des Menschen ein und hindern ihn daran, die volle Wahrheit zu erkennen. Durch den Glauben an den, der *die* Wahrheit ist, empfangen wir den Geist der Wahrheit, der uns in *alle* Wahrheit leitet und uns in die wunderbare Freiheit der Kinder Gottes einführt (siehe Joh 14,6; 8,32).

So konnte der Ewigseiende, der »vor Abraham war« (Joh 8,58), der »Ich bin« (2. Mose 3,14.15), sagen:

Wenn euch nun der Sohn frei macht, so seid ihr wirklich frei« (Joh 8,36).

Durch die Reformation haben einige Menschen einen kleinen Geistessprung in die richtige Richtung getan. Die Welt erhielt einen kleinen Vorgeschmack von der Befreiung des Geistes von menschlichen und satanischen Zwängen und Schranken. Die Auswirkungen sehen wir bis heute in den Ländern, in denen die Reformation möglich war, aber auch in denen, die ihr widerstanden. Stichwort: Inquisition, Marxismus, der nationale oder internationale Sozialismus = Humanismus.

Nur in seinem Licht sehen wir das Licht (Ps 36,10). So konnte der, der *das* Licht ist, sagen:

»Ich bin das Licht der Welt. Wer mir nachfolgt, der wird nicht wandeln in der Finsternis, sondern wird das Licht des Lebens haben« (Joh 8,12).

Das Licht entspringt aus der Wahrheit; die Wahrheit kommt aus dem inspirierten und fleischgewordenen Wort (siehe Joh 1,1-14). Dieses Wort beinhaltet die Eschatologie (= Lehre der Endzeit), von der Petrus sagt, daß wir darauf achten sollen, als auf ein Licht, das da scheint in einem dunkeln Ort.

Israel, die christlichen, islamischen und anderen Nationen werden heute intensiv mit der biblischen Eschatologie konfrontiert und scheinen die Zeichen der Zeit nicht zu erkennen.

Während Jahweh durch Israel wieder in die Geschichte eingreift und Israel als Zeichen seines Handelns unter die Nationen stellt, scheinen die prophetieunkundigen und Jahwehs Ordnung ablehnenden blinden Nationen gleichgültig an den Zeichen der Zeit vorbeizugehen.

Eine verstockte Gesellschaft ist auf dem Weg, die letzte Weltkrise vor der Parusie auszulösen.

Diesbezüglich sagte der Prophet Amos:

»Der Tag des Herrn wird finster und nicht licht sein« (5,20).

Um einen Krieg zu vermeiden, werden die Nationen einmal mehr schweigen, wenn die Feinde Israels zum letzten Schlag ausholen.

Heute sind die Großmächte, Amerika, Europa, bis hin nach Moskau mit Perestroika, Glasnost, der Abrüstung, dem »gemeinsamen Haus Europa« und dem Frieden beschäftigt, so daß ihnen keine Zeit bleibt, um sich mit den »kleinen« Problemen der Christenverfolgung in islamischen Ländern oder mit dem Phänomen des aufwachenden Islam zu befassen. Sie wurden von den Ereignissen überrollt und laufen ihnen hinterher.

Was bedeutet schon das Leben einiger Millionen libanesischer, sudanischer oder armenischer Christen oder etwa des jüdischen Volkes, von dem behauptet wird, es sei das auserwählte Volk, »auserwählt von wem?«[2]

Der »Fehler«, den diese Völker begangen haben, ist, daß sie nicht Moslems sind und keine Ölfelder besitzen. Niemand würde sich heute unterstehen, den Moslems abzustreiten, daß sie das auserwählte Volk sind (siehe Koran 3.106): Könnte man hier nicht ebenfalls fragen: »Auserwählt von wem?«

Nach all dem, was wir heute sehen, müssen wir feststellen, daß unsere Welt lernunfähig ist und nicht erkennen kann, daß das Nahost-Problem ein metaphysisches Problem ist. Da es ein geistliches Problem ist, kann es nur von dem durch den Geist Jahwes wiedergeborenen Menschen[3] erkannt werden, der natürliche Mensch (psychikos), den die Bibel als geistlich tot bezeichnet, kann die metaphysischen Hintergründe nicht erkennen[4].

Wenn der Zweite Weltkrieg in Auschwitz, Hiroshima und Nagasaki den Höhepunkt erreichte, so wird dieser letzte Versuch, Israel für den Frieden aller Nationen zu opfern, mit der Zerstörung aller Nationen enden:

> »Dies sind die Worte, die der Herr redete über Israel und Juda: So spricht der Herr: Wir hören ein Geschrei des Schreckens; nur Furcht ist da und kein Friede ...
>
> Es ist ja ein gewaltiger Tag, und seinesgleichen ist nicht gewesen, und es ist eine *Zeit der Angst* für Jakob; doch soll ihm

---

[2] Patrik Séry, in »L'Evènement du Jeudi« vom 25.-31. Januar 1990, S. 24.
[3] Siehe Joh 3,12-21.
[4] Siehe 1. Kor 2,1-16.

daraus geholfen werden ... Denn ich bin bei dir, spricht der Herr, daß ich dir helfe. Denn *ich will mit allen Völkern ein Ende machen*, unter die ich dich zerstreut habe; aber mit dir will ich nicht ein Ende machen. Ich will dich mit Maßen züchtigen, doch ungestraft kann ich dich nicht lassen. *Zur letzten Zeit* werdet ihr es erkennen« (siehe Jer Kap. 30).

Nach der biblischen Prophetie ist dies leider der Preis einer Jahweh ablehnenden Gesellschaft. Diese Ablehnung wird heute im Nahen Osten und in der UNO konkret sichtbar und geht greifbar in die Geschichte ein.

Kein christlicher Kirchenfürst oder Politiker hatte bis heute den Mut, beispielsweise vor der UNO oder dem Europarat die Notbremse zu ziehen. Wollen sie oder können sie ihre Ablehnung gegenüber Gott und seinem prophetischen Wort schon nicht mehr sehen?

Substitutions- und Enterbungstheologie[1]

Konkordat = 2. Vatikanum

Die Substitutions- und Enterbungstheologie bildet den Kultur-
boden, auf dem der Antisemitismus und der Antizionismus gedei-
hen können. Es handelt sich hierbei um eine Philosophie, die, wie
wir sehen, schon sehr früh von den Kirchenvätern und Philosophen verbreitet wurde. Die Irrlehre stellt die Christen dar, als
seien sie das wahre Israel und fordert, »daß die Kirche ihre jüdische Herkunft verwirft« (Justinius Martyr, Philosoph 110-165).
Für die christliche Substitutionstheologie ist Israels Auftrag mit
dem ersten Kommen von Christus für immer beendet, da die Kirche den Platz Israels als das »geistliche Israel« einnimmt.

Durch die Substitutions- und Enterbungstheologie wurde Israel
in verschiedenen christlichen Denominationen und außerchristli-
chen Religionen, wie z. B. im Islam, aus dem Heilsplan Jahwes
ausgeschaltet.

Nach Meinung des Islam hat Israel keinen Anspruch auf Volk
und Land, da der Islam sich als das auserwählte (beste) aller Völker betrachtet[2], dem notgedrungen das Land[3] zufallen muß und,
früher oder später, auch die Weltherrschaft.

Wie im Dritten Reich das arische Volk, nimmt heute das islamische den Platz des Herrschervolkes ein, das die Zerstörung Israels und der bibelgläubigen Christen zum Ziel hat. Wie bei Hitler
scheint die Kirche auch heute erst dann wieder aufzuwachen,
wenn es zu spät ist. Bis dahin spielt sie tapfer mit, die Spuren
zwischen Wahrheit und Lüge zu verwischen.

---

[1] Substitutionstheologie bedeutet, daß die Kirche das geistige Israel ist und somit
dessen Platz einnimmt. Enterbungstheologie bedeutet, daß die Kirche die Verheißungen, die an Israel gerichtet sind, für sich beansprucht und somit Israel
seiner Verheißungen enterbt. Siehe hierüber mehr im Kap.»Papst, Rom, Aufstieg oder Niedergang?«
[2] Siehe Sure 3.106: »Die beste aller Gemeinden« kann auch mit das »beste aller
Völker« übersetzt werden.
[3] Siehe Sure 21.105.

»In der Hoffnung, das Schlimmste zu verhüten, hatte der Vatikan mit Hitler ein Konkordat unterzeichnet«, so der Papst während seines Deutschlandbesuches im Mai 1987[4].

Auch heute hat der Vatikan Israel noch nicht anerkannt und buhlt mit den Feinden Israels und mit denen, die seine Vernichtung anstreben. Im Laufe der Jahrhunderte hat sich eine unüberbrückbare Kluft zwischen Christen und Juden gebildet. Während dieser Zeit hat sich das Christentum mit einer gewaltigen Schuld belastet. Wurde nicht auch das Zweite Vatikanum zu einem »Konkordat« mit einer Macht, die – wie Hitler – die gleichen Ziele verfolgt?

Hätte das Zweite Vatikanische Konzil den Dialog zwischen Juden und Christen zum Ziel gehabt, so hätte der Vatikan aufgrund der biblischen Prophetie den Staat Israel endlich anerkennen müssen. Das Zweite Vatikanum öffnete denen die Tür, die die Zerstörung Israels, also der Juden und der Christus-Gläubigen, auf ihr Banner geschrieben haben.

Wenn nun Rom, wie es behauptet, seit dem Zweiten Vatikanischen Konzil seinen Kurs gegenüber den Juden geändert hat, dann hat es seine Uhren immer noch nicht auf die biblische Prophetie eingestellt. Rom – und nicht nur Rom allein – hat den Grundfehler bis heute weder erkannt, noch korrigiert. So lange dies nicht geschehen ist, schwelt bewußt oder unbewußt der Antisemitismus im Antizionismus weiter.

In der Enttheologisierung Israels als dem von Jahweh auserwählten Volk könnten, wie es scheint, verschiedene Weltreligionen einen gemeinsamen ökumenischen Nenner finden. Die Bedingung für einen ökumenischen Zusammenschluß ist der Ausschluß des prophetischen Wortes.

Eine solche Einstellung führt dann zu schwerwiegenden Fehlern, wie der Besuch Arafats beim Papst; die Tür für gewaltige Irrtümer ist offen, weil das Fundament der Apostel *und Propheten* aufgegeben wurde, da Jesus Christus der Eckstein ist (siehe Eph 2,20). Da das Grundübel weder erkannt noch korrigiert ist, entfernen sich Rom und die Anhänger der Substitutions- und Ent-

---

[4] Siehe »Le Figaro« vom 3.5.1987.

erbungstheologie noch weiter von der Wahrheit. So betont der inzwischen weltbekannte Prof. Hans Küng am 1. November 1984:

>Das zweite Vatikanische Konzil ebnete 1964 den Weg zum Dialog mit dem Islam und anerkannte auch ihn als Weg zum Heil. Weshalb sollen dann nicht auch die *Hochachtung* vor dem von Gott durchdrungenen *Propheten Mohammed* und die Anerkennung des Korans als ein prophetisches Zeugnis von dem einen Gott gerechtfertigt sein?«[5]

Daraufhin wurde in Zürich die christlich-islamische Gesellschaft CIG gegründet, in der jeder Mann und jede Frau Mitglied werden kann, wenn er oder sie sich mit den Ideen des Prof. Küng identifiziert[6]. Wie schon oft in der Geschichte des Papsttums spielt die Kirche die Karte der aufsteigenden Macht.

Wir wissen, daß in keinem islamischen Land Religionsfreiheit herrscht und dort keine islamisch-christlichen Gesellschaften gegründet werden, so daß man sich fragen kann, wozu die christlich-islamischen Gesellschaften im Abendland anderem dienen, als allein der Verbreitung des Islam und zur Verwirrung und Verblendung der Christen?

Ehen zwischen Christen und Moslems enden mit nur wenigen Ausnahmen im islamischen Lager – ein Beweis für die Intoleranz des Islam und die Gleichgültigkeit der Christen.

Die christliche Welt wartet auf die heiligen Krieger Allahs

So wie es von seiten der Kirche falsch war zu glauben, daß sie den Auftrag hätte, das Reich Gottes auf Erden zu errichten, so ist es auch falsch, die Wahrheit zu opfern, um den Frieden zu erhalten.

Aus der Bibel geht klar hervor, daß der Friedensfürst, wenn er wiederkommt, das messianische Friedensreich aufrichten wird, und daß das zur Erkenntnis Gottes gelangte Israel in diesem Reich eine Schlüsselstellung einnehmen wird. Die Weltreligionen leh-

---

[5] Siehe »Neue Zürcher Zeitung« vom 3./4. November 1984.
[6] Siehe »Neue Zürcher Zeitung« vom 17.1.1987.

nen es jedoch ab, diese von Jahweh festgelegte Ordnung anzu-
erkennen und anzunehmen. Weil sie Israel nicht anerkennen,
sondern verfolgen und zerstören wollen, erbringen sie den
Beweis, daß sie sich gegen die von Jahweh festgelegte Ordnung
auflehnen. Die Wiederherstellung Israels und die daraus entstehen-
den Konflikte zwingen die Nationen zu Entscheidungen für oder
gegen die von Jahweh festgelegte Ordnung. Ihre Fehlentschei-
dung wird zu einer offenen Revolte gegen Jahweh. Diese Revolte
durchdringt mehr und mehr die kirchlichen und politischen Kreise
bis hin in die Familien. In diesem Sinn verstehen wir die Worte
Jesu:

»Meint ihr, daß ich gekommen bin, Frieden zu bringen auf
Erden? Ich sage: Nein, sondern Zwietracht« (Lk 12,51).

Da Jesus Christus nicht gekommen ist, um das Gesetz und die
Propheten aufzulösen (Mt 5,17), sondern zu erfüllen, und da die
Wiederherstellung Israels ein Glied in der Kette der Prophetie ist,
scheint gerade diese vom Gesetz, den Propheten, von Christus
und den Aposteln vorausgesagte Wiederherstellung die Nationen
und Menschen zu einer Entscheidung zu drängen.

Die Wurzeln des Antisemitismus sind keineswegs neutestamentlichen Ursprungs. Sie sind vielmehr die Folge einer falschen
Interpretation der Bibel. Erst als die Kirche versuchte, das Mono-
pol in der Christenheit an sich zu reißen, wurden die Dogmen
aufgestellt, die notgedrungen zur Spaltung führen mußten. So
kam der Antisemitismus schon sehr früh in die Kirchen der Nationen, so daß man nicht von einem christlichen Antisemitismus
reden darf, sondern von einem römisch-katholischen, einem luthe-
rischen, evangelikalen, einem französischen (Stichwort »Drey-
fuß«) oder von einem deutschen, der in der Schoah (Holocaust)
gipfelte.

Wie damals im 3. Reich die Kirchen sich vom »Führer« haben
verführen und mitreißen lassen, lassen sich auch heute die Kirchen und die Christen vom Zeitgeist verführen.

»Ein lutherischer arabischer Pastor bekennt sich offen zur
PLO, hält in Deutschland Vorträge und vertritt als Theologe

die Meinung, daß das jetzige Israel nicht das verheißene Israel der Bibel sei.«[7]

Der Substitutions- und Enterbungstheologie liegt eine vom Satan organisierte bibel- und glaubenszerstörende Theologie zugrunde. In einem Gespräch mit Willi Winckler sagte der zeitgenössische Schriftsteller Anthony Burgess unter anderem:

>»Der Bischof von Durham, ein Angehöriger der Kirche von England, benutzte die Predigt am Ostersonntag, um zu erklären, daß es sich bei der Auferstehung Christi nicht um eine physische Auferstehung handle ...«

Anthony Burgess, der in Malaya lebte und sich einmal mit dem Gedanken befaßt hat, Moslem zu werden, sagt: »Heute macht mir der Islam angst.«

Über die islamischen Versuche, heute die Welt zu erobern, sagt Burgess:

>»Und haben beinahe gesiegt! Ganz Spanien war in maurischer Hand. Später rückten sie bis nach Wien vor. Und wenn man diesen britischen Bischof hört, der sagt, daß er sich nicht schlüssig sei, ob die Auferstehung wirklich stattgefunden hat, dann kann ich bloß sagen, daß die christliche Welt nur darauf wartet, von Allahs heiligen Kriegern erobert zu werden.«[8]

Ein trauriges Zeugnis über ein von der biblischen Wahrheit abgefallenes Christentum! Antisemitismus und moderner Antizionismus sind ein Virus, den man nur durch die Erkenntnis des biblischen Heilsplanes und der Prophetie bekämpfen und heilen kann.

Das edle Ziel der Verbrüderung der beiden Weltreligionen ist, wie es scheint, der Friede. Wo jedoch diese Anlehnung an den Islam enden wird, sagt uns Mohammed Arkoun:

>»... Wenn ein Christ zugibt, daß Mohammed ein Prophet ist, der letzte einer Reihe, der auch Jesus angehört, der somit

---

[7] Dr. theol. Klaus Sensche in »Sehet den Feigenbaum«, Juli-August 1989.
[8] Siehe »Die Zeit« vom 21. Juli 1989.

nicht mehr Sohn Gottes ist, gibt es keinen Grund, daß er die Schahada[9] nicht ausspricht.«[10]

Ob wir erkennen, wie gefährlich die christlichen Nationen leben? Da das Licht an dunklem Ort[11] ausgeschaltet wurde, tappen die Anhänger dieser Theorie im Dunkeln und in der Ungewißheit.

Irrweg der Theologie ohne biblische Prophetie

So dürfen wir uns nicht wundern, wenn es von seiten christlicher Theologen zu folgender Aussage kommt:

>»Die Verkündigung, daß die Juden Kinder Satans sind, ist nicht Antisemitismus, sondern Wahrheit.«[12]

Ein gewisser Mike Brown verwarf während der internationalen Konferenz der Judenchristen in Jerusalem den Staat Israel als Irrtum[13].

Sogar der bekannte Schweizer Theologe Karl Barth empfand die Existenz des Judentums fast 2 000 Jahre nach der Erlösungstat Christi als eine »Gotteslästerung« und schrieb in seiner »Kirchlichen Dogmatik«: Die Tatsache, daß es nach wie vor neben der Kirche eine Synagoge gebe, sei »so etwas wie eine ontologische Unmöglichkeit, eine Wunde, ja eine Lücke im Leib Christi selbst, die schlechterdings unerträglich ist.«[14]

Um einen klaren Durchblick in einer immer trüber werdenden Endzeit zu erhalten, müssen wir versuchen, den Auftrag Israels und der Ekklesia im prophezeiten Heilsplan Gottes zu erkennen und sie auseinanderzuhalten. Wenn die Prophetie, wie von man-

---

[9] Schahada: islamisches Glaubensbekenntnis:»Es gibt keinen Gott außer Allah und Mohammed ist sein Prophet.« Wer dieses Bekenntnis vor zwei Zeugen ablegt, ist Moslem [d. Aut.].
[10] D'une foi l'autre. Seuil Page 30.
[11] Siehe 2. Petrus 1,19-21.
[12] Baptisten-Pastor Dr. Walter Martin. Siehe »Nachrichten aus Israel« Ludwig Schneider vom 8.12.1987.
[13] Ludwig Schneider in: »Nachrichten aus Israel« vom 24.6.1988.
[14] Siehe »Die Weltwoche« vom 14. Juni 1990, Artikel von Klara Obermüller: »Eine offene Wunde am Leib des Herrn«.

chen behauptet wird, unwichtig wäre, dann müßten wir uns ernstlich fragen, warum ihr Jahweh so einen wichtigen Platz in seinem inspirierten Wort eingeräumt hat. 5/6 der Prophezeiungen der Bibel sind für Israel bestimmt. Wenn wir die Prophetie der Endzeit, die Israel und die Nationen betrifft, aus der Bibel streichen, so schließen wir einen Teil des vom Geist Jahwes inspirierten Wortes aus und reduzieren somit das inspirierte Wort und die Autorität Jahwes. Wir begehen dann den gleichen Fehler wie die Bibelkritiker oder die Entmythologisierungstheologen. Wer auch immer das prophetische Wort nicht beachtet, wird viele auf unsere Welt zukommende Ereignisse nicht verstehen können. Dies ist keineswegs der Wille Gottes mit den Seinen. Sagte nicht Christus:

»Ich sage hinfort nicht, daß ihr Knechte seid; denn ein Knecht weiß nicht, was sein Herr tut. Euch aber habe ich gesagt, daß ihr Freunde seid; denn alles, was ich von meinem Vater gehört habe, habe ich euch kundgetan« (Joh 15,15).

Und in Jeremia lesen wir:

»Der Prophet, der Träume hat, der erzähle Träume; aber wer mein Wort hat, predige mein Wort recht ...«
»Vielmehr sollt ihr einer mit dem anderen reden und zueinander sagen: Wie reimen sich Stroh und Weizen zusammen? Was antwortet der Herr und was sagt der Herr?« (Jer 23,28.35).

Um nicht irre zu gehen, sollten wir beachten, daß im Mittelpunkt des Heilsplanes Jahwes weder ein Mensch oder ein Volk noch eine Kirche oder Religion, sondern Jahweh selbst steht.

In allem Handeln geht es immer um Jahweh, sei es mit Israel oder den Nationen. Von Israel sagt Jahweh:

» ... Ich, Jahweh, habe dich je und je geliebt, darum habe ich dich zu mir gezogen aus lauter Güte.«[15]

Und zu jedem Menschen, zu jeder Zeit, sagt der aus der Ewigkeit in die Zeit Gekommene:

---

[15] Jer 31,3.

»Also hat Jahweh die Welt geliebt, daß er seinen eingeborenen Sohn gab, damit alle, die an ihn glauben, nicht verloren werden, sondern das ewige Leben haben.«[16]

Alle Impulse gehen von Jahweh aus. Um seines Namens willen handelt Jahweh zuerst durch sein Volk Israel, aus dem das Heil[17] kommt. Dann wird Israel auf ein Nebengleis gestellt, bis die Zeit der Nationen ihren Abschluß gefunden hat. Wie es Christus selbst ausdrückt:

»Und sie werden fallen durch die Schärfe des Schwertes und gefangen geführt unter alle Völker, und Jerusalem wird zertreten werden von den Heiden, bis die Zeiten der Heiden erfüllt sind« (Lk 21,24).

Dieses Ereignis nenne ich das Jerusalemsyndrom. Der Feigenbaum (= Israel) wird, nach den Voraussagen der Propheten, Jesu Christi und des Apostels Paulus wieder ausschlagen[18]. Bis dahin hat Israel als Volk den Geist des Schlafes, nicht aber des Todes, wie es viele christliche und islamische falsche Propheten wünschen und glauben.

Sowohl die Propheten, als auch Christus und die Apostel[19] glaubten an die Wiederherstellung Israels. Die heutige Geschichte unterstreicht diese Verheißungen und Erwartungen.

Wenn wir auch heute noch nicht das Israel sehen, das schon den Geist eingehaucht bekommt, so sehen wir doch immerhin die Totengebeine, die wie im Schlafwandel aus den Gräbern – dem Arbeiterparadies und aus den Konzentrationslagern der Goijim (Nationen) – herausgekommen sind, um in das Land zu wandern (siehe Hes 37,1-14).

Mit großen Buchstaben schreiben die Propheten, Christus und seine Jünger im Jahre 1948 in die Weltgeschichte und seither immer deutlicher:

---

[16] Joh 3,16
[17] Joh 4,22
[18] Lk 21,30; Röm 11
[19] Apg 1,6

»Hat denn Gott sein Volk verstoßen? *Das sei ferne ... Gott hat sein Volk nicht verstoßen, das er zuvor erwählt hat.*«[20]

Der Beweis der Wahrhaftigkeit der Prophetie ist ihre Erfüllung. Das Nichterkennen der Zeichen der Zeit führt zu Verhärtung, Verstockung und Bekämpfung der von Jahweh festgelegten Ordnung, was früher oder später zu noch gewaltigeren Irrtümern und ins Gericht führen wird.

In Römer Kap. 9-11 redet Paulus keineswegs vom geistlichen, sondern vom politischen Israel, und schon damals war es sein Wunsch, daß dieses ganze Israel selig werde, das heißt, daß es zur Erkenntnis gelangt, daß Jeschua der Maschiach[21] ist.

Aus der zweiten Rede des Apostels Petrus geht hervor, daß auch er diesen Wunsch hatte, als er zu seinen Zeit- und Volksgenossen sagte:

> »So tut nun Buße und bekehrt euch, daß eure Sünden getilgt werden; damit die Zeit der Erquickung komme von dem Angesicht des Herrn und er den sende, der euch zuvor zum Christus bestimmt ist: Jesus« (Apg 3,19.20).

Auch die anderen Jünger und Anhänger Jesu waren der gleichen Meinung.

In der Zeit der Gnade und der Ekklesia zwischen Pfingsten und der Parusie wurde Israel den Nationen gleichgeschaltet, bis zum Abschluß der Ekklesia, d. h. bis die Vollzahl aus den Nationen und Juden in die Ekklesia eingegangen ist[22]. Es gibt in ihr weder Juden noch Heiden[23]. Jahweh ist während dieser Zeit nicht allein der Elohim der Juden[24]. Durch die zeitliche Gleichschaltung konnten die Nationen des Leibes Jesu Christi teilhaftig werden und wurden somit Mitgenossen der Verheißung in Jesus Christus durch die Frohe Botschaft[25] und teilhaftig am Segen Abrahams[26].

---

[20] Röm 11,1.2.
[21] Jesus der Messias.
[22] Röm 11,25.
[23] Siehe Röm 10,12; 1. Kor 12,13; Gal 3,28; Kol 3,11; Eph 2,14-16; Apg 10,45-48; 11,15-18.
[24] Röm 3,29.
[25] Eph 3,6.
[26] 1. Mose 12,2.3.

»Denn durch ihn haben wir alle beide in einem Geist den Zugang zum Vater.«[27]

Im Zeitabschnitt zwischen Pfingsten und der Parusie ist nie die Rede von einer Bekehrung der Nationen, sondern immer nur von der Bekehrung einzelner. Es ist immer die Rede von einem »Überrest«, der aus den Gerichten hinübergerettet wird[28], um die Kontinuität des von Jahweh festgelegten Heilsplanes zu garantieren.

Der heilige Überrest

Dieser heilige Überrest war immer wieder der Kern, den Jahweh durch das Gericht rettete, z. B. Noah, Lot, u.a.m. Sie waren die Träger der Verheißung und das aus dem Gericht gerettete Saatgut, um neu anzufangen, um dem von Jahweh gefaßten Heilsplan Kontinuität und Hoffnung auf dessen Vollendung zu verleihen. Andernfalls wäre es den christlichen und heute den islamischen Nationen schon gelungen, das Judenproblem als auch die Ekklesia (Gemeinde Jesu Christi) aus der Welt zu schaffen.

In der Bibel heißt heilig nicht, einen Heiligenschein zu tragen, auch nicht, von der Kirche oder einem Papst als heilig kanonisiert zu sein, sondern es heißt »abgesondert«. Israel, das im Alten Testament als heilig bezeichnet ist, war kein heiliges Volk im Sinne, daß es ein besseres Volk war als andere Völker, sondern es war von Jahweh für einen ganz bestimmten Auftrag »abgesondert« von allen Nationen. Dies gilt auch für die Ekklesia in der für sie festgelegten Zeit. Auch sie ist kein Verein von Menschen mit Heiligenschein, sondern ein Organismus, in dem Menschen zusammengefaßt sind, die durch die Gnade und den Glauben an Jesus Christus in den Leib Jesu Christi einverleibt sind und nun in der Welt, aber nicht von der Welt sind, also abgesondert. Jahweh hat jedoch beiden Auftrag und Existenz gegeben – den Juden die Thora und die Propheten, der Ekklesia den Heiligen Geist –, um anders zu sein als ihre Mitvölker oder Mitbürger. Dies können

---

[27] Eph 2,18.
[28] Siehe Jes 10,21.22; 11,11; Hes 5,1-4; 1. Kön 19,18; Röm 11,1-10.

37

beide nur sein, wenn sie der Thora bzw. dem Heiligen Geist gehorsam sind. Darum bezeichnet Jahweh sowohl das jüdische Volk, wie auch die Glieder am Leibe Jesu Christi – die Ekklesia – als heilig (siehe 2. Mose 19,6; 1. Petr 2,9.10). Bevor ein Papst Menschen heiligsprach, hatte der Apostel Paulus die Gemeinde in Korinth – bei der es nicht immer so heilig zuging – als Heilige angeschrieben. Für die ersten Christen waren alle Gläubigen Heilige[29]; dies gilt auch heute noch.

Der Überrest aus Israel bildet Lichtpunkte auf der Leinwand der Weltgeschichte, auf der der große Meister seinen Heilsplan aufzeichnet. Ohne den Überrest aus Israel und der Ekklesia wäre die Weltgeschichte ziellos und ein im Chaos endender Zufall. Hinter dem Weltgeschehen stecken ein System und ein Plan. Nichts ist dem Zufall überlassen, wie Einstein sagt: »Gott würfelt nicht.« Oder »Zufall ist nichts anderes als ein Pseudonym Gottes«[30] oder

> »Es gibt eine Logik der Geschichte in dem von Gott festgelegten Plan, der Fatalismus und blinden Determinismus ausschließt, so daß ein jedes Ereignis auf prophetische Weise ein anderes hervorruft.«[31]

Die Gegenwart dieses »heiligen Überrestes« auf der Leinwand der Welt- und Menschheitsgeschichte gibt den Menschen Hoffnung auf Erlösung und birgt in sich die Lösung für die Zukunft.

Das Alte Testament redet von diesem »Überrest« immer in bezug auf Israel. Der Überrest wird, wie wir es erlebt haben, die Zeit der Nationen und die noch bevorstehende Trübsal Jakobs überstehen, um dann als Volk in die Erkenntnis Gottes einzugehen.

Durch die Parusie wird Israel als erstes *Volk* zur Erkenntnis Gottes gelangen.

Wer auch immer die Wiederherstellung Israels außer acht läßt, kann die Zeichen der Zeit nicht erkennen und wird immer mehr

---

[29] Im Neuen Testament wird jeder wiedergeborene Christ als heilig bezeichnet (siehe 1. Kor 3,17; Eph 2,21; Kol 1,22; 1. Petr 1,15; 2,5-9; Hebr 3,1; 1. Thess 5,27).

[30] Ludwig Schneider in »Nachrichten aus Israel« vom 16.1.1987.

[31] Daniel Vernet, Agrégé de l'Université (sciences naturelles), in »L'Homme face à l'Avenir et à sa destinée«. La croisade du livre chrétien.

im selbstgebauten Labyrinth umherirren, ohne einen Ausweg zu finden.

Was fangen Substitutionstheologen mit der Wirklichkeit der Geschichte an, d. h. mit der Tatsache, daß die Juden alle Feindseligkeiten, Verfolgungen, Pogrome, die Schoa, fünf Nahostkriege u.a.m., die 2 500 Jahre lang über sie ergingen, überstanden haben? Welche Antwort haben sie auf die Erfüllung der Prophetie, die Wiederherstellung Israels, das Aufwachen des Islam, das Nahostproblem, auf die Ratlosigkeit und Ausweglosigkeit der Nationen überhaupt?

»Es hat immer solche Zeiten gegeben« ist meistens die Ausrede. Stimmt das wirklich?

Seit Nebukadnezar ist die Wiederherstellung Israels ein einmaliges Ereignis in der Geschichte der Nationen. Gab es tatsächlich schon ein Zeitalter, in dem der Mensch fähig war, sich auf ein Pulverfaß zu setzen, das unsere Welt mindestens 40x zerstören könnte?

Nach Hiroshima, Nagasaki und Tschernobyl lebt unsere Welt im Nachatomzeitalter und auf Aufschub. Dieses Nachatomzeitalter fällt »zufällig« mit den Prophezeiungen der Endzeit und mit der Wiederherstellung Israels zusammen.

Die von den biblischen Propheten vorausgesagten Ereignisse, die Endzeit der Nationen betreffend, überschneiden sich; darum gilt es zu erforschen, ob die biblische Prophetie von solch einer Zeit und von solchen Ereignissen redet, und wenn ja, wie und für wann.

Wir müssen voraussetzen, daß, wenn die Schrift von der Endzeit spricht, vorerst vom Abschluß der Zeit der Nationen die Rede ist, nicht von der verbrannten Erde, von der der Apostel Petrus schreibt, die am Ende des sichtbaren Tausendjährigen Reiches in diesen Zustand gebracht wird.

Durch all die Gerichte, die Jahweh zuerst seinem abgesonderten Volk Israel im Falle von Ungehorsam voraussagte, hat Jahweh gerade um seiner Verheißungen willen, die er in seinem Wort festgelegt hat, immer einen Überrest aus den Gerichten in den neuen Zeitabschnitt hinübertreten lassen. Die Gerichtskatastrophen konnten bis dahin niemals total sein, sonst wäre der gesamte Heilsplan unterbrochen und die Verheißungen Gottes fragwürdig geworden, d. h. er selbst hätte sich durch Nichterfüllung seiner Voraussagen in Frage gestellt.

Bei der Erfüllung der Prophetie geht es in erster Linie um den, der sie gegeben hat, in zweiter Linie um diejenigen, denen sie gegeben wurde.

Nach der Plastik, die Nebukadnezar im Traume sah und die ihm von Daniel erklärt wurde, werden alle Eichen der Weltstruktur durch die Axt des Gottesgerichtes gefällt. Das »auserwählte« Volk wird all die Stürme überstehen, denn ihm und ihm allein ist die Verheißung gegeben, daß

»sein Reich auf *kein anderes* Volk kommen wird«[32].

Die Erscheinung des Königs zur Aufrichtung des Königreiches wird erst am Ende der Trübsal Jakobs stattfinden. Zu dieser Zeit wird sich, zum Leidwesen der Nationen, die Wiederherstellung Israels, des abgesonderten »heiligen Überrestes« vollziehen, was zu gleicher Zeit der Auftakt zum Ende der Endzeit sein wird, in der die Prophetie wieder deutlich in der Geschichte sichtbar wird.

Das *Wann* offenbarte einer der Männer, die am Ufer des Tigris standen, welcher fragte:

»Wann wird das Ende kommen?«

Der andere antwortete ihm:

»Wenn die Leiden (Trübsal Jakobs[33]) des Heiligen Volkes nach den dreieinhalb Zeiten (Jahren) ein Ende haben werden, soll solches geschehen.«[34]

Diese in den Propheten beschriebenen Endereignisse bleiben bis auf die »letzte Zeit«[35] versiegelt und unverständlich und werden erst durch die Erfüllung der Prophetie für diejenigen erkennbar, die darauf achten und deren Verständnis durch den Geist Jahwehs geöffnet wurde.

Aber eine Kirche, welche die Substitutions- und Enterbungs-

---

[32] Dan 2,44.
[33] Siehe Jer 30,7.
[34] Siehe Dan 12,7.
[35] Dan 12,4.

theologie vertritt und nach Macht und Weltherrschaft strebt, hat das Fundament der Apostel und Propheten, da Jesus Christus der Eckstein ist, verlassen. Die Folgen dieses Abweichens sind katastrophal, wie wir im nächsten Kapitel sehen werden.

Papst, Rom, Aufstieg und Niedergang

Jesus Christus, der Fels der Ewigkeit

Um sich Autorität zu verschaffen, beruft sich das Papsttum auf
Petrus, der, wie die römische Kirche behauptet, von Christus zum
ersten »Papst« eingesetzt wurde. In diesem Zusammenhang stützt
sich Rom auf die Stelle im Matthäus-Evangelium, wo es heißt:

> »Christus sprach zu ihnen: Wer sagt denn ihr, daß ich sei? Da
> antwortete Simon Petrus und sprach: Du bist Christus, des
> lebendigen Gottes Sohn.
> Und Jesus antwortete und sprach zu ihm: Selig bist du, Si-
> mon, Jonas Sohn; denn Fleisch und Blut haben dir das nicht
> offenbart, sondern mein Vater im Himmel.
> Und ich sage dir auch (wie der Vater): Du bist Petrus, und
> auf diesen Felsen will ich meine Gemeinde bauen, und die
> Pforten der Hölle sollen sie nicht überwältigen.
> Und ich will dir die Schlüssel des Himmelreichs geben: alles,
> was du auf Erden binden wirst, soll auch im Himmel gebun-
> den sein.«[1]

Der Felsen, auf dem Gott seine Gemeinde baute, war nicht Petrus
selbst, der in V. 23 als Satan bezeichnet wurde und später Jesus
dreimal verleugnete, sondern das von Petrus ausgesprochene Bekenntnis:

> »Du bist Christus, des lebendigen Gottes Sohn!«

Daß Christus seine Gemeinde nicht auf Petrus baute, hatte Petrus
verstanden, denn er wußte, daß Christus das Fundament der Ekklesia (Gemeinde) war. Er selbst schreibt dies in einem seiner Briefe
nieder:

> »Zu ihm – Christus der Herr – kommt als zu dem lebendigen
> Stein, der von den Menschen verworfen ist, aber bei Gott
> auserwählt und kostbar.

---

[1] Mt 16,15-19.

Und auch ihr, – die Gläubigen – als lebendige Steine, erbaut euch zum geistlichen Hause und zur heiligen Priesterschaft, zu opfern geistliche Opfer, die Gott wohlgefällig sind durch Jesus Christus.
Darum steht in der Schrift: Siehe, ich lege in Zion einen auserwählten, kostbaren Eckstein; und wer an ihn glaubt, der soll nicht zuschanden werden[2] ...
Ein Stein des Anstoßes und ein Fels des Ärgernisses; ...«[3]

Die obige Aussage des Petrus deckt sich mit derjenigen des Paulus, und dies ist wichtig, da sich die Bibel nur durch die Bibel erklären läßt.

»Einen anderen Grund kann niemand legen als den, der gelegt ist, welcher ist Jesus Christus.«[4]

Was das Binden und Lösen betrifft, so ist dieses eine einmalige Machtausstattung für Petrus und die Apostel, die nicht übertragbar war. Binden und Lösen ist ein hebräisches Idiom zur Ausübung von Autorität. Die Kraft zu binden oder zu lösen war auch anderen Jüngern gegeben[5] und wurde in Apostelgeschichte 5,1-11; 12-16 praktiziert.

Christus hat Petrus nicht die Schlüssel der Gemeinde gegeben, Petrus öffnete an Pfingsten die Tür der Ekklesia für Israel[6] und später im Hause des Kornelius[7] für die Nationen, eine einmalige Öffnung. Die Schlüssel des Todes und des Hades blieben und bleiben in der Hand des Auferstandenen[8].

Vor dem Hohen Rat betont Petrus noch einmal, als er von Jesus Christus redet:

»Das ist *der Stein* , von euch Bauleuten verworfen, der zum Eckstein geworden ist. Und in keinem andern ist das Heil,

---

[2] Jes 28,16.
[3] 1. Petr 2,4-8.
[4] 1. Kor 3,11; siehe auch Eph 2,19-22.
[5] Mt 18,18.
[6] Apg 2,38-42; 3,12-26.
[7] Apg 10,1-8.
[8] Offb 1,18.

auch ist kein andrer Name unter dem Himmel den Menschen gegeben, durch den wir sollen selig werden.«[9]

Somit haben weder Petrus, noch ein anderer Apostel oder deren Nachfolger, die »Bischöfe«, beansprucht, daß es eine alleinseligmachende Kirche und einen anderen Mittler gibt als allein Jesus Christus.

»Alle Kirchen-Konzilien von Nizäa im vierten Jahrhundert bis Konstanz im fünfzehnten waren sich einig, daß Christus das einzige Fundament der Kirche ist, d. h. der Fels, auf dem die Kirche steht.«[10]

Der bekannte französische Philosoph Jean Quitton schreibt in einem Brief an Mgr. Lefebvre:

»... Sie haben sich von „Petrus" getrennt ... Sie sind dabei, den Ast abzuschneiden, auf dem Sie sitzen ...«[11]

Jean Quitton geht davon aus, daß die Kirche auf Petrus aufgebaut ist und nicht, wie es Christus meint, auf dem Bekenntnis des Petrus. Den Ast eines Baumes, den es im Neuen Testament nicht gibt, könnte Mgr. Lefebvre nicht abschneiden, er könnte sich höchstens von Rom trennen. Wenn er jedoch im neutestamentlichen Sinne gläubig ist, bleibt er in der Ekklesia, denn nur Christus verfügt über die Macht und das Recht, auszuschließen oder aufzuschließen (siehe Offb 3,7; Jes 22,22).

Zum Glück ist die Ekklesia nach der Lehre der Apostel nicht auf einen Menschen gebaut, sondern auf den menschgewordenen Sohn Jahwehs. Die Römische Kirche beruft sich heute auf ein Argument, das weder biblisch noch geschichtlich haltbar und fundiert ist.

Geschichtlich ist nicht nachweisbar, daß es eine direkte Linie von Petrus zum Thron des ersten Papstes in Rom gibt. Immerhin liegen 400 Jahre zwischen Petrus und dem ersten Papst, und diese Jahre liegen im Dunkeln, was aber nicht heißen will, daß es in der Geschichte der Ekklesia eine Unterbrechung gegeben hat. Das

---

[9] Apg 4,11.12; Ps 118,22.
[10] Peter Rosa, »Gottes erste Diener«. Verl. Droemer Knaur, 1989, S. 32.
[11] Siehe »Paris Match« vom 5. August 1988, S. 73.

Haupt der Gemeinde ist nach dem Neuen Testament nicht der Papst, sondern Jesus Christus selbst (siehe Eph 1,23; 4,15; Kol 1,18; 2,9.10.18.19). Die Ekklesia – Gemeinde Jesu Christi – hat ihren Lauf an Pfingsten begonnen und wird bis zur Wiederkunft, respektive Entrückung, andauern. Der Garant dieser Kontinuität ist nicht der Mensch, sondern der vom Vater verheißene Heilige Geist[12]. Jeder, der erkennt, daß er in Jesus Christus die Erlösung durch sein Blut, die Vergebung der Sünden nach dem Reichtum der Gnade Jahwehs hat, jeder durch den Geist Wiedergeborene, ist, da er gläubig wurde, versiegelt mit dem Heiligen Geist der Verheißung, welcher ist das Pfand unseres Erbes zu unserer Erlösung, daß wir sein Eigentum würden zum Lob seiner Herrlichkeit[13].

Die Zugehörigkeit zu der Gemeinde Jesu Christi (Ekklesia) ist eine individuelle Angelegenheit, die von Einzelpersonen bewußt und freiwillig entschieden wird.

»Wie viele ihn aber aufnahmen, denen gab er Macht, Gottes Kinder zu werden, denen, die an seinen Namen glauben,
die nicht aus dem Blut noch aus dem Willen des Fleisches noch aus dem Willen eines Mannes, sondern von Gott geboren sind« (Joh 1,12.13; siehe auch 3,1-21).

Professor André Lamorte sagte:

»Man tauft einzelne Personen, man tauft keine Nationen.«

Die Urgemeinde versammelte sich hin und wieder in den Häusern (Apg 2,46; 8,3; 16,32; Röm 16,5; 1. Kor 16,19; Kol 4,15; Phil 2). Dort brachen sie das Brot (Apg 2,46; 20,7; 27,35; 1. Kor 10,16; 11,23-29) zur Erinnerung an das Opfer von Golgatha und die Wiederkunft Jesu Christi.

Dieses Erinnerungs- und Hoffnungsmahl, das die Christen ausübten, lange bevor die Kirche daraus ein Sakrament machte, wurde für die Kirche zum Grund der Spaltung. Die Kirche führte das Sakrament der Taufe ein und erklärte die getauften Säuglinge zu Christen. Weil sie getauft waren, durften sie in einem gewissen

---

[12] Joh 14,16.17.26; Apg 1,4; Kap 2; Apg 13,2; 10,45.
[13] Siehe Eph 1,3-14.

Alter nach Kommunion, Konfirmation oder Aufnahme in eine Gemeinde das Abendmahl einnehmen. Daß die von den Kirchen eingeführten Sakramente unbiblisch sind, beweist die Tatsache, daß durch dieselben der wahre Leib Jesu Christi gespalten wurde. Ein an Christus gläubiger Katholik darf nicht das Abendmahl mit einem an Christus gläubigen Protestanten, Baptisten oder Methodisten einnehmen und umgekehrt. Es geschieht genau, was Paulus schreibt:

>»Der Mensch prüfe aber sich selbst, und so esse er von diesem Brot und trinke aus diesem Kelch.
>Denn wer so ißt und trinkt, *daß er den Leib des Herrn nicht achtet*, der ißt und trinkt sich selbst zum Gericht« (1. Kor 11,28-29).

Durch das Einführen der Sakramente riß die Kirche das Machtmonopol an sich, dämpfte den Auftrag des Heiligen Geistes und eignete sich die Macht an, Menschen zu Christen zu machen, bevor sich diese Menschen selbst freiwillig durch das Wort und die Überführung des Heiligen Geistes dazu entscheiden konnten.

Wer konnte von da an noch unterscheiden, wer zum Leib des Herrn gehörte und wer nicht?

Das Brotbrechen, das die Glieder des Leibes Jesu Christi verbinden sollte, wurde zum Zankapfel, zur Zwietracht und Spaltung. Durch Machtkampf spaltete der Mensch, was Gott verbunden hatte. Die Gemeinde Jesu Christi ist weder durch juristische noch dogmatische Schranken getrennt, sie ist ein durch den Geist Jahwehs zu einer Einheit zusammengefügter Organismus.

>»Ich bin der gute Hirte und erkenne die Meinen und bin bekannt den Meinen« (Joh 10,14.27).

Der arianische Streit

Am Ende des dritten Jahrhunderts erschütterte der arianische Streit die Christenheit; die Hirten der Gemeinde wußten weder ein noch aus. Kaiser Konstantin (306) trat gerade zum Christentum über; dies war die Gelegenheit für die Kirchenfürsten, den Kaiser zu Hilfe zu rufen, um diesen Streit durch seine Autorität auf dem Konzil von Nizäa (325) zu schlichten. Es entstand ein förmliches Bündnis zwischen Kaiser und Kirche. Als Grundsatz wurde aufgestellt, daß die Kirche das Recht habe, vom Kaiser zu verlangen, daß er das Schwert ziehe, um Gehorsam dem gegenüber zu erzwingen, was die Kirche für Rechtgläubigkeit erklärte. Dem Kaiser wurde zugestanden zu entscheiden, wer in einer Diözese Bischof sein sollte und wer nicht. Nun war der Kaiser die letzte Instanz; ihm war die Macht in die Hand gelegt, in allen Angelegenheiten der Kirche mitzusprechen, sowohl in Sachen der Glaubenslehre, wie auch bei der Einsetzung der Bischöfe; er war nun tatsächlich zum Haupt der Kirche geworden.

Die Weichenstellung für die Fehlprogrammierung der Substitutionstheologie

Origines (250 n. Chr.) fing an, die Verheißung des messianischen Reiches, das nach der Bibel aus keinem anderen Volk als aus dem der Juden hervorgehen soll (Dan 2,44), zu »versinnbildlichen« und zu »vergeistigen«. Ihm folgte auf den Fuß Melito von Sardes, Bischof in Kleinasien, im 2. Jahrhundert:

»Hört es, alle Geschlechter der Völker, und seht es: Ein nie dagewesener Mord geschah in Jerusalem, in der Stadt des Gesetzes ... Gott ist getötet, der König Israel ist durch Israels Rechte beseitigt worden.«

Dieser Desinformation sind tatsächlich alle Geschlechter der Völker bis in unsere Zeit zum Opfer gefallen. Es ist unverständlich, daß diese Kirchenväter einem solchen Irrtum zum Opfer gefallen sind, wo doch der Auferstandene selbst sagt:

»Mußte nicht Christus dies erleiden und in seine Herrlichkeit eingehen?« (siehe Lk 24,13-32; 1. Petr 1,10-12; Phil 2,5-11 u.a.).

Auch der redebegabteste Kirchenvater seiner Zeit, Chrysostomos

(347-407) verfiel dieser Desinformation und sagte in bezug auf die Juden vor einem seiner Repräsentanten:

>»Weil ihr Christus getötet habt …, deshalb gibt es keine Besserung mehr, keine Verzeihung und auch keine Entschuldigung.«

Sein Zeitgenosse Augustin (354-430) sagte:

>»Jene sind also Juden, die aus Juden Christen geworden sind; die übrigen jedoch, die nicht an Christus glauben, verdienen auch den Namen einzubüßen.«

Somit waren die Weichen für eine der gewaltigsten Irrfahrten der Kirche gestellt, und die Kirche gelangte weitab von ihrem eigentlichen Weg. Ohne Korrektur wird die substitutionstheologisch geprägte Kirche in der Endzeit am Ziel vorbeischießen. Einige Folgen dieser Irrfahrt waren die Kreuzzüge, die Hugenottenverfolgung, die Inquisition, die Bartholomäusnacht und die Judenverfolgungen. Meistens wurden diejenigen verfolgt und als Sekten bezeichnet, die sich wie die ersten Jünger an den göttlichen Heilsplan hielten, so daß eine nach Macht strebende Kirche zum Feind der Gemeinde Jesu Christi wurde.

Durch »Versinnbildlichung«, »Vergeistigung«, Enterbungs- und Substitutionstheologie hat die Kirche die Rückkehr ihres Herrn zur Aufrichtung seines Reiches aus den Augen verloren.

Durch die wilde Ehe zwischen Papst und Kaiser war die Erwartung des himmlischen Bräutigams und Königs zur Aufrichtung des Reiches »im Himmel, also auch auf Erden« überflüssig geworden.

Der göttliche Heilsplan wurde unkenntlich, man konnte nicht mehr wissen, was wann geschehen sollte und mußte. Durch die Verbindung von Staat und Kirche hat sich das alt-römische Reich nicht zur Kirche, sondern die Kirche zum Römischen Reich bekehrt. Die Welt wurde nicht christlicher, sondern die Kirche weltlicher und heidnischer.

Die Reich-Gottes-Fabel

»Denn es wird eine Zeit kommen, da sie die heilsame Lehre nicht ertragen werden, sondern nach ihren eigenen Gelüsten werden sie sich selbst Lehrer aufladen, nach denen ihnen die Ohren jucken, und werden die Ohren von der Wahrheit abwenden und sich den Fabeln zukehren« (2. Tim 4,3.4).

Eine selbstverständliche Folge dieser »wilden Ehe« war der Post-Millenarismus. Nach dem ersten Kommen Jesu glaubte man, daß das goldene Zeitalter angebrochen sei. Die Menschheit würde sich, dank der Verbreitung der christlichen Zivilisation, auf politischem, sozialem und individuellen Gebiet zu einer vollkommenen Gesellschaft entwickeln.

Erst wenn die Menschheit die Perfektion erreicht habe und das »Reich Gottes« sich weltweit verbreitet hat, könnte Christus dieses von den Menschen aufgerichtete »Reich Gottes« durch seine Wiederkunft übernehmen. Somit hätte die Kirche dem wiederkommenden Messias Arbeit und Auftrag abgenommen, von dem der Apostel Paulus schreibt:

»... und dann wird der Böse offenbart werden, ihn wird der Herr Jesus umbringen mit dem Hauch seines Mundes und wird ihm ein Ende machen durch seine Erscheinung, wenn er kommt.«[14]

Aus der post-millenaristischen These hat sich die der Amillenaristen abgeleitet. Gemeint ist damit, daß die Gesellschaft sich nicht zu einem idealen Höhepunkt »Reich Gottes« entwickeln würde. Da nach ihrer Ansicht Jesus Christus nicht sichtbar auf die Welt wiederkommt, schalten die Amillenaristen die Prophetien der Wiederherstellung aller Dinge, von denen der Apostel Petrus redet und an die die ersten Christen glaubten, aus.

Alle Verheißungen, die in der biblischen Prophetie in bezug auf Israel und auf das kommende »Reich Gottes« (Millenium) nach der Wiederherstellung Israels und der Wiederkunft Christi als

---

[14] 2. Thess 2,8.

Messias angekündigt wurden, sollten sowohl von den Post-Millenaristen wie auch von den Amillenaristen »vergeistlicht« werden. Für die einen wurden die Verheißungen an Israel auf die Kirche bezogen, die als »Volk Gottes« die Weltherrschaft übernehmen sollte (= Post-Millenarismus). Für die anderen wurden die Verheißungen »vergeistlicht« und für die Gemeinde angewandt und auf die Ewigkeit verlegt (= Amillenarismus).

Daniel Whitby (1638-1726), ein Geistlicher der englischen Kirche, den wir zu den Post-Millenaristen zählen können, vertrat folgende Theorie, von der viele protestantische und evangelikale Kreise irregeführt wurden und noch werden: Durch die Verkündigung des Evangeliums sollte der Islam aufgelöst werden, die Juden sollten sich bekehren und die römische Kirche mit dem Papst als Antichristen sollte zerstört werden[15]. Dann könnte das »christliche Reich Gottes« seinen Lauf nehmen.

Diese Theorie war genauso falsch wie die Roms. Die Prophetie wurde sowohl bei den Post-, wie auch bei den Amillenaristen, verstümmelt. Beide Richtungen enterbten Israel von seinen Verheißungen und übertrugen sie auf die Kirche. Jede Kirche, die die Prophetie in bezug auf Israel ausschließt, verläßt das Fundament der Propheten und Apostel, wo Jesus Christus der Eckstein ist.

Die Apostel, und mit ihnen die Urchristen, erwarteten den von den Propheten verheißenen Christus und das von ihnen vorausgesagte »Reich Jahwehs«, das auf kein anderes Volk kommen sollte als das von Jahweh auserwählte Volk[16]. Der Chiliasmus[17] war unter den von der Prophetie durchdrungenen Urchristen selbstverständlich. In der Mitte des zweiten Jahrhunderts schrieb der heilige Justin an den Juden Tryphon:

»Für mich und für alle Christen, die ohne Vorbehalt glauben, steht es fest, daß eine Auferstehung des Fleisches kommen wird und ein Tausendjähriges Reich mit dem herrlich und

---

[15] Siehe »Grundzüge biblischer Offenbarungen«. Christliche Verlagsgesellschaft Dillenburg, Schulte und Gerth, S. 13.

[16] Dan 2,44.

[17] Chiliasmus, vom griechischen Khilias = Tausend. Der Glaube der Chiliasten, auch Prämillenaristen genannt, besteht darin, daß sie davon überzeugt sind, daß Jesus Christus und die Gläubigen nach der Parusie tausend Jahre auf Erden herrschen werden.

größer wiedererbauten Jerusalem, wie Hesekiel, Jesaja und andere Propheten es verkünden.«[18]

Die „Zwei-Reiche"-Theorie

Augustin, Bischof von Hippo Regius in Nordafrika (354-430), einer derjenigen Männer, die, wie nur wenige, die Kirchengeschichte, ja die Geschichte überhaupt beeinflußte, erkannte das Nebeneinander und die Spannungen zwischen Gottesstaat (civitate dei) und Weltstaat. Noch sieht er die Ekklesia als Fremdkörper in der Welt, glaubt jedoch, daß sich die Menschheit auf dem Weg (der Evolution) zum Volk und Staat Gottes befindet.

»Das Unheil der Gegenwart ist nur eine Episode in der Auseinandersetzung der beiden Reiche, in der die Weltgeschichte besteht, des Reiches Gottes und des Reiches dieser Welt.«[19]

Auch die Kirchenväter Hieronymus (331-420) und Augustin haben sich, als Autoren des »Gottesstaates« von der Messias-Erwartung der Urchristen distanziert und haben das Tausendjährige Reich in die Zeit zwischen Pfingsten und die Parusie verlegt (Post-Millenarismus). Wenn die Welt christlich geworden ist, sollte Christus durch die Parusie dieses Reich besiegeln und die Kirche unter seinem Hirtenstab einigen.

Der Bund zwischen Kaiser und Kirche

Unter Kaiser Theodosius I. (379-395) wurde der Bund zwischen Kaiser und Kirche legitimiert. Kirche und Staat waren eine »wilde Ehe« eingegangen, die nicht von Jahweh gewollt war und deswegen auch nicht unter seinem Segen stehen konnte, wenn dies auch manchmal den Anschein erweckte. Erfolg bedeutet noch lange nicht Segen. In unserem Äon wachsen sowohl der Weizen wie

---

[18] Justin, Dialog mit Tryphon, Kap. 80.
[19] Joseph Bernhard, Augustinus »Bekenntnisse und Gottesstaat«. A. Kröner Verlag Stuttgart, S. 207.

auch das Unkraut bis zur Reife, dann wird der Herr der Ernte beides trennen.

Die christliche Theokratie – der Gottesstaat – war durch Konstantin und Theodosius aus der Taufe gehoben und ging in die Kirchengeschichte ein. Dieser falsche Messianismus erstreckte sich über die Reformation und ging in verschiedene abgesplitterte Denominationen über. Diese Fehlprogrammierung diente später dem aufkommenden Islam (622), der französischen Revolution, dem Humanismus, dem Kommunismus, dem Sozialismus, dem Völkerbund, der UNO u.a.m. als Prototyp.

Auch die besonders in Südamerika aufkommende »Theologie der Befreiung« und alle Friedensbewegungen sind die Folge einer bis heute nicht korrigierten Fehlprogrammierung und sind, weil unbiblisch, zum Scheitern verurteilt und eine ständige Auflehnung gegen die von Gott eingesetzte Autorität[20].

Der erste Papst – Pontifex maximus

Innozenz I. (402-417) erklärte kurzerhand, daß der Bischof von Rom als Nachfolger Petri auf dem apostolischen Stuhl der einzige sei, der die wahre Lehre des »Apostelfürsten« hüte[21].

Peter de Rosa schrieb, daß Agatho im Jahr 680 der erste Papst war, der sich auf etwas bezog, wie wir es heute unter päpstlicher Autorität verstehen[22].

Innozenz III. (1160-1216) beanspruchte die Weltreiche für die Kirche. Die Kaiser hätten ihre Throne von der Kirche zu leihen.

Die Hauptvertreter des Chiliasmus waren Papias von Hierapolis, Irenäus, Tertullion und Lactance. Im zweiten Jahrhundert wurde der Millenarismus = Chiliasmus bekämpft und verdrängt. Im fünften Jahrhundert war er völlig verschwunden. Der Post-Millenarismus hielt seinen Einzug in die Kirche.

Da die römische Kirche, aber auch die Reformation und die

---

[20] Siehe Röm 13,1; Tit 3,1; 1. Tim 2,2.
[21] Renate Riemeck, »Glaube - Dogma - Macht«. Verlag Urachhaus, S. 45.
[22] »Gottes erste Diener«. Die dunkle Seite des Papsttums, Verlag Droemer Knaur, S. 256.

Absplitterungen, die Verheißungen an Israel wie auch die Wiederherstellung Israels am Ende der Zeit der Nationen ausklammerten, hatten sie keinen Anhaltspunkt für die Endzeit der Nationen und haben, wie die anderen Verheißungen an Israel, auch die der »großen Trübsal Jakobs« auf sich bezogen. Daher die Verkündigung der Apokalypse bei den Anabaptisten und Hugenotten. Durch die Verfolgung der Anabaptisten 1525 glaubten letztere die große Trübsal – die nach der Prophetie Israel betrifft[23] – sei gekommen. Nach der Eroberung der Stadt Münster in Westfalen im Jahr 1535 glaubten die Mennoniten, daß nun das von Johannes in der Offenbarung angekündigte tausendjährige Friedensreich, das »neue Jerusalem«, angebrochen sei. Jean de Leyde, der Prophet des »neuen Jerusalem«, wurde nach der Wiedereroberung der Stadt mit seinen Angehörigen hingerichtet. Luther verurteilte keineswegs dieses Massaker.

Da verschiedene Denominationen Israel aus der prophetischen Eschatologie ausklammerten und die große Trübsal Jakobs, die auf Israel kommen soll, auf die Kirche übertragen haben, mußte es notgedrungen zu Fehlinterpretationen und falschen Datumsangaben in bezug auf die Endzeit kommen. Wegen dieser Fehlangaben haben sich viele von der Prophetie abgewandt und das Kind mit dem Bade ausgeschüttet. Menschliche Fehlinterpretationen der biblischen Prophetie heben letztere jedoch nicht auf.

Die Zweischwertertheorie der Bulle »Unam sanctam« (Papst Bonifaz VIII., 1302) erklärte, daß *ein* »Schwert« *von* der Kirche und das andere *für* die Kirche zu führen sei[24].

Sie sagte auch, daß

>»es für jedes menschliche Geschöpf zum Heil der Seele notwendig sei, sich dem römischen Papst zu unterwerfen«.

Somit war das Heil nicht mehr vom Glauben an Jesus Christus, den Alleinseligmachenden, abhängig, sondern von der Unterwerfung unter die alleinseligmachende Kirche, also von einer Religion. Im Neuen Testament ist nicht ein einziges Mal die Rede von

---

[23] Jer 30,7; Lk 21,26.36.
[24] Evangelischer Erwachsenen-Katechismus, Gütersloher Verlagshaus Gerd Mohn, S. 134.

einer alleinseligmachenden Kirche. Die Kirche riß alle Macht an sich, um die Gläubigen zu entmündigen und an die Kirche zu binden (siehe Eph 1,3-23; 4,30; 2. Kor 1,20-24). Der Glaube wurde mystifiziert und der Gläubige manipulierbar.

Seit die Könige des Westens die Ansprüche des Papstes auf Weltherrschaft anerkannten, war im Kirchensystem eine Fehlentwicklung einprogrammiert, deren Folgen noch nicht auszudenken waren, die wir aber heute erahnen können. So unternahm der »Marrane«[25] Christoph Columbus (1450-1506) im Auftrag des portugiesischen Monarchen die Entdeckung neuer Welten, um sie dem Papst, dem alle Königreiche der Erde als dem Stellvertreter Christi gehören, zu Füßen zu legen.

Die Eroberungen sollten die beginnenden Erfüllungen einer gewissen Verheißung Gottes an die Kirche sein; eine Verheißung, die Rom selbst in seiner Blütezeit nie erreichte, die auch keinesfalls für Rom, noch für irgendein anderes politisch-religiöses Weltsystem bestimmt ist, sondern allein für das Messianische Reich nach der Parusie.

»Er soll herrschen von einem Meer bis ans andere, und von dem Strom bis zu den Enden der Erde; die Könige aus Saba und Scheba sollen Gaben senden. Alle Könige sollen vor ihm niederfallen und alle Völker ihm dienen.«[26]

In diesen Kontext fallen auch die Kreuzzüge, die als Ziel hatten, das Grab Christi von den widerchristlichen Mohammedanern[27] zu erobern und das Land dem Christentum zu unterwerfen.

Es schien, als würde der Aufrichtung des Reiches Gottes nichts mehr im Wege stehen. Alles lag Leo X. (1513-1521) zu Füßen, er ließ sich als »oberster Herr aller Menschen« anreden und feiern.

---

[25] Marranen nannte man die Juden, die zwangsgetauft wurden. Als Columbus 1492 in See stach, wurden alle Juden aus Spanien vertrieben.
[26] Siehe Ps 68,30; 72,8; Sach 9,10.
[27] Nach Dr. Joseph Franz Allioli, Professor der Heiligen Schrift und der orientalischen Sprachen in München: Anm. zu Jes 11,10 in der Allioli Bibel.

Fazit

»So gebt dem Kaiser, was des Kaisers ist,
und Gott, was Gottes ist!«[28]

»Mein Reich ist nicht von dieser Welt.«[29]

In der Euphorie der wilden Ehe hörten Kaiser und Papst auf die
Stimme des Verführers: »Ihr werdet sein wie Gott«. Der Hybris,
dem Machttaumel und der Grausamkeit waren von da an keine
Grenzen mehr gesetzt. Adolf von Harnack schrieb in seiner be-
rühmten Dogmengeschichte zum welthistorisch wichtigen vierten
Jahrhundert, als das religiöse Rom das politische ablöste, es hande-
le sich um ein Zeitalter zunehmender theologischer Verlogenheit,
einen Kampf aller gegen alle mit Fälschungen, Verleumdungen,
Mord und Aufruhr.[30]

Als das politische, als antichristlich bezeichnete Rom christlich
wurde, konnte der Anspruch auf weltliche Rechtshoheit der Kirche über Kirche und Welt in Angriff genommen werden. Durch
die Schließung dieser Ehe zwischen den beiden »Hälften Gottes«
glaubten die Vertragspartner, sie könnten als Gott über die Welt
herrschen.

Von Erfolg und Machtgier berauscht, glaubten die Kirchenfürsten, in der Bekehrung des Konstantin (274-338) den Aufbruch
des neuen christlichen Zeitalters zu erkennen. Dieser Aufbruch
sollte durch eine wilde Ehe zwischen Papst und Kaiser besiegelt
werden. Auf dieser Ehe wurde ein Gebäude errichtet, das nicht,
wie die Gemeinde Jesu Christi durch den Geist Gottes, sondern
durch Dogmen und Macht entstand. Es konnte somit nicht das
Original sein, sondern nur eine schlechte Kopie, die leider immer
noch als das Original betrachtet wird. Zu dieser Kirche sollten
sich alle Nationen, natürlich auch die Juden, bekehren, um die
Welt in das Reich Gottes zu verwandeln; so einfach war das.

Dieser Fehlstart in das Reich Gottes war zu gleicher Zeit der

---

[28] Mt 22,21.
[29] Joh 18,36.
[30] Siehe »Christen gegen Juden«, Gerhard Czernak Greno Verlag, S. 28.

Auftakt zur Intoleranz und Verfolgung all derer, die sich dieser Kirche nicht unterwarfen oder ihr widerstanden.

Wie die Kirche besitzt auch der Islam zwei Seiten einer Medaille. Die Kirche konnte die eine Seite des Friedens, der Toleranz und des Zusammenlebens mit anderen Religionen aufweisen, die andere Seite war Unterdrückung, Fanatismus, Verfolgung, Gewalt und Intoleranz. Je nach Bedarf, konnte man sich der einen oder der anderen Seite der Medaille bedienen und sich beider Tugenden rühmen.

In diese Zeit fallen die Juden- und Christenverfolgungen, ebenso wie die Kreuzzüge gegen die »widerchristlichen Mohammedaner«, wie sie Dr. Joseph Franz Allioli in seiner Anmerkung zu Jesaja 11,10 in der »mit der Zustimmung des apostolischen Stuhles« herausgegebenen Bibel bezeichnet.

Christus und die Apostel ziehen eine klare Linie zwischen der weltlichen Macht einerseits, dem Reich Gottes (Messianisches Reich) und der Gemeinde Christi andererseits. Von dem Augenblick an, als Kirche und Staat eine wilde Ehe geschlossen hatten, hat die Kirche ihren biblischen Auftrag verlassen. Diese aus der wilden Ehe entstandene Kirche war die erste Sekte, aus der notgedrungen noch viele andere hervorgehen sollten.

Die Kirche zog ihre Wahrheiten dem inspirierten und fleischgewordenen prophetischen Wort vor. Durch die Substitutionstheologie übte die Kirche sowohl Verrat am prophetischen Wort als auch an Jesus Christus als Messias und riß beide aus dem heilsgeschichtlichen Zusammenhang heraus. Sie tat, was sie selber den »Sekten« vorwarf, die sich von den Ansichten, Auslegungen, Dogmen und »Wahrheiten« der Kirche distanzierten und sich von der Kirche trennten.

Das Machtstreben um die Weltherrschaft hat weder etwas mit der Ekklesia zu tun, noch mit dem Evangelium. Dieses Machtstreben machte aus der Kirche ein System, das keinem totalitären Weltsystem nachstand. Wie alle Despoten, waren auch die Partner der wilden Ehe in ihrer Hybris davon überzeugt, daß niemand sie je zur Rechenschaft ziehen würde. Dabei hätten sie wissen können, daß derjenige, dem sie zu dienen vorgaben, sagte:

»Wer das Schwert nimmt, der soll durchs Schwert umkommen« (Mt 26,52).

Der Weg der Gemeinde Jesu Christi ist in unserem Zeitabschnitt
ein Weg der Leiden zur Herrlichkeit, keineswegs ein Weg auf
sonnigen Höhen. Die Gemeinde Jesu Christi ist bis zur Entrük-
kung, respektive bis zur Parusie, ein Fremdkörper im Machtbereich Satans.

Die nach Macht strebende Kirche wurde zum Instrument des
»Gottes dieser Welt« (2. Kor 4,4), der Macht und Herrlichkeit
denen gibt, die ihm hörig werden und ihm dienen. Daraus wird
verständlich, daß auch die Kirche zum Instrument des Mörders
von Anfang wurde.

Aus der wilden Ehe zwischen Papst und Kaiser entsprang ein
illegitimes Monster. Im Jahre 1184 wurde aufgrund einer Über-
einstimmung (Entente) zwischen Lucius III. und Kaiser Friedrich
I. auf dem Konzil zu Verona die Inquisition eingeführt, die bis zur
Französischen Revolution andauern sollte und von Napoleon I. im
Jahre 1834 endgültig aufgelöst wurde.

Die Inquisition war der Heilige Krieg des christlichen Rom, bei
dem alles, was sich nicht dem christlichen Reich Gottes unter-
warf, ausgerottet werden sollte. Ihr Ziel war die Vernichtung der
Juden, der Moslems und der Christen, die sich von der Mutter-
kirche getrennt hatten und die der Verwirklichung des Reiches
Gottes *hic et nunc* auf Erden im Wege standen.

Nachdem die Hüterin des Glaubens die Inquisition durchge-
führt hat, dürfen wir uns nicht über die Ohnmacht und das Schweigen der Kirche wundern in bezug auf die Massaker an den Christen in der Türkei (1874-97 und 1915) und heute im Libanon, dem
Sudan oder in Aserbeidschan durch die Moslems.

»Wer sich mit dem Zeitgeist verheiratet, wird bald Witwe
sein« (Kierkegaard).

Nur mit Bedauern können wir erkennen, wo diese Fehlprogrammierung hingeführt hat und wo sie am Ende der Zeit der Nationen
noch gipfeln wird.

Die Menschheit ist dabei, das Ende der Geschichte mit dem
kommenden Zorn vorzubereiten.

»Wir nehmen nicht nur an einem Gericht einer gewissen Epoche der Geschichte teil, sondern am Gericht der Geschichte selbst ...«

»Die Geschichte hat das Ende ihrer Laufbahn erreicht, eine unbekannte Ära öffnet sich vor uns. Man muß ihr einen Namen geben.«[31]

Rom, Haupt der Erde

Der heilige Name Jerusalems »die Ewige« wurde von Rom usurpiert. Leo X. konnte noch die Bürger Roms folgendermaßen anreden:

> »Ihr seid ein heiliges Volk, ein auserwähltes Geschlecht, eine priesterliche, eine königliche Stadt, gemacht zum Haupt der Erde durch den heiligen Stuhl des gebenedeiten Petrus, damit du durch die Religion in größerer Ausdehnung herrschen möchtest, als durch irdischen Landbesitz.«[32]

Die Kirche enterbte und verdrängte Israel mehr und mehr, riß alle guten Verheißungen an sich und versetzte Jerusalem nach Rom. Das Christentum wurde zur Theokratie und Rom zum Nabel der Welt.

Aus diesem Fehler entstand ein weiterer, als die Reformation und die Protestanten Rom als das Weltübel und als Babylon bezeichneten[33].

Heinrich IV. (1056-1106) betrachtete die Kirche als Eigentum des Staates. Die Ost- und Westkirche, Konstantinopel und Rom sowie Kaiser und Papst machten sich die Macht streitig. In diesem Machtkampf gab es ein Miteinander, Gegeneinander und Nebeneinander. Niemals aber wurde dieser von Augustin ersehnte Got-

---

[31] Nicolas Berdiaew, Schriftsteller in »The fate of man in the modern world«; »The end of our time«.

[32] Licht zur Abendzeit, Verlag Felix Schneider, Basel, 1888, S. 87.

[33] Siehe »Nahost, Auftakt zu Weltbrand oder Weltfrieden?« in »Wiedererwachen der Welt der Propheten«, Kap. II. Verlag Liebenzeller Mission, Liebenzell, 3. Aufl., S. 48-66.

tesstaat erreicht. Die Vision der Gemeinde Jesu Christi, wie sie das Neue Testament lehrt, wurde mehr und mehr durch den Machtkampf verdrängt und durch eine unbiblische Theokratie ersetzt. Die ersten Christen lehnten Cäsar Imperator ab. Später hob der Imperator den Papst auf den Thron, so daß Cäsar und der Papst zum Imperator wurden:

»Der Papst und der Kaiser, diese zwei Hälften Gottes« (Victor Hugo).

Der nestorianische Streit

Das dritte ökumenische Konzil von Ephesus (431) wurde von Theodosius II. (408-450) einberufen, um den neu aufgekommenen christologischen Gedanken »Gottesmutter« oder »Christusgebärerin« als irrig zu erklären.

Dieser Streit war nur ein Vorwand im Machtkampf der Bischöfe aus Ost und West. Nestorius (381-450), der im Jahre 428 Patriarch von Konstantinopel wurde, wollte Maria als »Christusgebärerin« verstanden wissen, nicht aber als die »Theotokos« – Gottesgebärerin – oder im lateinischen: mater Dei = Gottesmutter. Nestorius wurde nach Oasis in Ägypten verbannt, wo er in Elend und Armut sein Dasein fristete und 450 gestorben sein soll.

Diesen durch den nestorianischen Streit hervorgebrachten Wirrwarr, die Zweifel und die Unsicherheit in der »Christenheit«, hat der »Prophet« Mohammed vorgefunden. Sie waren die Grundlage seiner antichristlichen Lehre, die später im Koran festgelegt wurde. Die Folgen dieser Fehlprogrammierung forderten durch die Kreuzzüge und den Heiligen Krieg einen abermillionenfachen Tribut an Menschenleben, und ihre Auswirkungen sind, wie wir heute erkennen können, noch unvorhersehbar.

Die römischen Bischöfe nutzten das Konzil von Ephesus, um den Stuhl Petri in Rom festzusetzen und diesen Stuhl für den römischen Primaten zu beanspruchen. Sie erklärten den Bischof von Rom zum »Heiligen Haupt« der Kirche und ihrer »heiligen Glieder«. Dies setzte voraus, daß alle Diözesen in Ost und West sich unter die Kontrolle des Primats in Rom stellten.

»Er allein sei der Nachfolger des Petrus, der das Haupt des Glaubens und aller Apostel gewesen sei.«[34]

Der Kaiser wird vom Patriarchen gekrönt, der Patriarch vom Kaiser eingesetzt. Der byzantinische Kaiser Justinian (527-565) verwirklichte den »Cäsaropapismus« und machte sich die Kirche dienstbar. Das Modell für den um 570 geborenen Feldherrnpropheten Mohammed war vorhanden. Als Justinian 565 starb, war das Reich durch Machtkämpfe und Kriege in Persien, Nordafrika, Italien und Spanien gespalten, geschwächt und dem Zusammenbruch nahe. Der Nachfolger Justinians, Maurikos, war dem aufkommenden Wandel der Zeit nicht gewachsen, er wurde 602 gestürzt. Phokas, ein Offizier, wurde zum Imperator ernannt, auch er wurde nach kurzer Regierungszeit im Jahre 610 gestürzt.

Das fünfte Weltreich tritt auf die Weltbühne[35]

Der Befehlshaber Nordafrikas, Heraklios (610-641) übernahm die Macht. Es schien, als wäre das Kaiserreich vor dem Zusammenbruch gerettet. Syrien, Palästina und Ägypten wurden von den Persern befreit und befriedet. Arabische Soldaten, die 633 noch an der Seite Heraklios' gegen die Perser kämpften, haben sich im darauf folgenden Jahr von dem zahlungsunfähigen Heraklios befreit und sind zu ihren Stammesgenossen unter der Führung des berüchtigten Kalifen Omar (634-644) übergetreten und haben im Heiligen Krieg für Allah die Grundlage für das islamische Weltreich gelegt. Byzanz wurde auf die Hälfte reduziert; Syrien, Palästina und Nordafrika wurden überrannt. Schlag auf Schlag fielen die Hauptstädte Damaskus (636), Antiochien und Jerusalem (638), Alexandrien (642) und Tripolis (643) in die Hände des Kalifen Omar. Kaum 100 Jahre nach dem Tode Mohammeds standen die Soldaten Allahs schon vor Poitiers.

Somit war das fünfte Weltreich in der Welt der Propheten auf den Plan getreten. Dieses Weltreich sollte einmal, nach der Wie-

---

[34] Renate Riemeck, Glaube – Dogma – Macht, Verlag Urachhaus, S. 51.
[35] Siehe: »Nahost, Auftakt zu Weltbrand oder Weltfrieden?« Verlag Liebenzeller Mission, Liebenzell, 3. Aufl, S. 57-66.

derherstellung Israels am Ende der Zeit der Nationen, eine gewaltige Aufgabe haben. Inzwischen war eine die Prophetie ignorierende und fehlprogrammierte Kirche auf dem illusionären Marsch zum Reich Gottes. Nach seiner Inthronisation als Papst veröffentlichte Gregor VII. (1073-1085) 27 Thesen. Im »Dictatus Papae« trat der Anspruch auf Weltherrschaft des Papstes klar zu Tage, was aus folgenden Zeilen hervorgeht:

- Der Papst steht unter dem besonderen Schutze des heiligen Petrus.
- Der Papst richtet alle und darf von niemandem gerichtet werden.
- Der Papst ist der unbeschränkte Herr der Universalkirche.
- Der Papst ist oberster Herr der Welt.
- Der Papst trägt die kaiserlichen Insignien, ihm haben alle Fürsten die Füße zu küssen.
- Der Papst kann den Kaiser seiner Würde entkleiden und die Untertanen vom Treueid entbinden.
- Die römische Kirche hat nie geirrt und wird niemals irren.
- Papst und weltliche Gewalt verhalten sich wie Sonne und Mond; von der Sonne empfängt der Mond sein Licht ...[36]

Wie aus Apostelgeschichte 15,13ff. hervorgeht, hatte auf dem Konzil der Apostel nicht Petrus den Vorsitz, sondern Jakobus. Im Galaterbrief sehen wir, daß Jakobus dem Petrus gleichgestellt wird[37] und daß Paulus den Petrus rügte und öffentlich zur Rede stellte[38]. Aus den Briefen des Neuen Testaments geht nirgends hervor, daß Petrus etwa der Garant der Gemeinde Jesu Christi war, noch derjenige der Wahrheit. Er wird mit Jakobus und Johannes als Säule der ersten Gemeinde bezeichnet, nicht mehr und nicht weniger. Das Geheimnis von Christus und der Gemeinde wurde nicht Petrus, sondern Paulus offenbart (siehe Eph 3,1.2; Kol 1,24-29).

---

[36] Renate Riemeck, Glaube – Dogma – Macht, aaO., S. 111.
[37] Siehe auch Apg 12,17; 21,18; Gal 1,2-9.12.
[38] Siehe Gal 2,11-14.

Name über alle Namen, Jesus oder Papst?

Aus dem oben erwähnten nestorianischen Streit in Ephesus geht hervor, daß nicht eine Lehre, selbst wenn sie richtig war, abgewiesen wurde, sondern eine Person. Es ging den Päpsten und den Königen nicht vorwiegend um Wahrheit, sondern um Macht. In diesem Machtstreit heiligte der Zweck die Mittel. Die kirchlichen Institutionen wurden nicht vom Evangelium und dem Geist Gottes erleuchtet, sondern wurden den geschichtlichen Bedürfnissen angepaßt.

Zur Zeit der ersten Jahrtausendwende fühlte sich der Papst so stark, daß er sich nicht mehr damit begnügte, neben dem Kaiser zu sitzen, sondern er fühlte, daß nun die Zeit reif war, seinen Stuhl über den des Kaisers zu stellen.

»Der Kaiser über dem Bischof hatte nichts geholfen, ja es hatte sich herausgestellt, daß er geschadet hatte. Nun sollte der Bischof über den Kaiser und über alle Dinge gesetzt werden. Es hatte sich herausgestellt, daß der Kaiser nicht Gottes Regiment in Zion sei; nun sollte ein Priester auf dem Throne des Kaisers Gottes Regiment in Zion und über die ganze Erde sein«[39] (Urbi et Orbi).

Alle Dinge, die Kirche wie auch der Staat, sollten dem Willen eines Menschen unterstellt werden.

»Wer selig werden wollte, für den war es unumgänglich, diesem Manne untertan zu sein.«

Sein Wort war Gesetz; sein Urteil, im Amt gesprochen, unfehlbar; er war mehr als ein Mensch, der Richter aller Menschen, ohne selbst gerichtet zu werden; die Quelle aller Herrschaft; dem *beide* Schwerter übergeben waren; *der allen Menschen verkündigte:*

»*Es ist nur ein Name in der Welt* , und das ist der des Papstes; er allein kann den Schmuck der Herrschaft anlegen; *alle Fürsten sollten ihm die Füße küssen;* er allein kann Bischöfe ernennen und absetzen und Konzile berufen und auflösen.

---

[39] »Licht zur Abendzeit«. Verlag Felix Schneider, Basel, 1888.

Niemand kann ihn richten; seine bloße Wahl macht ihn zum Heiligen; er hat nie geirrt und wird auch in Zukunft nie irren; er kann Fürsten absetzen und Untertanen von ihrem Eid der Treue lossprechen!«[40]

Sagte nicht Petrus von Christus:

»Und in keinem andern ist das Heil, auch ist kein anderer Name unter dem Himmel den Menschen gegeben, durch den wir sollen selig werden.«[41]

Und Christus zu Petrus, als derselbe in seinem Übereifer das Schwert zog:

»Stecke dein Schwert an seinen Ort. Denn wer das Schwert nimmt, der soll durchs Schwert umkommen.
Oder meinst du, ich könnte meinen Vater nicht bitten, daß er mir sogleich mehr als zwölf Legionen Engel schickte?«[42]

Kurz vor seinem Tode antwortete Christus dem Pilatus:

»Mein Reich ist nicht von dieser Welt. Wäre mein Reich von dieser Welt, meine Diener würden darum kämpfen, daß ich den Juden nicht überantwortet würde; nun aber ist mein Reich nicht von dieser Welt.«

Und Pilatus sprach zu Christus:

»Bist du der Juden König?«

Und Christus antwortete:

»Du sagst es.«

Kurz nach dem Austausch mit Pilatus ließ derselbe, trotz Protest der Schriftgelehrten, folgende Inschrift über dem gekreuzigten Christus anbringen:

»Jesus von Nazareth, der König der Juden«.

---

[40] Dictatus Papae, Gregor VII. Siehe »Licht zur Abendzeit«, Verlag Felix Schneider, Basel, 1888, S. 55.
[41] Apg 4,12.
[42] Mt 26,52-53.

Um dieses Amt einmal in seiner Fülle und Macht antreten zu können, mußte Christus leiden, um in die Herrlichkeit als König eingehen zu können[43].

Der Weg des Maschiach – Christus – zum Thron führte Jesua – in Jahweh ist das Heil – notgedrungen über Golgatha.

Die Königstellung ist einmalig und wird in der Bibel einzig und allein dem Messias zugeschrieben und ist auf keinen Menschen übertragbar. Petrus sagt von Christus:

> »Ihn muß der Himmel aufnehmen bis zu der Zeit, in der alles wiedergebracht wird, wovon Gott geredet hat durch den Mund seiner heiligen Propheten von Anbeginn.«[44]

Auf keinen Fall beanspruchte Petrus, der Vertreter Christi zu sein. Er war aufgrund der alttestamentlichen Prophetie sicher, daß Christus wiederkommen würde, wenn sich die Verheißungen in bezug auf Israel und die Endzeit erfüllen würden.

Von dem Zeitpunkt an, als Kaiser und Kirche sich verbündeten und sich zum Vertreter Christi ausriefen, um das Reich Gottes Urbi et Orbi (in der Stadt und weltweit) mit aller Gewalt aufzurichten, wurde der Glaube an eine Religion und das Reich Gottes auf Erden für Heiden, Juden, Christen und auch für Moslems zeitweise zur Hölle.

Gott will es![45]

Alle Dynastien Italiens, Frankreichs (der ältesten Tochter der Kirche), Spaniens, Portugals, Englands, Norwegens, der Niederlande, Belgiens, Griechenlands sowie die deutschen Kaiser und die Zaren Rußlands glaubten sich von Gott berufen und auf den Thron gesetzt, um das Reich Gottes »Hic et Nunc« (hier und jetzt) mit Gewalt und Macht aufzurichten. Unter dem Motto »Gott mit uns« bekämpften sich die christlichen Dynastien mit ihren »geist-

---

[43] Lk 24,26-46; Apg 3,18; 26,23.
[44] Apg 3,21.
[45] Mit dieser Parole »Gott will es!« rief Urban II. die Christen zu den Kreuzzügen auf. Wollte das Gott wirklich oder war es ein Irrweg?

lich« gesegneten Waffen verschiedener Denominationen. Man könnte sagen, daß die Spaltungen in der Christenheit die Folgen eines auf Kosten der biblischen Prophetie ausgetragenen Machtkampfes sind. Um sein Ziel zu erreichen, hat jeder Despot das bibelunkundige, in Unwissenheit gehaltene Volk mit Bibelstellen, die aus ihrem biblischen Zusammenhang herausgerissen waren, manipuliert. Nicht ohne Grund hatte die römische Kirche bis in unsere Zeit ihren Anhängern das Lesen der Bibel vorenthalten.

Die Verwerfung der biblischen Prophetie und die Unkenntnis des biblischen Heilsplanes führten die christlichen Nationen zu Spaltung, Krieg und Zerfleischung, die in den zwei letzten Weltkriegen gipfelten. Seitdem läuft im christlichen Abendland ein beschleunigter Zerfallsprozeß.

Das Machtstreben der Kirche, wie wir es gesehen haben, hat weder etwas mit dem Evangelium zu tun, noch mit dem Reich Gottes oder mit den Verheißungen Jahwehs an das Volk Israel.

Mit allem Respekt für die Kirchenväter müssen wir ihre Ansicht über die biblische Prophetie und das Reich Gottes neu überdenken und sie aufgrund der Bibel, der Kirchengeschichte und der weltumwälzenden Ereignisse korrigieren.

Tatsache ist heute, daß die vor ca. 2 500 Jahren vorausgesagte Wiederherstellung Israels seit 1948 eine geschichtliche Tatsache ist und daß das von Jesus vor bald 2 000 Jahren vorausgesagte Jerusalemsyndrom 1967 in seine Endphase eingetreten ist. Noch ist der Tempelberg von den islamischen Nationen zertreten und diese werden alles daran setzen, um diese Enklave nicht herzugeben. So wurde, um des Tempelplatzes willen, Jerusalem für die umliegenden Nationen zum Taumelbecher, und für alle Nationen wird es ein Laststein, an dem sie sich überheben werden. So bleibt – wenn überhaupt – nur noch wenig Zeit zur Korrektur.

Wiederherstellung Israels, Geschichtsunfall oder Zeichen der Zeit?

Die Erfüllung der Prophetie hat somit erbracht, daß sich die römische Kirche wie auch all diejenigen geirrt haben, die Israel aus der Prophetie ausgeklammert haben. Das heutige Verhalten der römischen Kirche gegenüber dem Staat Israel beweist, daß es dem stolzen Rom unmöglich ist, diesen Irrtum zuzugeben.

Wer diese, seit 42 Jahren Geschichte gewordene Prophetie ignoriert, kann nur bewußt – wie die Schriftgelehrten und Pharisäer zur Zeit Jesu – in der Blindheit beharren wollen. Diese Zeitgenossen, die dazu noch wähnen, gläubig zu sein, lehnen einen nicht geringen Teil des inspirierten (= theopneustos) Wortes ab, um es durch die unbiblische Lehre der Substitutions- und Enterbungstheologie zu ersetzen. Sie fallen somit unter das Wort von Offenbarung 22,19 (siehe auch 5. Mose 4,2; Spr 30,6.7; Gal 1,8).

Wir dürfen uns nicht wundern, wenn die christlichen Politiker, die durch den Reich-Gottes-Gedanken programmiert sind, die Zeichen der Zeit nicht erkennen und somit Fehlentscheidungen treffen, die in Richtung Erfüllung der Prophetie gehen, obwohl sie gegen die von Jahweh festgelegte Ordnung handeln. Mußten sich die Nationen notgedrungen seit 1948 mit dieser Geschichtswende abfinden, so betrachteten sie diese Wende als einen zufälligen »Geschichtsunfall«. Den Gedanken, daß dieser Geschichtsunfall im göttlichen Heilsplan vorgesehen war, versuchen die fehlprogrammierten Theologen und Politiker zu verdrängen.

Heute anzunehmen, daß Jahweh bei der Geschichte werdenden Prophetie die Hand im Spiel hat, würde zu Konsequenzen führen, die ihrerseits gewaltige Probleme und Umwälzungen mit sich bringen müßten.

Das Beharren der Nationen in ihrem Irrtum führt sie unweigerlich zu einer offenen Revolte und Ablehnung gegenüber Jahweh. Es ist die Vorstufe des kommenden Zorns.

Seit 42 Jahren wird in den Medien über kein anderes Weltproblem so viel geredet und geschrieben wie über Israel, als gäbe es nur dieses eine Problem auf der Welt.

Durch die im Namen des Juden Jesu durchgeführte Judenverfolgung haben die christlichen Nationen den Beweis erbracht, daß sie den göttlichen Heilsplan mit Israel, der Ekklesia und den Nationen nicht erkannt haben. Es schien den Kirchenvätern, Päpsten, Bischöfen und Priestern entgangen zu sein, daß Christus nicht in bezug auf die Christen, sondern in bezug auf sein Volk sagte:

»Was ihr getan habt einem von meinen geringsten Brüdern, das habt ihr mir getan« (Mt 25,40-45).

Da sich Gott bei der Menschwerdung des Logos mit dem Volk der Juden identifizierte, sind die Judenverfolgungen ein Kampf und eine Auflehnung gegen Gott und seinen Gesalbten.

Vom Dreyfuß-Prozeß zum Zionismus und dann?

Das 1564 von Pius IV. erlassene Verbot, die Bibel in der Volkssprache zu lesen, hat nicht dazu beigetragen, den Anhängern der Kirche Roms die Augen zu öffnen. Dieses Verbot ist leider erst in unserer Generation aufgehoben worden. Und dies noch unter bestimmten Voraussetzungen.

Etwa 30 Jahre vor dem Ereignis, das den Endzeitprozeß auslöste, der durch die »Dreyfuß-Affäre« (1894-1906) in Frankreich in Gang gesetzt wurde, hat sich Rom auf dem Vatikanischen Konzil 1869/70 durch das von Papst Pius IX. ausgerufene »Unfehlbarkeitsdogma« den Weg zur Korrektur seiner Fehlprogrammierung blockiert.

Wie wir schon gesehen haben, bietet die Kirchengeschichte keinen Anhalt, der auf eine direkte Verbindung zwischen Petrus und dem ersten Papst schließen läßt. Aus der Bibel geht nicht hervor, daß es eine apostolische Tradition der Unfehlbarkeit geben soll. Im Galaterbrief sehen wir sogar, daß der Heidenapostel Paulus dem Apostel Petrus starken Widerstand leistete und ihn vor Zeugen zurechtwies, weil Petrus heuchelte und die anderen Mitbrüder in seiner Zweideutigkeit zu gleichem verführte. Paulus hielt Petrus und Barnabas vor, daß

> »sie nicht richtig handelten nach der Wahrheit des Evangeliums ...«[46]

Da ein vom Papst festgelegtes Dogma unwiderruflich ist – somit auch das Unfehlbarkeitsdogma – gelangt der Vatikan nach dem

---

[46] Gal 2,9-14.

Erscheinen des »Fanales« Israel auf der Weltbühne in eine Zerreißprobe.

»Er stellt ein Panier auf,um diesen Nationen anzuzeigen, was er tun will« (siehe Jes 11,12).[47]

Nach einem Gespräch mit Papst Pius X. im Januar 1904 gab Theodor Herzl in seinem Tagebuch die Einstellung Roms zum Judenstaat wieder:

»Wir können diese Bewegung nicht begünstigen. Zwar werden wir auch nicht verhindern können, daß die Juden nach Jerusalem gehen – aber befürworten können wir dies nie. Auch wenn der Boden Jerusalems nicht immer heilig war, so ist er doch geheiligt durch das Leben Jesu Christi. Als Oberhaupt der Kirche kann ich Ihnen nichts anderes sagen. Die Juden haben unseren Herrn nicht anerkannt, deshalb können wir das jüdische Volk nicht anerkennen.«[48]

Im Gründungsjahr des zionistischen Staates hat sich Rom gegen die Erfüllung der biblischen Prophetie aufgebäumt, ohne sie jedoch aufhalten zu können. Civita Cattolica schreibt im Mai 1948:

»Das moderne Israel ist nicht Erbe des biblischen Israel. Das heilige Land gehört nur dem wahren Israel, nämlich der Christenheit.«[49]

Mit Bedauern muß man feststellen, daß sich diesbezüglich seit Melito von Sardes, Chrysostomos, Augustin, dem christlichen Philosophen Justinus Martyr (110-165) u.a.[50] bis in die Gegenwart nichts geändert hat. Der »Kriegspapst« Eugenio Pacelli (1939-1958) sagte als Kardinalssekretär in Rom 1936:

»Dem Stellvertreter Christi beugt sich die Bestimmung Roms; in ihm verdichtet es sich und wendet sich zu einem Ziel, das nicht von dieser Welt ist. Keine Stadt besiegt oder wird jemals besiegen die Bestimmung Roms. Jerusalem und

---

[47] Siehe »Nahost«, S. 197, 3. Aufl.
[48] Israelisches Wochenblatt, Zürich vom 27. April 1984.
[49] Le Monde, Paris vom 24.11.1964.
[50] Siehe Kapitel »Substitutions- und Enterbungstheologie«.

sein Volk sind nicht mehr die Stadt und das Volk Gottes, Rom ist das neue Zion ...«[51]

Kaum 61 Jahre nach der Unterhaltung zwischen dem Papst und Theodor Herzl kann man erkennen, daß der Vatikan den Punkt des Nicht-Wiederkehrens überschritten hat und mit dem Rücken zur Wand steht.

Mit Papst Johannes XXIII. erschien ein schnell erloschener Lichtblick. Kurz vor seinem Tode sagte er:

>»Wir erkennen nun, daß viele, viele Jahrhunderte der Blindheit unsere Augen gehalten haben, daß wir die Schönheit deines auserwählten Volkes nicht sehen und in seinem Gesicht nicht die Züge unseres erstgeborenen Bruders erkennen konnten ... Vergib uns die Verfluchung, die wir in deinem Namen über die Juden aussprachen. Vergib uns, daß wir dich in ihrem Fleisch zum zweitenmal kreuzigten. Denn wir wußten nicht, was wir taten.«[52]

Trotz dieses Lichtblicks hat Rom seine Stellung zu Israel nicht korrigiert. Johannes Paul II. empfing dreimal den Mann, auf dessen Fahne die Ausrottung des Volkes Gottes geschrieben steht und der durch die »Stimme Palästinas« sagte:

>»Das palästinensische Volk wird den zionistischen Feind bis zum letzten noch ungeborenen Kind im Mutterleib bekämpfen.«[53]

Solche Aussagen lassen uns die Worte Jesu über die Endzeit verstehen:

>»Weh aber den Schwangeren und Stillenden *zu jener Zeit!*« (Mt 24,19).

Das messianische Reich wird nicht, wie es die Kirche, der Kom-

[51] Friedrich Heer, »Der Glaube des Adolf Hitler«. München 1968, S. 558. Rudolf Pfister, »Von A bis Z«. Quellen zu Fragen um Juden und Christen. Schriftenmissionsverlag Neukirchen-Vluyn, S. 113.
[52] Friedrich Laubscher, »Jerusalem Widerspruch und Verheißung«. Friedrich Bahn Verlag, Konstanz.
[53] Siehe »Idea Spektrum« vom 15. Jan. 1986, S. 20.

munismus, der Sozialismus oder der Islam heute glauben, durch Heer oder Kraft, sondern durch den Geist Jahwehs aufgerichtet werden (siehe Sach 4,6). Auch kann es kein anderer aufrichten als allein der wiederkommende Messias. Das messianische Reich kann auch nicht aufgerichtet werden, so lange der Satan (Drache), das Tier und der falsche Prophet auf der Weltbühne sind (siehe Offb 19,20; 20,1-3).

Die Wiederherstellung Israels am Ende der Zeit wird, nach den Propheten der Bibel, der Auslöser einer Haß- und Zorneswelle gegen alles sein, was von Jahweh ausgeht, also gegen die Juden wie auch gegen die Christen. Das »Tier«, von dem in der Offenbarung die Rede ist, ist das »kleine Horn«, von dem der Prophet Daniel redet (Kap. 7,24-26), der »Verwüster« (Dan 9,27), der mit dem »Greuel der Verwüstung« (Mt 24,15) an heiliger Stätte in Zusammenhang steht, und der Mensch der Sünde, von dem der Apostel Paulus redet (2. Thess 2,4-8). In der letzten Zeit wird Satan diesem letzten Tyrannen der Erde die Macht geben, die er Christus anbot (Mt 4,8-9; Offb 13,4). Das »Tier« wird während der letzten 42 Monate sein wahres Gesicht zeigen, wird den Gott Abrahams, Isaaks und Jakobs lästern (Offb 13,5) und wird Jerusalem während 42 Monaten zertreten (Offb 11,2; Sach 14,2), was die große Trübsal Jakobs in Israel auslösen wird. Das »Tier« wird alle Könige der Erde mit hineinziehen in den Kampf gegen den, der das Tausendjährige Friedensreich aufbauen wird (Offb 13,7.8; 19,11-19).

Eine »heile Welt« auf dem Weg zum Scheinfrieden

Durch das Beharren auf der Fehlprogrammierung versinkt die Christenheit immer mehr im Sumpf des Irrtums.

Heute wird schon versucht, mit Christen und Moslems eine brüderliche Zukunft aufzubauen. Noch glauben die Christen, den Auftrag zu haben, eine

> »neue Welt, in der alle Rassen, Kulturen, Religionen friedlich nebeneinander leben, zu verwirklichen«[54].

---

[54] »Dernières Nouvelles d'Alsace« vom 6.12.1987.

Ein Hindernis an der Verwirklichung dieses alle Religionen umfassenden Friedensreiches ist nach dem Philosophen Carl Friedrich von Weizsäcker der »Mythos« der Gottes-Sohnschaft Jesu Christi.

> »Carl Fr. v. Weizsäcker sieht in der biblischen Lehre von Jesus Christus als Gottes Sohn und Erlöser einen Mythos, der durchaus aufgelöst werden und an dessen Stelle die neue Weltreligion der vereinigten Menschheit treten könne.«[55]

Aus der Sicht des Islam ist C. Fr. v. Weizsäcker demnach ein Moslem. Nun bleibt die Frage, ob er das Spiel des Islam bewußt oder unbewußt mitspielt.

Wem oder was dienen wohl unsere »modernen« Theologen und Philosophen mit ihrer Entmythologisierung des biblischen Jesus Christus?

Bei all den Auseinandersetzungen geht es letzten Endes nur um *die* Wahrheit. Und diese Wahrheit kann nur der fleischgewordene *Logos* sein, der aus der Ewigkeit in die Zeit gekommen ist.

Alle Probleme des Abendlandes entspringen dem Unglauben und Zweifel am inspirierten *(theopneustos)* und fleischgewordenen Wort, dem *Logos* (siehe Joh 3,19; Röm 1,21.22). Beide sind eins, genau wie der Vater und der Sohn.

Nur dem der an den fleischgewordenen Logos glaubt wie die Schrift sagt (siehe Joh 2,22; 5,39 u.a.), schenkt Jahweh seinen Geist der Verheißung (siehe Joh 14,15-26; Lk 24,49; Röm 5,5; Eph 1,12-14 u.a.). Nur dieser Geist kann uns in alle Wahrheit leiten, nur er kann uns die Tiefen der Gottheit offenbaren (siehe 1 Kor 2,9-12). Paulus schreibt, daß »wer Christi Geist nicht hat, der ist nicht sein« (Röm 8,9). Der natürliche Mensch »vernimmt nichts vom Geist Jahwehs«, es ist für ihn sogar eine Torheit und er ist dem Handeln Jahwehs gegenüber tot.

Der Friede, der im Friedenskonzil ausgehandelt werden soll, könnte demnach ein islamischer sein, der sich mit dem Koran deckt. Eine multireligiöse, antichristliche Ökumene wird zum Steigbügelhalter der islamischen Weltordnung und Theokratie, in

---

[55] »Licht und Leben« vom Juli 1988, S. 157 und »Fundamentum« vom März 1988, S. 99.

der – wie es der aufwachende fundamentalistische Islam anstrebt – der Koran als Grundlage der neuen Weltordnung gelten soll.

Während der kommunistische Koloß in einer gewaltigen Krise steckt, das mächtigste Land des Kapitalismus am Rande des Bankrotts steht und Europa sich noch im Embryostadium befindet, können wir laut der Erkenntnis und Voraussage von Prof. Dr. Bullinger[56] erkennen, daß eine dritte Macht im letzten Viertel unseres Jahrhunderts auf die Weltbühne getreten ist: es ist der islamische Fundamentalismus, der immer wieder den demokratischen Liberalismus und den atheistischen Kommunismus verurteilt.

War es nicht der Islam, der den kommunistischen Koloß durch den Afghanistankonflikt in die Knie zwang? Wurde nicht das geopolitische Erdbeben in Osteuropa durch diese Niederlage ermöglicht und hervorgerufen? Ist es vielleicht die Angst vor dem aufwachenden Tier im Süden Rußlands sowie in Europa, die Gorbatschow dazu veranlaßt, von einem »gemeinsamen europäischen Haus« zu reden und nach 72 Jahren als erster Staatschef des atheistischen Imperiums nach Rom zu gehen?

Die Flucht in das »gemeinsame Haus Europas« ist ein verzweifelter Versuch, Europa vom Atlantik bis zum Ural vor dem Aufwachen des Islam zu retten. Die Zukunft wird zeigen, ob diese Geschichtskorrektur nicht viel zu spät gekommen ist. Im Augenblick jedoch scheint die Geschichte den Politikern davonzulaufen.

Sollte heute oder morgen aus dem aufwachenden Islam im Nahen Osten der starke Mann aufstehen, dem es durch sein politisches und religiöses Charisma gelingt, die gesamte islamische Welt mit einer Milliarde Menschen hinter sich zu vereinen, würde sich ein im Testament des Ayatollah festgelegter Wunsch erfüllen:

»Die Moslems könnten die größte Macht der Welt bilden, wenn sie sich vereinigten.«[57]

Unsere Welt steht nun im Rennen gegen die Uhr. Vielleicht ist die Ost-West-Entspannung der letzte verzweifelte Versuch, Kapitalis-

---

[56] Siehe »Nahost«, Kap. II, Abschnitt a) Das römische Reich.
[57] Siehe »Dernières Nouvelles d'Alsace« vom 7.5.1989.

mus und Kommunismus vor einer exklusiv islamischen Form zu retten. Die unvorbereiteten, Prophetie unkundigen, zerstrittenen und atheistischen Politiker aus Ost und West haben die aufkommende Gefahr unterschätzt und zu spät erkannt. Wenn überhaupt. Das alte und neue Europa weiß nicht mehr, was es zu verteidigen hat. Wie es jedoch scheint, wissen wir nicht, zu wem wir gehören und werden somit zu den Hintergangenen der Geschichte. Religionen, freisinnige Theologie, Entmythologisierung der Bibel, Bibelkritik, Philosophie und Politik haben zur Verwirrung der Christen und zum heutigen Abfall beigetragen. Tragisch ist, daß unsere Ungewißheit, Unwissenheit und Demut dazu dienen, die Position des Tyrannen, der unser Verderben will, zu stärken.

Ein Christentum, das unfähig ist, die Geister zu prüfen[58], wird auf ein »neues Friedenszeitalter« hin manipuliert. Nachdem die christliche Substanz des Abendlandes immer mehr schrumpft und es mehr vom Öl als vom Wort Jahwes lebt, ist das Abendland bereit, um des Überlebens willen Kompromisse mit dem aufwachenden Islam einzugehen. Den meisten »Christen« im christlichen Abendland ist es heute egal, welchem »Gott« sie zugeordnet werden. Die Hauptsache, das Rad dreht sich weiter, das Auto fährt, die Freizeitgesellschaft funktioniert, das Volk hat Brot und Spiele.

In dieser christlich-islamischen Ökumene wird es weder Platz für die Ekklesia, noch für den Staat Israel geben, denn beide sind in diesem Neuen-Welt-System Fremdkörper und Störfaktoren.

Eine neue und meines Erachtens letzte Kraftprobe zwischen Wahrheit und Lüge steht der Menschheit bevor. Wie es scheint, wird die Lüge in naher Zukunft einmal mehr eine Schlacht gewinnen, jedoch den Endsieg wird die Wahrheit davontragen. Die Verheißungen Jahwehs sind Ja und Amen. Er wird nichts von den gegebenen Verheißungen abstreichen.

»Gott ist nicht ein Mensch, daß er lüge, noch ein Menschenkind, daß ihn etwas gereue. Sollte er etwas sagen und nicht tun? Sollte er etwas reden und nicht halten?«[59]

---

[58] 1. Joh 4,1.
[59] 4. Mose 23,19.

»Auch lügt nicht, der Israels Ruhm ist, und es gereut ihn nicht; denn er ist nicht ein Mensch, daß ihn etwas gereuen könnte.«[60]

Ist der Punkt des Nicht-Wieder-Umkehrens überschritten?

Wahrscheinlich zum letztenmal vor dem kommenden Zorn ist die Kirche dabei, im Zionismus den »Logos« zum drittenmal zu kreuzigen und abzulehnen. Ohne es zu wissen?

Als die von Jahweh an Abraham angekündigte 400jährige Gefangenschaft (1. Mose 15,13; 2. Mose 12,40) in Ägypten beendet war und Mose den Pharao bat: »Laß mein Volk ziehen«, verstockte der stolze Pharao sein Herz. Als der prophetische Countdown angelaufen war und Pharao keinen Handlungsspielraum mehr hatte und er eventuell den Fehler seiner Borniertheit hätte erkennen können, verstockte Jahweh ihm das Herz[61]. Diese Verstockung Pharaos führte zu seiner und zur Zerstörung der zu jener Zeit modernsten und gewaltigsten Armeen.

Der Punkt des Nicht-wieder-Umkehrens war überschritten. Durch das Dogma der Unfehlbarkeit (1869/70) und die oben erwähnte Aussage des Papstes Pius X. hat sich Rom den Weg zur Korrektur und Rückkehr zu den biblischen Wahrheiten verbaut. Mit der Wiederherstellung Israels, dem Aufwachen und der Machtübernahme des vom Propheten Daniel erwähnten 5. Weltreichs wird auch für Rom eine Korrektur dem Staat Israel gegenüber immer unwahrscheinlicher, ja unmöglich.

Im letzten Jahrhundert verzichtete Rom auf seinen Anspruch auf Weltherrschaft. Nach dem 2. Vatikanum erhoffte sich Rom laut Kardinal Joseph Ratzinger eine »neue katholische Einheit«, einen »Sprung nach vorne«. Man habe dann vielmehr einen »Prozeß des Niedergangs« erlebt, viele seien in »Entmutigung und Langeweile verfallen«[62]. Was ist während und nach dem 2. Vatikanum geschehen?

---

[60] 1. Sam 15,29.
[61] 2. Mose 4,21; 14,4.
[62] Siehe »Dernières Nouvelles d'Alsace« vom 10. November 1984.

Jahweh sprach zu Abraham:

»Ich will segnen, die dich segnen, und verfluchen, die dich verfluchen; und in dir sollen gesegnet werden alle Geschlechter auf Erden« (1. Mose 12,3).

Das Zweite Vatikanische Konzil, das eine Annäherung an die Juden bringen sollte, führte zu einer Verbrüderung mit denen, die die Zerstörung Israels anstreben (siehe im Kap. Substitutions- und Enterbungstheologie Aussage von Hans Küng).

Während die Christen in den islamischen Ländern immer mehr in die Enge getrieben werden und der fundamentalistische Islam immer mehr Aufwind erhält, die islamischen Gesetze (Scharia) in immer mehr Ländern eingeführt und der Islam in immer mehr Ländern als Staatsreligion anerkannt wird, während der Koranunterricht die erste Stelle in den Schulen einnimmt, wurde im christlichen Italien 1983 der Katholizismus als Staatsreligion abgeschafft.

Die bis dahin als „heilig" bezeichnete Stadt Rom verlor dieses Attribut, und in ihren Mauern entsteht eine prächtige Moschee mit islamischer Universität.

Durch die seit den zwei Weltkriegen auf den Plan getretenen weltumwälzenden Ereignisse im Nahen Osten werden die Anhänger der post- und amillenaristischen Theorie in eine ausweglose Lage versetzt.

Der heutige Trend im christlichen Abendland geht in Richtung Frieden. Da jedoch der Glaube an den, der unser Friede ist (Eph 2,14), nicht jedermanns Sache ist (2. Thess 3,2), bleibt der Friede in unserem Äon eine individuelle Angelegenheit. Dem gläubigen Christen wird geraten, nach dem Frieden mit jedermann zu jagen. Dieser Friede kann jedoch nicht auf Kosten der Wahrheit und durch Kompromisse erreicht werden. Durch solches Handeln wird das Licht unter den Scheffel gestellt und das Salz der Erde wird dumm (siehe Mt 5,13-16).

Als der Menschensohn wie verheißen in Bethlehem zur Welt kam, konnten die Engel den Hirten sagen:

»Ehre sei Gott in der Höhe, und Friede auf Erden, und den Menschen ein Wohlgefallen!« (Lk 2,14).

In diesem in Schwachheit in einem Stall geborenen Kindlein aus Nazareth konnten die Zeitgenossen keineswegs den Friedensfürsten erkennen, der Israel erlösen und der Welt das messianische Reich bringen sollte. Weil sie den Friedensfürsten ausgestoßen haben, ist die Welt bis zur Wiederkunft des Friedensfürsten in der Krisis[63] (siehe Joh 12,31; 3,19).

Als Jesus Christus den Jüngern seinen Tod, seine Auferstehung und Himmelfahrt, Pfingsten und die Parusie voraussagte, gab er ihnen die tröstenden Worte:

»Den Frieden lasse ich euch, meinen Frieden gebe ich euch. Nicht gebe ich euch, wie die Welt gibt. Euer Herz erschrecke nicht und fürchte sich nicht« (Joh 14,27).

Für den gegenwärtigen Zeitabschnitt (Äon) bis zur Parusie gilt das Wort Jesu:

»Das habe ich mit euch (zuvor) geredet, damit ihr in mir Frieden habt. In der Welt habt ihr Angst; aber seid getrost, ich habe die Welt überwunden« (Joh 16,16-33).

Weil Jesus Christus bei seinem ersten Kommen die Bedingungen erfüllt hat, ist er nach der Ordnung Melchisedeks in Ewigkeit der Hohepriester geworden. Dieser Melchisedek war ein König von Salem (Frieden), ein Priester Gottes des Allmächtigen (siehe Hebr 6,13-20; 7,1-13).

Ist Friede machbar?

Aus dem Hebräerbrief Kap. 8 können wir einmal mehr erkennen, daß die Welt nicht zur Erkenntnis Jahwehs gelangen kann, bevor auch Israel (8,8-13) selbst am Ende der Zeit den von den Propheten Jesaja (61,8) und Jeremia (31,31) vorausgesagten Bund erkennt, in dem Jahweh Jesus Christus als Grundlage festgelegt hat.

Der Hebräerbrief sagt, daß wir jetzt in diesem Äon noch nicht sehen, daß ihm (Jesus Christus) alles untertan sei (2,8), denn nach-

---

[63] Im griechischen Text steht statt des Wortes »Gericht« »Krisis«.

dem er als Menschensohn auf Erden die Bedingungen erfüllt hat, muß er hinfort warten, bis daß seine Feinde zum Schemel seiner Füße gelegt werden (10,13), bevor Jesus Christus mit großer Kraft und Herrlichkeit wiederkommt (siehe Mt 24,29-31). Diese Wiederkunft und die Wiederherstellung des Volkes Israel sind eng miteinander verknüpft. Darum sagt auch Christus in bezug auf die Endphase und die Wiederherstellung Israels:

>Und alsdann werden sie sehen den Menschensohn *kommen* in den Wolken *mit großer Kraft und Herrlichkeit.* Wenn aber dieses anfängt zu geschehen, dann seht auf und erhebt eure Häupter, weil sich eure Erlösung naht.«

>Also auch ihr, wenn ihr dies alles sehet angehen, so wisset, daß das Reich Gottes *nahe* ist.«

Im Hinblick auf alles, was im Nahen Osten geschieht, sollten wir rufen:

>Tut Buße, denn das Himmelreich ist *nahe* herbeigekommen.«

Gerade diese Botschaft wird heute fast nicht mehr verkündigt, im Gegenteil, die Christenheit wird durch Friedenshoffnungen falscher Messiasse irregeführt.

Das Nichtbeachten des göttlichen Heilsplanes führt zu Fehlschlüssen wie zu dem Begriff »Friedenskonzil«, der durch den Philosophen Carl Friedrich von Weizsäcker verbreitet wurde und die Massen für den Weltfrieden mobilisieren soll. In diese Richtung geht auch die New-Age-Bewegung, die glaubt, daß Friede machbar sei. Auch das Treffen zum Friedensgebet, zu dem Papst Johannes Paul II. am 27.10.86 die christlichen Konfessionen und die Angehörigen großer Religionen – Buddhisten, Muslime und Juden – aufrief, weist in die gleiche Richtung. Ayatollah Khomeini hatte für dieses Treffen in Assisi einen Vertreter des Irans benannt[64]. Um alte Fehler zuzudecken, begehen die Kirchenfürsten immer neue Fehler, die gewiß nicht dazu dienen, die Menschheit zum Licht zu führen, sondern eher hinters Licht.

---

[64] Siehe »Messagèr Evangélique« vom Oktober 1986, Straßburg.

Ein dauerhafter Friede kann niemals auf dem Kompromiß mit der Lüge aufgebaut werden. Wahrheit und Frieden sind untrennbar. Solange die volle Wahrheit, d. h. das inspirierte und fleischgewordene Wort – Logos – ausgeschaltet wird, bleibt wahrer und dauerhafter Friede eine Utopie.

Der Kampf gegen Israel ist der Versuch, einer vom Satan manipulierten Menschheit den Beweis zu erbringen, daß die Verheißungen der Bibel falsch und erfunden sind, daß Jahweh sich also nicht offenbart hat.

Kein Problem beschäftigt die Weltmächte mehr als das Nahostproblem. Bei keinem anderen Weltproblem werden die Nationen deutlicher vor die Wahl zwischen Wahrheit und Lüge gestellt. Da sie aber die Liebe zur biblischen Wahrheit nicht angenommen haben, werden sie der Lüge glauben und somit gerichtsreif werden[65].

Welche Erklärung werden die Hirten morgen ihren Schäflein für die verwirrende Weltlage geben können?

Ist es nicht sonderbar, daß sich viele vom päpstlichen Rom und dessen Machtanspruch getrennt haben, aber nicht von der Substitutions- und Enterbungstheologie?

Die seit 1986 andauernde Polemik und der Streit um das Karmelitenkloster in Auschwitz erbringen den Beweis, daß die prophetieblinde Kirche noch nicht verstanden hat, daß sowohl Israel, wie auch die Ekklesia (Gemeinde Jesu Christi) einen verschiedenen Auftrag in Jahwehs Heilsplan haben.

Von Pfingsten an wurde Israel bis ans Ende der Zeit der Nationen denselben gleichgeschaltet.

Nur mit Bedauern kann man feststellen, daß Rom sich nicht aus dem selbstgebauten Labyrinth befreien kann. Professor Peter Rosa, Absolvent der wichtigsten päpstlichen Universität Gregoriana in Rom, Professor für Ethik an der Universität von Westminster und anschließend Dekan für Theologie am Corpus Christi College, schreibt im Vorwort seines Buches »Gottes erste Diener«:

»Kein Glaubenssatz wurde uneingeschränkter gelehrt – in katholischen Worten unfehlbarer – als „die Juden sind ver-

---

[65] 2. Thess 2,8-12.

flucht, weil sie Gott getötet haben", eine Beschuldigung, die bis heute nicht offiziell zurückgenommen ist.«[66]

In der Lutherbibel finden wir den Satz:

»Siehe, es kommt die Zeit, spricht der Herr, da will ich *mit dem Hause Israel und mit dem Hause Juda* einen neuen Bund schließen« (Jer 31,31).

Wenn Gott davon redet, daß er einen neuen Bund mit dem Hause Israel und Juda schließen will, so können wir uns darauf verlassen, daß diese Voraussage wie diejenige der Wiederherstellung Israels und viele andere sich buchstäblich erfüllen wird.

Von dieser und anderen Aussagen der Propheten waren die beiden Apostel Petrus und Paulus und die ersten Christen überzeugt. Sie wußten aber auch, daß Gott mit der frohen Botschaft Juden und Heiden die Möglichkeit oder vielmehr die Gnade schenkte, durch den Vollstrecker dieses neuen Testamentes in die dazwischen geschobene Ekklesia einverleibt zu werden. Der Irrglaube der Bekehrung des ganzen Israel zu irgendeiner christlichen Religion war falsch und wird bis zur Parusie falsch bleiben, was nicht ausschließt, daß im Zeitabschnitt zwischen Pfingsten und der Parusie einzelne Juden (genau wie einzelne Heiden und Christen) zur Erkenntnis gelangen, daß Jesus der wiederkommende Messias ist.

Paulus gibt zu verstehen, daß nicht die Ekklesia die Wurzel (Israel) trägt, sondern daß die Ekklesia auf die Wurzel aufgepfropft wurde und daß diese Zeit der Ekklesia – also die Gnadenzeit – räumlich und zeitlich befristet ist. Wir können dem inspirierten Wort Jahwehs vertrauen und dem Allmächtigen zutrauen, daß Er es zu seiner Zeit fertig bringen wird, ganz Israel als Volk die Decke von den Augen zu nehmen; genau wie er sie von den verblendeten Nationen wegnehmen wird (Jes 25,7).

In 5. Mose 4,30 gibt Jahweh die Begleiterscheinungen und den Zeitpunkt dieser Umkehr Israels bekannt:

»Wenn du geängstet sein wirst und dich das alles treffen wird *in künftigen Zeiten,* so wirst du dich bekehren *zu dem Herrn*

---

[66] Peter Rosa, »Gottes erste Diener«, Verlag Droemer Knaur, 1989, S. 9.

(Jahweh), *deinem Gott* (Elohim), und seiner Stimme gehorchen.«

Die Ursache des christlichen Irrweges mit den Juden liegt darin, daß die Kirchen Roms und der Reformation glaubten, mit der Bekehrung der Juden zu Rom, beziehungsweise zur Reformation, werde das Reich Gottes auf Erden entstehen.

Wie aus der Rede des Apostels Petrus hervorgeht, wußten die ersten Christen, daß das Messianische Reich mit dem wiederkommenden Messias anbrechen wird und daß dieses Ereignis mit der Bekehrung Israels zusammenhängt.

Daß beide Ereignisse nicht mit Gewalt erzwungen werden können, war den von der Prophetie geprägten ersten Christen seit Pfingsten völlig klar. Sie wußten, daß Jesus Christus den Himmel einnehmen muß, bis die Prophetie mit Israel wieder Geschichte und das Reich Israel wieder aufgerichtet würde (siehe Apg 1,6).

Im allgemeinen Wirrwarr unter den Christen wird plötzlich und unerwartet der Ruf erschallen: »Der Bräutigam kommt.« Wo bleibt dann das fehlende Öl, das die Substitutions- und Enterbungstheologien aus dem vom Geist (= Öl) Jahwehs inspirierten prophetischen Wort herausgestrichen haben? Und was werden die »Krämer« ihren törichten Anhängern für eine Antwort geben, wenn sie zu ihnen kommen, um Rechenschaft zu verlangen? (siehe Mt 25,1-13).

In dieser Endphase, von der Christus im Kapitel 24 des Matthäus-Evangeliums redet, wird das Christentum bis in seine Grundfesten erschüttert, und es wird ein Ende mit Schrecken sein, denn zu vielen mußte der Bräutigam sagen: »Ich kenne euch nicht.«

Diese vor der Tür stehende Christenheit wird notgedrungen in die große Trübsal Jakobs, die über die Weltbühne gehen wird, mit hineingezogen, während diejenigen, die durch das prophetische Wort die Zeichen der Zeit erkannten, die Hochzeit des Lammes feiern können. Diesbezüglich mahnt Petrus:

> »Um so fester haben wir das prophetische Wort, und ihr tut gut daran, daß ihr darauf achtet als auf ein Licht, das da scheint an einem dunklen Ort, bis der Tag anbreche und der Morgenstern aufgehe in euren Herzen. Und das sollt ihr vor

allem wissen, daß keine Weissagung in der Schrift eine Sache eigener Auslegung ist. Denn es ist noch nie eine Weissagung aus menschlichem Willen hervorgebracht worden, sondern getrieben von dem heiligen Geist haben Menschen im Namen Gottes geredet« (2. Petr 1,19-21).

In dieser Mahnung legt Petrus großen Wert auf das vom heiligen Geist inspirierte prophetische Wort, und wir täten gut, auf seine Mahnung zu achten. Da zu der Zeit, als Petrus und Paulus von der Schrift redeten, nur das Alte Testament vorlag, war es für die Apostel kristallklar, daß diese Schrift ganz von Gott eingegeben (Theopneustos) war (2. Tim 3,16.17). Kein Mensch hat das Recht, von dieser Schrift etwas abzustreichen oder etwas hinzuzufügen, oder etwa zu behaupten, sie sei gefälscht (siehe Offb 22,19).

Hitler, Auslöser und Beschleuniger der Apokalypse

Seit Jahrtausenden entscheidet sich die Menschheit an den wichtigsten Scheidewegen der Geschichte gegen die Wahrheit und für die Lüge.

»Als sechs Millionen Juden von Christen gemordet wurden, da ist das Christentum bankrott gegangen« (Ben Gurion).

»Der christliche Antisemitismus ist eine Krebskrankheit des Christentums« (Friedrich Heer, »Die Furche«, Wien 10.10.64).

Der Grundsatz des menschlichen Zusammenbruchs

»In der Tat, restloser konnte der Mensch seinen Absturz nicht zeigen, als er getan hat und noch tun wird.

Gibt Gott ihm die Selbstbestimmung,
so gerät er in Zügellosigkeit:
im Zeitabschnitt der Freiheitsprobe.

Gibt Gott ihm die Obrigkeit,
so betreibt er Unterdrückung:
im Zeitabschnitt nach Noah.

Gibt Gott ihm die Verheißung,
so versinkt er in Unglauben:
im Zeitalter der Patriarchen und der Folgezeit.

Zeigt Gott ihm seine Ungerechtigkeit,
so versteigt er sich in Selbstgerechtigkeit:
im Zeitalter des Gesetzes.

Gibt Gott ihm den Christus,
so erwählt er sich den Antichristen:
im Zeitalter des Evangeliums.

Gibt Gott ihm den König,
so folgt er dem Rebellen:
im Zeitabschnitt des Tausendjährigen Reiches.

So ist der Mensch dauernd in Auflehnung gegen Gott und, wie
Israel im kleinen, so ist die Menschheit im großen ein Volk,
»deren Herz immer den Irrweg will« (Ps 95,10). Kein Wunder,
daß darum alle Haushaltungen im göttlichen Gericht enden:

Der Zeitabschnitt des Paradieses –
mit der Austreibung aus dem Garten;

Der Zeitabschnitt der Freiheitsprobe –
mit dem Flutgericht;

Der Zeitabschnitt nach Noah –
mit Babel und der Beiseitesetzung der Völkerwelt;

Der Zeitabschnitt des Gesetzes –
mit der Zerstreuung der Juden;

Der Zeitabschnitt der Gemeinde –
mit der antichristlichen Trübsal;

Der Zeitabschnitt des Herrlichkeitsreiches –
mit Vernichtung und flammendem Untergang (Offb 20,9).

Aber dann, wenn alle nur erdenkbaren Möglichkeiten er-
schöpft sind und die Weltreiche alle ihre Kräfte verzehrt haben, wird das Gottesreich triumphierend erscheinen
(Offb 11,15) und im neuen Himmel und auf der neuen Erde
wird Gerechtigkeit ewiglich wohnen (2. Petr 3,13).«[1]

Wenn wir auch heute keine Propheten mehr haben, die die Kirche – wegen ihrer Untreue zum Wort Jahwehs – tadeln, so haben

---

[1] Erich Sauer, »Das Morgenrot der Welterlösung«, Evangelischer Verlag Güters-
loh, 1949, Der Rufer, S. 56,57.

wir doch die Geschichte, die uns diese Untreue und Abweichung von der Lehre der Apostel und Propheten beweist.

Die Fehlentscheidungen von heute sind die Frucht der Fehler von gestern. Wie es scheint, ist eine gefallene Menschheit unfähig, Ordnung in ihr durch den Sündenfall verfinstertes und Irrwege suchendes Herz zu bringen, so daß der Zorn schon über sie gekommen ist zum Ende hin (siehe Röm 1,21.22; 1. Thess 2,16).

Nur aus den anhaltenden Fehlentscheidungen ohne Buße und Umkehr sind Abstieg, Zerfall und Zusammenbruch der Menschheit zu erklären und auch daraus werden die Geschichtsentgleisungen wie die des Dritten Reiches und die heutige verständlich.

Wie wir erkennen können, sind die Hintergründe dieser Fehlentscheidungen und des Fehlverhaltens geistlicher Art, selbst dann oder gerade dann, wenn sie unter einem religiösen Deckmantel geschehen.

Der deutsche Bundeskanzler Helmut Kohl sagte in seiner Rede zum 80. Geburtstag von Simon Wiesenthal im November 1988 in New York:

>»Der totalitäre Unrechtsstaat hat – das ist meine feste Überzeugung – seinen tiefsten Grund im Abfall von Gott.
>Die heuchlerische Berufung der nationalsozialistischen Machthaber auf die ‚göttliche Vorsehung‘ diente allein der Vertuschung eigener Willkür; sie war und bleibt in Wahrheit die schlimmste Perversion religiösen Glaubens – ein Hohn auf den lebendigen Gott, zu dem Juden und Christen sich bekennen.« [2]

Hitler wußte den christlichen Antijudaismus, den die Kirche in Deutschland seit gut 1800 Jahren lehrte, zu nutzen und benutzte ihn als Sprungbrett für seinen Antisemitismus.

Die Antisemiten nutzten die Krisenjahre 1873, um den Antisemitismus einmal mehr anzufachen. So prägte der Berliner Historiker Heinrich Treitschke den im Dritten Reich bekannt gewordenen Slogan »Die Juden sind unser Unglück«. Das Volk war für den antisemitischen Einstieg Hitlers vorprogrammiert, er brauchte nur die reife Frucht zu pflücken. Darum war nach der Machtergrei-

---

[2] »Welt am Sonntag« vom 20. November 1988.

fung der Braunen sofort ein Grundkonsens zwischen Volk und Führer vorhanden. Der Weg von der Reichskristallnacht bis zum Holocaust war offen.

Angefangen bei den Kirchen bis hin zu evangelikalen Gemeinden fand der Antisemitismus im dritten Reich Anklang, indem man – wie Satan bei der Versuchung Christi – auf die Bibel zurückgriff und sein Gewissen damit zu beruhigen suchte, da sie von dem auf Israel lastenden Fluch schrieb. Dies und anderes mehr waren jedoch fromme Ausreden, durch welche wir keinesfalls vor Jahweh unschuldig sein werden. Gestern wie Heute belasten sich diejenigen, die mit dem Feind Jahwehs zusammenarbeiten (siehe 2 Joh 9-11). Daß sich die Prophetie erfüllen wird und muß, daran besteht kein Zweifel. Wenn wir aber durch Antisemitismus und Antizionismus den Skandal provozieren oder beschleunigen – darüber steht das »Wehe dem«.

Nur vor diesem Hintergrund des Abfalls von Gottes inspiriertem Wort war der Aufstieg dieses antigöttlichen Systems gestern – und heute – möglich. Am 26. April 1933 empfing Adolf Hitler den Osnabrücker Bischof Berning und den Berliner Generalvikar Steinmann. In dem eineinhalbstündigen Gespräch, das herzlich und sachlich verlief, erklärte Hitler unter anderem:

»... Die katholische Kirche hat 1500 Jahre lang die Juden als Schädlinge angesehen, sie ins Ghetto gewiesen usw. ... Ich gehe zurück auf die Zeit, was man 1500 Jahre lang getan ... Ich sehe die Schädlinge in den Vertretern dieser Rasse für Staat und Kirche, und vielleicht erweise ich dem Christentum den größten Dienst.«[3]

Von den damaligen »christlichen Würdenträgern« sagte Propagandaminister Goebbels:

»Die Soutanenträger sind sehr klein und kriecherisch.«[4]

Salomo hatte recht, als er sagte:

---

[3] Ernst Klee, »Die SA Jesu Christi«. Die Kirche im Banne Hitlers. Fischerverlag, 1989, S. 32.
[4] Ebd, S. 33.

»Was man getan hat, eben das tut man hernach wieder, es geschieht nichts Neues unter der Sonne.«

Salomo hatte schon erkannt, daß die Geschichte lehrt, daß der Mensch aus der Geschichte nichts lernt.

Daß diese Perversion religiösen Glaubens keine Eintagsfliege war, sondern die Kontinuität einer fehlprogrammierten christlichen Gesellschaft, können wir im folgenden Abschnitt erkennen. H. Weber schreibt:

> »Der Antisemitismus der frühen Christenheit übertraf alle ältere oder gleichzeitige außerchristliche Judenfeindlichkeit. Ab dem vierten Jahrhundert wirkte sich der christliche Haß in der kirchlichen und staatlichen Gesetzgebung in zahlreichen Gewalttätigkeiten gegen die Juden und ihre Synagogen aus. Schrittweise verloren die Juden ihre Bürgerrechte. Auf Übertritt zum Judentum stand der Tod durch Verbrennen (Gesetz Konstantins von 315). Die jüdische Mission wurde verboten. Bei gewalttätigen Ausschreitungen gegen die Juden traten häufig Bischöfe und Mönche als Anstifter auf.«[5]

Viele Soutanenträger, welcher Couleur auch immer, sind auch heute trotz der Ereignisse im Nahen Osten, im Libanon, in Israel, dem Sudan oder Nagornji-Karabach wieder klein und kriecherisch und lassen sich von dem aufwachenden Islam einschüchtern.

Judenstern

Mit dem gelben Judenstern knüpfte Hitler an ein vor 775 Jahren von der römischen Kirche eingeführtes Schandmal für die Juden an. Das vierte ökumenische Laterankonzil 1215 verlangte, daß die Juden ein gelbes Zeichen – das Zeichen Kains – trugen. Je nach Land sah dieses infame Zeichen anders aus, ein Rad »rotella« im Lateinischen oder die zwei Tafeln des Gesetzes; sie sollten die

---

[5] H. Weber, Jugendlexikon Religion. Stichwort Antisemitismus, Reinbek, 1986, S. 43.

Juden von den Christen unterscheiden, um sexuelle Verbindungen untereinander zu vermeiden.

Ludwig der IX. von Frankreich (1215-1270), genannt der Heilige Ludwig, befahl den Juden das Tragen eines gelben Erkennungszeichens.

Der Nationalsozialismus war kein Anachronismus, sondern eine Kontinuität und Steigerung der Geschichte. Die antisemitischen Aussagen der Nazis waren »nichts Neues unter der Sonne«. Kaum sechs Tage nach seiner Wahl fing Hitler mit der Judenverfolgung an, die er in seiner ersten Judenschrift 1919 angekündigt hatte.

Wie wir aus den nachstehenden Aussagen der Kirchenfürsten, Hitlers und des wiedererwachenden Islam erkennen können, geht seit über tausend Jahren der Antisemitismus, der heute im Antizionismus gipfelt, wie ein roter Faden durch die Geschichte der Nationen. Ein jüdischer Schriftsteller kommentiert den Holocaust des Zweiten Weltkrieges wie folgt:

»Die Studie der ganzen Geschichte des Antisemitismus zeigt, daß der Dämon des Nazismus nicht plötzlich erschienen ist, sondern daß er in einer langen Geschichte verwurzelt ist.«

Parallel zum göttlichen Heilsplan verfolgt auch der Diabolos (Gott dieser Welt) seinen Zerstörungsplan mit dem Endziel Chaos. Die Aussagen des Bischofs von Antiochien, Johannes Chrysostomus, im vierten Jahrhundert sind heute schwer von denen Hitlers oder des Islam zu unterscheiden. Alle müssen demnach dem gleichen Geist Gehör geschenkt haben.

»Sie [die Juden] sind schlimmer als die Tiere, und grundlos ermorden sie ihre eigenen Kinder, um den schrecklichen Teufeln damit zu dienen, die ja die Feinde unseres Lebens sind … Die Synagogen der Juden sind Behausungen von Göttern und Teufeln, auch wenn sie keine Bilder von ihnen haben … Die Juden beten nicht Gott, sondern den Teufel an, so daß alle Feste unrein sind.«[6]

---

[6] R. Pfisterer, »Von A bis Z.« Quellen zu Fragen um Juden und Christen. Schriftenmissionsverlag, S. 118-120.

Wenn durch die Reformation des sechzehnten Jahrhunderts die Erkenntnis »Sola Scriptura! Totascriptura!« auf den Leuchter gestellt wurde, war es hauptsächlich die *eine* Wahrheit, die erkannt wurde: »Allein durch den Glauben.«

Die Irrlehren der »Reich-Gottes-, Substitutions- und Enterbungstheologie« wurden leider nicht erkannt; die Decke blieb diesbezüglich bis auf den heutigen Tag vor den Augen all derer, die nicht erkannt haben, daß das Reich Gottes nicht durch die Kirche aufzurichten ist. Wir können nur bedauern, daß die Reformation in ihren Anfängen stecken geblieben ist und es keinen totalen Durchbruch zur Erkenntnis des Heilsplanes gegeben hat, sonst hätte Martin Luther seine antisemitische Schrift »Von den Juden und ihren Lügen« nicht verfaßt, in der u.a. zu lesen ist:

> »Und ich sollte mit solchem verteufelten Maul [den Juden] essen, trinken oder reden, so möchte ich aus der Schüssel oder Kanne mich voller Teufel fressen und saufen, als der ich mich damit gewiß teilhaftig machte aller Teufel, so in den Juden wohnen und das teure Blut Christi verspeien ...«[7]

Aus diesen und anderen Aussagen geht hervor, daß sich auch in bezug auf die Substitutions- und Enterbungstheologie seit Chrysostomus, Bischof von Antiochien, und Luther nichts geändert hat. Johannes Chrysostomus (um 350-407) predigte gegen die Synagoge:

> »Nenne einer sie Hurenhaus, Lasterstätte, Teufelsasyl, Satansburg, Seelenverderb, jeden Unheils gähnenden Abgrund oder was immer, so wird er noch weniger sagen, als die verdient hat.«[8]

Zwischen dem katholischen und dem protestantischen Europa bestand in der Judenfrage kein Unterschied.

Als katholischer Mönch wuchs Luther mit der Substitutions- und Enterbungstheologie auf. Wie Rom war er der Ansicht, daß sich die Juden als letztes Volk, als Krönung des »Reiches Gottes« bekehren müßten. Da dies die Juden nicht taten und sich der Refor-

---

[7] Martin Luther, Wittenberg, 1543.
[8] Friedrich Heer, »Gottes erste Liebe«. Bechtle Verlag, S. 63.

mation nicht anschlossen, wandelte sich die anfängliche Sympathie Luthers für die Juden in Haß. Wäre Luthers Devise »Sola scriptura! Tota scriptura!« gewesen, hätte er aufgrund dieser Schrift nachforschen müssen, wo der Fehler lag. Glaubte Luther etwa, durch den Juden-Haß Gott zum Handeln zu bewegen? Sagt nicht der Prophet Habakuk:

> »Die Weissagung wird ja noch erfüllt werden *zu ihrer Zeit* und wird endlich frei an den Tag kommen und *nicht trügen. Wenn sie auch hinzieht,* so harre ihrer; *sie wird gewiß* kommen und nicht ausbleiben« (Hab 2,3).

Dieser deplazierte und schriftwidrige Judenhaß Luthers war eine weitere Folge der Fehlprogrammierung *durch die Substitutionstheologie.* Schaltet man die Prophetie aus, die Israel betrifft, so hat man keinen Anhaltspunkt mehr, *wann was geschehen soll.* Aufgrund der biblischen Prophetie hätte Luther u.a. wissen können, daß Israel erst am Ende der Zeit wieder die Weltbühne betreten muß, damit Gott durch die Erfüllung der Prophetie wieder sichtbar in die Weltgeschichte eingreifen kann. Gott handelt nicht nach den Wünschen und Plänen der Menschen, sondern nach dem prophetischen Wort; wer dies nicht kennt, handelt und betet oft falsch. Gehen dann die Wünsche und Gebete nicht in Erfüllung, liegt der Fehler nie bei Gott, sondern immer beim Menschen. Auf dem Nürnberger Prozeß und danach haben sich die Naziverbrecher immer wieder auf die Kirche und Kirchenfürsten beider Konfessionen berufen. Im Grunde waren die Aussagen Hitlers und dessen Anhänger nur eine Neuauflage dessen, was in den Kirchen seit Jahrhunderten gelehrt und geschrieben wurde.

So wie die Substitutionstheologie Hitler den Einstieg in die Endlösung ermöglichte, öffnet das Zweite Vatikanum dem Islam den Weg zum heutigen Anti-Zionismus. Hitler hätte niemals die Macht ergreifen können, wenn die Kirchen und Gemeinschaften den Rat des Apostels Petrus beachtet hätten:

> »Um so fester haben wir das prophetische Wort, und ihr tut gut daran, daß ihr darauf achtet als auf ein Licht, das da scheint an einem dunklen Ort, bis der Tag anbreche und der Morgenstern aufgehe in euren Herzen« (2. Petr 1,19).

Es gibt nur *eine* Leitwahrheit und das ist das inspirierte und fleischgewordene Wort. Alles Abweichen von dieser Wahrheit macht uns unfähig, die Fallen und Gefahren des Gottes dieser Welt, der die Menschheit verführt, zu erkennen. Da der gefallene Mensch nicht mehr das gesunde Gleichgewicht besitzt und keine ausgeglichene Einheit aus Leib, Seele und Geist bildet, ist das Schwergewicht entweder auf den Leib – Augenlust, Fleischeslust, hoffärtiges Leben, Materialismus – oder auf die Seele – Gefühlsduselei, Mystik, Religion – verlegt. Erst wenn diese beiden Teile durch die Wiedergeburt unter die Herrschaft und Führung des Heiligen Geistes gelangen, kann der Mensch wieder von seiner Gleichgewichtsstörung befreit werden und zu einer gesunden harmonischen Einheit finden.

Unsere heutige Gesellschaft glaubt, durch Dialog und Kompromisse eine heile Welt herstellen zu können. Dies kann nur auf Kosten der Wahrheit gehen.

Wie kann ein auf Kosten der Wahrheit hergestellter Friede von Dauer sein? Wenn Papst Johannes Paul II. während seines Österreichbesuches 1988 sagte, daß die Verbrechen an den Juden »nicht dem Christentum anzulasten« seien, sondern »einer Welt ohne oder sogar gegen Gott«[9], sollte man den Mut haben, das Christentum in Frage zu stellen. Waren es nicht getaufte Christen, die seit fast 1888 Jahren die Juden in ganz Europa und während der Kreuzzüge bis hin zum Holocaust im Zweiten Weltkrieg verfolgten? Ist es falsch, wenn wir annehmen, daß fast alle, die in Nürnberg auf der Anklagebank saßen, getaufte Christen waren, ihnen voran ihr Führer? Wie konnten nun solche Christen ohne oder sogar gegen Gott handeln?

Der anglikanische Geistliche und Historiker James Parkes schrieb 1961:

> »Die christliche Kirche ist verantwortlich für die Ausrottung der sechs Millionen Juden, wobei alle Konfessionen gemeint sind.«[10]

---

[9] Siehe »Welt am Sonntag« vom 30. Juni 1988.
[10] Gerhard Czermak, »Christen gegen Juden«, Greno Verlag, S. 192.

Pinchas Lapide, der sich als Jude mit dem Problem auseinandersetzte, schreibt:

»Zu allererst liegt die Schuld für die Ermordung von einem Drittel meines Volkes bei den Nationalsozialisten, die das Gemetzel verübt haben; doch in zweiter Linie liegt diese Schuld in dem allgemeinen Versagen der Christen, die, soweit sie sahen, was geschah, nicht versucht haben, das Unheil abzuwenden oder wenigstens zu mildern, die nicht nach ihren eigenen sittlichen und ethischen Grundsätzen gelebt haben, als das Gewissen schrie: RETTE!, während die selbstsüchtige Berechnung zur Zurückhaltung riet. Komplizen waren all diese Hunderte von Millionen, die wußten, daß meine Brüder starben, und die dennoch lieber nichts sehen wollten, die sich weigerten zu helfen und sich ihre Ruhe bewahrten.

Erst vor dem Hintergrund eines so gewaltigen Egoismus' und im Zusammenhang mit dem tausendjährigen Antisemitismus der Christen kann man das Verhalten des Papstes während des Krieges überhaupt ermessen.«[11]

Hitlers Haß gegen die Juden kommt in den beiden folgenden Zitaten zum Ausdruck:

»Zwei Menschen stehen einander gegenüber. Der Gottesmensch und der Satansmensch. Der Jude ist ein Gegenmensch, der Antimensch. Der Jude ist ein Geschöpf eines anderen Gottes. Er muß einer anderen Wurzel des menschlichen Stammes entwachsen sein. Der Arier und der Jude, stellte ich sie einander gegenüber und nenne den einen Mensch, so muß ich den anderen anders nennen. Sie sind so weit voneinander wie das Tier vom Menschen. Nicht daß ich den Juden ein Tier nenne. Er steht dem Tier viel ferner als wir Arier. Er ist ein fremdes, naturfernes Wesen.«

»Der Jude, er ist der Dämon der Völkerzersetzung, das Symbol der dauernden Zerstörung der Völker.«

---

[11] Pinchas Lapide, Rom und die Juden. Herder-Verlag, Freiburg/Basel/Wien, 1967, S. 246f.

Wie wir aus folgendem Auszug ersehen können, benutzt der aufwachende Islam dieselbe Sprache:

»Die Freunde Satans
Diejenigen, die von unseren Gläubigen bekämpft werden, sind Menschen, die Wahrheit und Gerechtigkeit bekämpfen und den Kampf gegen Übel und Aggression zu verhindern suchen. Sie kämpfen in den Spuren Satans. *Allah befiehlt den Moslems, die Freunde Satans zu bekämpfen, wo immer sie auch sein mögen. Zu den Freunden Satans – wahrhaftig zu den engsten Freunden Satans der Gegenwart – gehören die Juden.*«[12]

Bei Hitler und dem Islam können wir heute den gleichen Geist erkennen. Alles, was ihnen irgendwie Widerstand leistet, wird verteufelt.

Eine Etappe zur Endlösung

»Ich wage zu behaupten, daß dieses *vermessene Rechtsbewußtsein,* mit dem der Christ dem Juden das Erbe seiner Väter streitig macht, eine wesentliche, wenn nicht sogar die entscheidende Wurzel des Antisemitismus ist, der sich im Dritten Reich der Waffen einer verlogenen rassischen Ideologie bedient hat ...«[13]

Hitler war ein Instrument, ein Medium des Bösen. Er hatte Visionen und hörte die Stimme eines Geistes. Diesen Geist hielt er für Gott und ihn meinte er, als er vom Allmächtigen, von der Vorsehung sprach.[14]

Der Anfang des »Tausendjährigen« Hitlerreiches fing religiös, hoffnungsvoll und harmlos an, bis die Sprache Hitlers immer deut-

---

[12] »Arabische Theologen über die Juden und Israel«. D.F. Green Edition de l'Avenir. Genf, 1976, S. 93.
[13] Hans Joachim Kraus. Göttingen, 1963, in: Rudolf Pfisterer, »Von A bis Z«. Quellen zu Fragen um Juden und Christen, S. 115.
[14] Vgl. Abram Poljak, 1939, in: »Welt am Sonntag« vom 28.Juli 1985.

licher wurde und das Volk durch den nationalsozialistischen Terror hypnotisiert, gelähmt und reaktionsunfähig wurde.

Hätten die »Deutschen Christen« das Programm Hitlers, das er in »Mein Kampf« festgelegt hatte, gekannt und ernst genommen, hätten sie wissen müssen, daß Hitlers Konzept nicht nur antisemitisch, sondern auch antichristlich war. Die Warnenden von damals – es gab sie – wurden wie die Warnenden von heute als Schwarzmaler, Phantasten und Spielverderber abgeschrieben, mundtot gemacht, wenn nicht gar liquidiert.

Von der jahrhundertealten Enterbungstheologie belastet und bestärkt, wollte Hitler ein für allemal dieses Problem lösen («Endlösung«), indem er das Alte und Neue Testament und die aus diesen Lehren hervorgegangenen Anhänger, Juden und Christen, aus der Welt zu schaffen suchte.

»Das Alte und das Neue Testament sind ein und derselbe jüdische Bluff.«[15]

Hitler sah in den Christen verkappte Juden. Demnach wäre die Zerstörung der Juden nur die erste Etappe zur Endlösung gewesen.

»Wenn ich diesen Krieg gewinne, so mache ich der jüdischen Herrschaft in der Welt ein Ende, ich versetze ihr den Todesstoß«[16] (Adolf Hitler, 13.2.1945).

Es ist unerklärlich, wie ein ganzes Volk, auch die Mehrzahl der »Christen«, auf die verführerischen Reden Hitlers eingehen und sich in die Irre führen lassen konnte. Sagte doch Hitler nach dem Überfall der Deutschen auf Rußland:

»Möge uns der Herrgott gerade in diesem Kampfe beistehen!«

Welchen Herrgott mag Hitler wohl gemeint haben, wenn er das Alte und Neue Testament als denselben jüdischen Bluff bezeich-

---

[15] Adolf Hitler zu Herrman Rauschning. Jacques Nobécourt, »Le vicaire et l'histoire«. Paris, 1964, S. 175.
[16] Albert Wucher, »Eichmanns gab es viele«. München, 1968, S. 235, in: Rudolf Pfisterer, »Von A bis Z«. Quellen zu Fragen um Juden und Christen, S. 36.

nete? Wie verblendet mußten damals viele geistliche Führer gewesen sein, um dem Ver-Führer anheimzufallen?

Das Ziel des Satans war, durch Hitler den Gott der Bibel und dessen sichtbare Begleiterscheinungen, Israel und die Ekklesia, aus der Welt zu schaffen.

>»Das Dritte Reich war vom ersten Tag seines Bestehens an ein terroristisches System. Hitler hatte in der Kampfzeit so offenkundig auf die Macht der Gewalt gesetzt, und er hatte dabei seinen Gegnern, vor allem den Juden und den Marxisten, so unmißverständlich die Vernichtung angedroht, daß diese Vorgeschichte allein genügte, um nach dem 30. Januar unter vielen Betroffenen ein Klima der Furcht und des Schreckens zu verbreiten. Nach dem Wahlsieg vom 5. März aber begann sich eine Welle des Terrors über Deutschland zu ergießen.«[17]

Im Dritten Reich schien die Lage der Juden hoffnungslos, viele Juden schrien in den KZ-Lagern:

>»Unsere Hoffnung ist verloren und es ist aus mit uns!« (Hes 37,11).

Mit der Eroberung Palästinas wollte Hitler den Juden den endgültigen Todesstoß versetzen und mit der Eroberung Jerusalems seinem Namen Unsterblichkeit verleihen. Mit der Endlösung wollte der verführte Führer den Beweis erbringen, daß der Gott der Bibel nicht existiert. Da Hitler nur eine Figur auf dem Schachbrett der Endzeit war, war er nur ein Vorbote des nächsten Systems. Die deutschen Truppen, die auf dem Weg nach Palästina waren, blieben einerseits in der Quattara-Senke in Ägypten, und zum andern im Kaukasus stecken. El Alamein und Stalingrad brachten die Wende; Zeit und Auftrag Hitlers waren vollendet[18].

Daß Hitler ein Instrument des Bösen war, geht aus dem Zeugnis eines Mannes hervor, der ihn gut kannte:

---

[17] Zitat nach Klaus Schalder, »Die Kirche und das Dritte Reich«, 2 Bde., Frankfurt/Berlin, 1977 und 1986, Bd. 1 Kapitel: »Die Judenfrage März/April 1933«, S. 322-354.
[18] Siehe Dan 7,12.

»Es sind Gäste einer fremden Ordnung. Das Medium wird von ihnen besessen. Aber es selbst bleibt unberührt und unerhaben von ihnen. So gehen unlenkbare Kräfte durch Hitler durch; echt dämonische Kräfte, die den Mensch Hitler nur zum Werkzeug machen.«[19]

Da nach dem christlichen Dämonologen Thyraeus – er lebte im frühen siebzehnten Jahrhundert –»der Teufel nicht einmal mit dem Schwanz wedeln kann, ohne daß Gott es will«, müssen wir davon ausgehen, daß Hitlers tausendjähriges Reich nach zwölf Jahren seinen Auftrag erfüllt hatte, und nun nicht die Juden und Christen den Todesstoß erhielten, sondern Hitler und sein Reich. Dies bedeutet keinesfalls, daß von da an der Satan die Flinte ins Korn geworfen hat und unsere Welt heil ist.

Hitler war ohne Zweifel eine wichtige Figur, die das Ende (des Zeitalters der Nationen) einleitete. Nach dem»tausendjährigen Hitlerreich« hat der Prozeß, den Hesekiel im Kapitel 37 vor bald 2600 Jahren beschrieb, eingesetzt; aus 103 Nationen kehrte ein Teil der Juden, wie es im prophetischen Wort vorausgesagt war, aus den Gräbern der Nationen in das Land Israel zurück. Noch hat das heutige Israel seinen Höhepunkt und seine Endbestimmung nicht erreicht, noch ist es nicht als Volk durch den Ruach (Geist) zum Leben und zur Einheit erwacht.

Weder Babylon, die Medo-Perser, die Griechen, die »heidnischen« und»christlichen« Römer, noch die islamischen Nationen konnten und können die Bestimmung Israels verändern oder Jahwehs Heilsplan mit Israel vereiteln. Die Nationen trotzen Jahwehs Heilsplan, sie sind zur Ablehnungsfront geworden, die Jahweh den Kampf angesagt hat.

Die Geschichte lehrt uns, daß alle Nationen, die versuchten, die von Jahweh festgelegte Ordnung zu zerstören, früher oder später selbst untergingen. Jedoch hat Israel, wie wir sehen können, die Zerstreuung, Verfolgung, Pogrome und Endlösung unter den Nationen überstanden. Der Überrest steht seit 1948 als Panier (Zeichen) unter den Nationen, um *diese* zum letztenmal vor der bevorstehenden Endlösung zu warnen und ihnen durch die Pro-

---

[19] Hermann Rauschning, »Gespräche mit Hitler«, S. 274.

pheten – insofern sie daran glauben – zu verkündigen, was auf sie zukommt: Es ist unverständlich, daß, kaum eine Generation danach, die Menschheit erneut am gleichen Punkt angelangt und im Begriff ist, die gleichen Fehler und Dummheiten noch einmal in einem noch größeren Ausmaß zu begehen. Dies ist der Beweis, daß der natürliche Mensch lernunfähig ist und die geistlichen Hintergründe nicht wahrnimmt. Dies ist noch unverständlicher seit der Wiederherstellung Israels, durch die Gott sichtbar in die Weltgeschichte eingegriffen hat.

Nach 1945 konnte man – leider zu spät – feststellen, daß die Weissagungen Hitlers in seiner »Offenbarung« nicht eingetroffen waren und daß die Offenbarung des »Mein Kampf« falsch war.

Nach der durch das Wort Jahwehs schon seit mehr als 2 000 Jahren vorausgesagten Zerstreuung und Wiederherstellung Israels lassen sich die Nationen erneut von einer Offenbarung irreführen, die das gleiche Ziel hat wie das vergangene System.

Hatte nicht Christus ausdrücklich in seiner Endzeitrede vor falschen Propheten gewarnt? (siehe Mt 24,11).

Ist uns bewußt, daß heute etwa eine Milliarde Menschen davon überzeugt ist, daß der Prophet aus der Wüste (siehe Mt 24,26) angeblich die allein wahre Offenbarung gegeben hat, die für die ganze Menschheit gültig sein soll?

Die Rückkehr der Juden in ihr Land fällt nach den Propheten in die Endzeit:

»Nach langer Zeit sollst du aufgeboten werden; am Ende der Zeiten sollst du in ein Land kommen, das dem Schwert entrissen ist, und zu dem Volk, das aus vielen Völkern gesammelt ist, nämlich auf die Berge Israels ...«[20]

Mit der Wiederherstellung Israels fängt der Countdown des prophetischen Ablaufes an. Von da an kann jeder, der die biblische Prophetie ernst nimmt, diesen Ablauf erkennen und die Ereignisse um Israel beobachten und sagen:

»Alle Heiden sollen zusammenkommen und die Völker sich versammeln. Wer ist unter ihnen, der dies verkündigen kann

---

[20] Hes 38,8.

und uns hören lasse, was früher geweissagt wurde? Sie sollen ihre Zeugen aufstellen und beweisen, so wird man's hören und sagen: Es ist die Wahrheit.«[21]

Durch ihr Handeln erbringen die prophetieunkundigen Nationen den Beweis, daß die biblische Prophetie Wahrheit ist. Schon sehen wir, wie die Nationen im Nahen Osten aufmarschieren und wie sie, ohne zu wissen und ohne die Hintergründe zu kennen, Kurs auf Harmagedon nehmen.

Den Grund für diese Konzentration der Nationen im Nahen Osten um Israel gibt der Prophet klar an:

»Denn siehe, in jenen Tagen und zur selben Zeit, da ich das Geschick Judas und Jerusalems wenden werde, will ich *alle* Heiden zusammenbringen und will sie ins Tal Joschafat hinabführen und will dort mit ihnen rechten wegen *meines* Volks und *meines* Erbteils Israel, weil sie es unter die Heiden zerstreut und sich in *mein* Land geteilt haben ...«[22]

Bereits am 29.11.1947 wurde Palästina von den Vereinten Nationen in ein jüdisches und ein arabisches Lager aufgeteilt. 1948 wurde das Panier unter die Nationen gestellt, 1967 ging das Jerusalemsyndrom[23] über die Weltbühne. Seit 40 Jahren werden die Nationen anhaltend mit dem Panier Israel konfrontiert. Je mehr Zeit vergeht, desto weniger Mut bringen die irregeführten Nationen auf, Stellung für die von Jahweh festgelegte Ordnung, d. h. für Jahweh, zu nehmen.

Nivellierung nach unten

Nach der mißglückten Endlösung unter dem Dritten Reich, als es Hitler nicht gelungen war, sein makabres Vorhaben bis zum Ende durchzuführen, hat man nicht erkannt, daß das Unternehmen gegen den Gott der Bibel gerichtet war. Da dies weder erkannt noch korrigiert wurde, wurden die Weichen für die nächste Katastrophe

---

[21] Jes 43,9.
[22] Joel 4,1.2.
[23] Lk 21,24. Siehe Abschnitt »Eine erschreckende Wiederholung«, S. 119ff.

gestellt. Um sich in Europa zukünftig vor Rassismus und Nationalismus zu schützen, versuchte man, alle Kulturen, Religionen und Götter gleichzuschalten, was notgedrungen zu einer Nivellierung nach unten führen mußte. Durch diesen Synkretismus wurde Jahweh den Göttern und Götzen der Heiden gleichgestellt. Wahrheit und Lüge wurden gleichgeschaltet.

Die christliche Gesellschaft wurde in der Nachkriegszeit auf Toleranz hin manipuliert. Eine derartige Toleranz ist Verwässerung der Wahrheit. In einer toleranten und pluralistischen Gesellschaft soll es keinen Anspruch auf Absolutheit geben, die Lüge soll in den gleichen Genuß gelangen und die gleiche Wertstellung erhalten wie die Wahrheit, dies gilt auch für die Götter.

Der Synkrepluralismus schließt das Recht zum Irrtum ein, also die Lüge. Die ausgehöhlte und zerstörte christliche Gesellschaft ist anfällig für Irrlehren und wird zum Raub des starken Mannes und dessen Ideologie. Der Gemeinde zu Ephesus schreibt Johannes in der Offenbarung:

»So denke nun daran, wovon du abgefallen bist, und tue Buße und tue die ersten Werke! Wenn aber nicht, werde ich über dich kommen und deinen Leuchter wegstoßen von seiner Stätte – wenn du nicht Buße tust.«[24]

Ob es uns paßt oder nicht, das Christentum war insbesondere seit der Reformation die treibende Kraft einer geistigen Befreiung und eines Aufschwungs des Intellekts. Durch die Gleichschaltung von Kultur und Religion wird der Intellekt gestoppt und eine Elite ausgeschaltet. Durch Nivellierung werden die Menschen gleichgültig und gelähmt, jede Anstrengung wird sinnlos. Eine bis dahin noch nie dagewesene Völkerwanderung und Rassenvermischung hat ihren Einzug in die neue Völkergeschichte gehalten. Seit Nimrod, dem gewaltigen Jäger gegen (Paniym) Jahweh, der den Turm zu Babel errichtete, versuchten die Menschen immer wieder, alles auf einen Nenner zu bringen, um alle Probleme weltweit zu lösen. Vor dem Zweiten Weltkrieg war es der Völkerbund, heute ist es die antizionistische UNO.

Der Kreis hat sich geschlossen, »l'Art Primitif« (die primitive

---

[24] Offb 2,5.

Kunst), die durch Picasso auf den Leuchter gestellt wurde, hat das Ende der Epoche der Nationen eingeleitet. Der dünne christliche Verputz bröckelte ab und das darunter verborgene Heidentum kam wieder an die Oberfläche. Die von Hitler durch Germanentum und Thulekult des Allherrn aus dem Heidentum eingeführte »New-Age«-Bewegung konnte nach dem Krieg durch eine permissive Gesellschaft im christlichen Abendland ihren Einzug halten.

Durch das Zweite Vatikanum wurde dem Synkretismus die Tür geöffnet. Der von Ben Gurion über das Christentum gesprochene Bankrott wurde ratifiziert.

Prostitution hat mit Liebe nichts zu tun. Wenn Gott die Sünder liebt, will dies keineswegs heißen, daß er die Götter liebt, denen die Götzendiener anhängen.

Der Zweite Weltkrieg hat somit zwei weltumwälzende Ereignisse ausgelöst: die Wiederherstellung Israels und die Beschleunigung der Entchristianisierung unter der Dekadenz des christlichen Abendlandes.

Der Antisemitismus, der heute in den Nationen (UNO) im Antizionismus seinen Niederschlag findet, ist das Zeichen einer Jahweh-losen und Anti-Jahweh-Gesellschaft, selbst wenn sich einige als christlich oder gottgläubig bezeichnen.

Der gewaltige Abfall und der immer häufiger auftretende Okkultismus sind Nebenerscheinungen dieser Haltung gegen Jahweh. So dürfen wir uns nicht wundern, wenn Christus durch Literatur und Filme zu einem sündigen Menschen herabgewürdigt wird.

Immer wieder schneidert sich der Mensch einen Gott zurecht, der gerade in sein Weltbild zu passen scheint. Unter dem Hitler-System glaubten die Kirchen und Theologen, ihre Schäflein vor Schlimmerem zu bewahren und schlossen ein Konkordat[25] mit Hitler oder spielten sein Spiel mit, wenn sie nicht gar zu Kollaborateuren wurden. Somit haben sie der braunen Ideologie geistig den Boden bereitet. Wenn sie auch nicht alle die Tragweite ihrer

---

[25] Für seine Bemühungen und das Zustandekommen des Konkordats am 20. Juli 1933 erhielt Hitler den Christus-Orden, die höchste päpstliche Auszeichnung.

Handlungen ermessen konnten oder überzeugte Nazis waren, so waren sie doch Mitläufer, Opportunisten oder Karrierejäger, die das System stärkten und ihm dienten.

Durch ihr damaliges Verhalten ist die Kirche unglaubwürdig geworden, was zum Abfall und der heutigen Kirchenflucht führte. Da die Kirche nichts aus diesem schwerwiegenden, ja weltumwälzenden Ereignis gelernt hat und auch das Warum der Katastrophe nicht erkannte, kann sie nicht aus ihrem Labyrinth finden.

Um sich dem Zeitgeist und der »Intelligenzija« anzupassen, haben sich Exegeten und Theologen seit einigen Jahrzehnten in den Obskurantismus der Bibelkritik gestürzt, obwohl die wissenschaftlichen Entdeckungen immer deutlicher die Wahrhaftigkeit der Bibel bezeugen. Die Theologen scheinen immer in einem Zug zu spät zu sitzen.

Die bevorstehende Katastrophe kommt nicht von ungefähr. Spätestens drei Jahre nach dem Zusammenbruch des 3. Reiches hätten Deutschland und das christliche Abendland ihre Uhren auf die Zeit Jahwehs einstellen müssen.

Es ist töricht zu glauben, daß Jahweh sein prophetisches Wort nicht halten wird; Christus sagt diesbezüglich, daß eher Himmel und Erde vergehen, als daß sein Wort sich nicht erfüllt.[26]

Vierzig Jahre nach der Gründung Israels ist das christliche Abendland schon so reaktionsunfähig, daß kein Staatsmann oder Kirchenfürst auf die Aussage Yasir Arafats reagierte, als dieser auf die Aufforderung der EG-Vertreter am 7.1.89, er solle doch die PLO-Charta ändern und die Absätze mit der Forderung, Israel zu liquidieren, herausnehmen, antwortete:

> »… den Absatz, Israel zu liquidieren, nehmen wir erst aus unserer Charta heraus, wenn auch Israel seinen Landanspruch aus seiner Bibel herausstreicht.«[27]

Nur eine prophetieblinde Christenheit kann bei solchen Lästerungen gegenüber der von Jahweh festgelegten Ordnung reaktionslos bleiben. Wie hypnotisiert scheinen die Nationen dem gotteslästerlichen Herrscher der Endzeit ausgeliefert zu sein.

---

[26] Lk 21,33.
[27] Ludwig Schneider, »Nachrichten aus Israel« vom 15.2.1989.

Der antichristliche Geist Hitlers offenbarte sich im Antisemitismus und sollte in der Zerstörung der Christen enden. Vergleichen wir die Lage der Länder um Israel, so können wir feststellen, daß das Ziel des aufwachenden Islam dem Hitlers gleicht; der Koran ersetzt die Bibel, und der Islam möchte alles, was aus der Bibel hervorgeht, sowohl Israel wie auch die Gemeinde Jesu Christi, zerstören.

Während und nach der kommenden Katastrophe werden die Jahweh ablehnenden Nationen sagen:»Wenn es einen Gott gäbe, könnte er dies nicht zulassen.« Da sich Jahweh wegen seiner Verheißungen nicht nach den Menschen richten kann, ihnen jedoch sein inspiriertes und fleischgewordenes Wort gegeben hat, wäre es in der göttlichen Logik, daß sich der Mensch nach Gott ausrichtet.

»Ich nehme Himmel und Erde heute über euch zu Zeugen: Ich habe euch Leben und Tod, Segen und Fluch vorgelegt, damit du das Leben erwählst und am Leben bleibst, du und deine Nachkommen, indem ihr den Herrn, euren Gott, liebt und seiner Stimme gehorcht und ihm anhanget. Denn das bedeutet für dich, daß du lebst …« (5. Mose 30,19.20).

Wir können getrost sein, daß im Augenblick keine Regierung *zufällig* ihre Macht ausübt. Alle Regierungen und Weltvereinigungen, wie die UNO, die Ökumene oder die islamische Welt-Liga werden von Gott geduldet und werden so lange ihren Auftrag ausführen, bis sich die biblische Prophetie erfüllt. Die fünf Weltreiche, die Nebukadnezar in seinem Traum gesehen hat, werden zur Vollendung des Heilsplanes und der Erfüllung der biblischen Prophetie dienen. Eine Welt, die des Heilsplanes Gottes unkundig ist, hebt arrogante, hochmütige Weltherrscher auf den Sockel und schreibt ihnen Macht, Ehre und Weisheit zu (siehe Jes 10,13). Dabei sind und waren diese Weltgrößen nur Statisten, denen Jahweh Macht für eine Zeit gab. Von Nebukadnezar bis zum letzten Despoten sind sie nur »Diener«, deren Auftrag es ist, die Prophetie zu erfüllen.

»Darum spricht der Herr Zebaoth: Weil ihr denn meine Worte nicht hören wollt, siehe, so will ich ausschicken und kommen lassen alle Völker des Nordens, spricht der Herr, auch meinen Knecht Nebukadnezar, den König von Babel, und will sie bringen über dies Land und über seine Bewohner und über alle diese Völker ringsum und will an ihnen den Bann vollstrecken und sie zum Bild des Entsetzens und zum Spott und zur ewigen Wüste machen, ... so daß dies ganze Land wüst und zerstört liegen soll. Und diese Völker sollen dem König von Babel dienen siebzig Jahre« (Jer 25,8-11).

»Des Königs Herz ist in der Hand des Herrn wie Wasserbäche; er lenkt es, wohin er will« (Spr 21,1).

In der Sendung »7 sur 7« sagte der französische Präsident François Mitterand am 25. März 1990, daß er keine Angst vor den gegenwärtigen, umwälzenden Ereignissen habe, da er ja die Geschichte mit beeinflusse!

Jedem Präsidenten, König, Ayatollah u.a. sind Zeit und Stunde von Jahweh festgelegt (siehe Dan 7,12). Sie werden so lange am Platz bleiben, bis sie ihren – verführerischen – Auftrag ausgeführt haben. Bei diesem Machtkampf dürfen wir nicht glauben, daß Jahweh die ungehorsamen Nationen verschonen kann.

»Vermag sich auch eine Axt zu rühmen wider den, der damit haut, oder eine Säge groß zu tun wider den, der sie zieht? Als ob die Rute den schwänge, der sie hebt; als ob der Stock den höbe, der kein Holz ist!« (Jes 10,15).

»Er macht Völker groß und bringt sie wieder um; er breitet ein Volk aus und treibt's wieder weg. Er nimmt den Häuptern des Volks im Lande den Mut und führt sie irre, wo kein Weg ist, daß sie in der Finsternis tappen ohne Licht, und macht sie irre wie die Trunkenen« (Hiob 12,23-25).

Mit dem Durchbruch Hitlers auf der Weltbühne wurde das christliche Abendland bis in seine Grundfesten erschüttert. Dieser Geschichtsschock offenbarte, daß es hinter der christlichen Fassade nur sehr wenig vom Geist Gottes durchdrungenes Christentum gab.

Der in die Thulé-Gesellschaft[28] eingeweihte Hitler war vor allem ein Instrument des Satans, welches innerhalb einiger Jahre die Weltgeschichte veränderte, um sie beschleunigt in eine apokalyptische Zeit zu katapultieren. Ohne Hitler hätten wir keine Teilung Europas in Ost und West, noch eine Teilung Deutschlands gehabt. Ohne Hitler wäre das für die Endzeit vorausgesagte Israel noch nicht auf der Weltbühne, das Palästinenserproblem bestünde nicht, also auch nicht das Pulverfaß Nahost. Ohne Hitler wären neben Israel, dem Feigenbaum, auch die anderen Nationen (= Bäume) (siehe Lk 21,29.30), noch nicht ausgeschlagen; so ist auch die schnell eintretende Entkolonialisierung eine der Konsequenzen Hitlers. Durch die Entkolonialisierung trat die Emanzipation der asiatischen, arabischen und schwarzafrikanischen Völker in ein noch nie dagewesenes Stadium, das zu einer bis heute einmaligen Völkerwanderung und Rassenmischung führte.

Die Folgen dieser Emanzipation und Völkermischung sind eine Entwertung, Nivellierung und Dekadenz aller wahren Werte. Ohne Hitler hätten sich Rom und die Ökumene nicht dieser Nivellierung durch den Synkretismus angeschlossen. Wie der Großteil der katholischen und evangelischen Kirchen im Dritten Reich bis zum katastrophalen »Endsieg« verblendet und verstockt blieb, scheint es auch heute zu sein. Anhaltend wird von islamischen Brüdern, von Monotheismus, Dialog und von Toleranz in den christlichen Kirchen geschrieben und geredet.

Unter dem Motto »Begegnung mit dem Islam« wurden während des Berliner Kirchentages 1989 neben Bibelarbeiten auch Koran-Besinnungen veranstaltet. Der evangelische Theologieprofessor Antony Wessels aus Amsterdam, der sich gegen jeden religiösen Fanatismus wandte, beteuerte, daß es im Glauben vor allem darum ginge, »mit allen anderen Menschen in Frieden zu leben« und sagte, daß es ihm beispielsweise keine Probleme bereite, die erste Sure des Korans zu beten. Der Koran sei nicht nur für Moslems zuständig, wie die Bibel auch nicht nur den Christen etwas zu sagen habe.

---

[28] Siehe »Nahost«, 3. Aufl., S. 115-121, Kapitel IV, Abschnitt 4: »Der Allmächtige«.

Wessels:

»Hoffentlich sind wir alle Muslime und leben in Hingabe an
den einen Gott. Und hoffentlich sind wir alle auch Christen
und folgen Jesus nach.«

Die Antwort erhielt der christliche Theologe von der islamischen
Theologin Nigar Yordim (Duisburg). Dieselbe wandte sich gegen
die Religionsvermischung. Sie könne das »Vater unser« des christ-
lichen Glaubens nicht beten: Die Vorstellung von Gott als einem
Vater gebe es im Islam nicht. Auch führten nicht verschiedene
Wege zur »Rettung«, sondern allein der Islam: Er ist der ganze
Kuchen, andere Religionen sind nur kleine Stückchen[29].

Nach der nationalsozialistischen Götterdämmerung ist das
christliche Abendland nicht mehr das Maß aller Dinge. Von dem
gerade Geschehenen belastet und enttäuscht, verliert es sein
Sendungsbewußtsein und stürzt sich in die Wohlstandsgesell-
schaft, die ihrerseits die christliche Substanz anschlägt. Der
Mensch schien, dank des Öls, nur noch vom »Brot allein zu
leben«.

Obwohl er nach außen vor Gesundheit strotzt, ist der inwendige
Mensch verkrüppelt und verkommen, er ist weitgehend inhalts-,
ziel-, kraft-, orientierungslos und unsicher geworden. Alles hat
sich in den letzten Jahrzehnten schnell entwickelt, außer dem Intellekt, der nur durch die Befreiung des Geistes Gottes Fortschritte
erzielen kann, der sich aber nicht mehr vom Geist Gottes zurechtweisen läßt, so daß wir in einer vorsintflutlichen Phase stehen
(siehe 1. Mose 6,3).

»Denn obwohl sie von Gott wußten, haben sie ihn nicht als
Gott gepriesen noch ihm gedankt, sondern sind dem Nichti-
gen verfallen in ihren Gedanken, und ihr unverständiges Herz
ist verfinstert.
Da sie sich für Weise hielten, sind sie zu Narren geworden«
(Röm 1,21.22).

Der wiedererwachte Islam hat Hitlers pseudorealistische Einschät-
zung des Möglichen und seine pathologischen Zukunftsvisionen

---

[29] Siehe »Idea Spektrum« vom 14. Juni 1989, S. 11.

von einer »neu geordneten« Welt aufgegriffen. Im Atomzeitalter, in dem das Tier Feuer vom Himmel fallen lassen kann (Offb 13,13) und sich der Terror wieder weltweit ausbreitet, bietet sich eine schreckenerregende Perspektive. Zieht man die heutigen Möglichkeiten interplanetarer Kommunikation durch Satelliten, Fernsehen und andere Medien in Betracht und nicht zuletzt die Ergebnisse der Biochemie und die im Iran-Irak-Konflikt neuerdings angewandte »Atombombe der Armen«, das Giftgas, kann man sich vorstellen, daß ein System mit dem noch nicht ausgestorbenen Geist eines Hitlers heute in der Tat weltweit apokalyptisch wirken kann.

Nachdem der Nationalsozialismus seinen makabren Auftrag ausgeführt hatte, ist er von der *Weltbühne* verschwunden. Der Marxismus-Leninismus hat den Zenith überschritten und befindet sich im Wandel und Zerfall. Der Islam hingegen verfolgt heute mehr denn je sein im Koran vor etwa 1370 Jahren festgelegtes Programm. Solange die Moslems davon überzeugt sind, daß der Koran die einzige Wahrheit ist und nicht erkennen, daß sie durch die Lehre eines Pseudo-Propheten irregeführt werden, wird sich der Islam nicht ändern. Er verfolgt das im Koran festgelegte Programm mit den darin angegebenen Methoden des »Heiligen Krieges«.

»Noch vermochte kein Prophet Gefangene zu machen, ehe er nicht auf Erden gemetzelt ...« (Sure 8,68).

Immer wieder werden Anhänger Mohammeds durch den Koran ermuntert, unter dem Vorwand der Weltislamisierung zu töten. Der Zweck heiligt die Mittel. Ein Moslem, der in diesem Sinne tötet, ist überzeugt davon, daß er Allah – Gott – einen Dienst tut. Dieses entspricht genau dem, was Christus sagte in bezug auf die End- und Trübsalszeit Israels:

»Es kommt aber die Zeit, daß, wer euch tötet, meinen wird, er tue Gott einen Dienst daran« (Joh 16,2).

Eine solche Mentalität läßt uns den Haß der islamischen Fundamentalisten auf Juden und Christen verstehen und erklärt die Wandgraffitis auf den Wänden im Libanon:

»Zuerst töten wir am Samstag die Juden und am Sonntag die Christen!«[30]

Im Sog des unentbehrlichen Öls

Im ersten und im zweiten Weltkrieg hatte Deutschland islamische Verbündete, beide Male verlor es den Krieg. Durch diese Niederlage wurde auch Palästina vom Joch des osmanischen Reiches befreit.

Vor den Massakern seiner türkischen Verbündeten an den christlichen Armeniern verschloß Deutschland 1915 die Augen. Ermutigt durch das Schweigen, die Passivität und die Feigheit einer schon 1915 nach Öl schielenden Welt, sagte Hitler am 22. August 1939: »Wer spricht heute noch von der Vernichtung der Armenier?« und war im Begriff, in den dazu errichteten Konzentrationslagern ein noch größeres und grauenhafteres systematisches Verbrechen zu organisieren. Mit der Vergasung von psychisch Kranken am 15. Oktober 1939 im Fort VII in Posen begann die industrielle Vernichtung von Menschen[31].

Der aus Palästina ausgewiesene Großmufti von Jerusalem, Amin al-Hussaini, spornte Hitler dazu an – insofern er dies nötig hatte – die Endlösung zu beschleunigen, um zu verhindern, daß die Juden nach Palästina auswandern.

Der Großmufti stellte Hitler eine islamische Gebirgsjägerdivision der Waffen-SS zur Verfügung, die bei der Vernichtung der jugoslawischen Juden eine gewisse Rolle gespielt hat.[32]

Durch die zwei Weltkriege wurden die Weichen für den gegenwärtigen Nahostkonflikt gestellt. Mit dem Wirtschaftsaufschwung, der durch das schwarze Gold aus der arabo-islamischen Welt erst möglich wurde, kam die ganze Welt in den Sog und die Abhängigkeit des Nahen Ostens.

Sonderbarerweise wird die Welt mit diesem bis dahin in der islamischen Welt latent und unterschwelligen, doch heute akut

---

[30] Ludwig Schneider, »Nachrichten aus Israel« vom 14.5.1985.
[31] Siehe »Die Zeit« vom 1. Sept. 1989, S. 65.
[32] Siehe Bernard Lewis, »Treibt sie ins Meer!« Ullstein Verlag, S. 184.

und brennend gewordenen Problem der beiden Halbbrüder, Ismael und Isaak, konfrontiert.

Die christlichen Kolonial- und Mandatsmächte, die auf die Wahnidee eines christlichen Weltreiches programmiert waren, importierten im neunzehnten Jahrhundert den europäischen Antisemitismus in die von ihnen verwalteten Gebiete.

»Die Anfänge des Antisemitismus neuer Prägung im Nahen Osten können ausländischen Lehrmeistern und ihren einheimischen Jüngern zugeschrieben werden. Dabei bediente man sich in der Regel zweier Kanäle – des kirchlichen und des amtlichen. Die griechische und die katholische Geistlichkeit scheuten keine Mühe, um ihre Anhänger unter den Untertanen des Osmanischen Reiches zu mobilisieren, die einen im Interesse Rußlands, die anderen im Interesse der katholischen Mächte und insbesondere Frankreichs.

In nahöstlichen Städten gegen Juden erhobene Ritualmord-Anklagen gingen noch sehr lange ausschließlich auf christliche Urheber zurück. Die berühmtesten von allen, die Damaskus-Affäre des Jahres 1840, hatte ihren Ursprung bei einigen Kapuzinermönchen und wurde energisch vom französischen Konsul vorangetrieben. Konsularische und geistliche Interventionen lassen sich in einer Anzahl ähnlicher Fälle erkennen. Gegen Ende des neunzehnten Jahrhunderts kamen solche Anklagen dann schon aus moslemischen Quellen; im Laufe des zwanzigsten Jahrhunderts wurden sie zur Alltäglichkeit.«[33]

Der Antisemitismus schwappt im Nahen Osten über

Als in der zweiten Hälfte des neunzehnten Jahrhunderts im Lande der ältesten Tochter der Kirche (Frankreich) eine neue antisemitische Welle anrollte, die im Dreyfuß-Prozeß gipfelte, schwappte

---

[33] Bernard Lewis, »Treibt sie ins Meer!« Ullstein-Verlag, S. 162/163; siehe auch Gerhard Czermak, »Christen gegen Juden«, Greno-Verlag, S. 118/119.

der Antisemitismus durch die Kolonial- und Mandatsregierungen auf die nahöstlichen Gebiete über.

Die mit Rom verbundenen maronitischen Christen im Libanon waren ebenfalls von der Substitutions- und Enterbungstheologie angesteckt und konnten so in der zweiten Hälfte des zwanzigsten Jahrhunderts zur Verwirrung und zum Bruderkrieg beitragen. Ohne die Unkenntnis des Heilsplanes wären auch die Kämpfe zwischen den christlichen Generälen Aoun und Samir Geagea nicht möglich gewesen.

Verfolgt man die Strategie Luzifers durch die Geschichte der Menschheit und der Nationen, kann man nur staunen, wie sich die Menschheit und die Nationen vom Diabolos manipulieren lassen und ihm für sein Unternehmen zur Verfügung stehen.

»Derzeit gibt es einige Anzeichen dafür, daß die Infektion mit dem antisemitischen Virus, das die Christenheit fast von Anfang an befallen hat, wenigstens in der Genesung begriffen sein könnte; ein trauriges Paradoxon will es, daß der gleiche abgrundtiefe religiöse Haß jetzt den Leib des Islams angegriffen hat, der bislang dagegen resistent war. Mag sein, daß der Augenblick des Entgegenwirkens schon vorbei ist und daß das Virus bereits in den Blutkreislauf des Islams eingedrungen ist, um ihn auf Generationen hinaus ebenso zu vergiften, wie die Christenheit in der Vergangenheit viele Generationen lang vergiftet war.«[34]

Der derzeitige Mufti von Jerusalem, Sheikh Saad al-Din Al Alani, bleibt der Devise seines Vorgängers treu, er verkündete am 26. Juli 1989:

»Tötet die Juden, bis die Steine schreien: hinter mir versteckt sich noch ein Jude, komm und töte auch ihn.«[35]

Alle Nationen, die im Laufe der Geschichte den Versuch unternommen haben, das inspirierte und fleischgewordene Wort

---

[34] Bernard Lewis, einer der bedeutendsten Orientalisten und Kenner der Geschichte des Nahen Ostens, Professor für Nahost-Studien an der Princeton University, USA, in »Treibt sie ins Meer!« Ullstein-Verlag, S. 318f.
[35] Siehe Ludwig Schneider, »Nachrichten aus Israel« vom 18.9.1989. »Arabische Theologen über die Juden und Israel«, Edition de l'Avenir, Genf, 1976.

Jahwehs aus der Welt zu schaffen, haben bei der Gründung ihrer politischen und religiösen Reiche ihren Bankrott ratifiziert. Um nur die acht wichtigsten zu nennen:

1. Ägypten, das durch seine Verstockung gegenüber Jahweh dazu beitrug, daß Israel – wie verheißen – nach 400 Jahren (1. Mose 15,13-17) in das Land der Verheißung zurückkehren konnte (siehe 2. Mose 9,16; Röm 9,17).

2. Babylon. Mit der Eroberung Jerusalems und der Verschleppung der Juden nach Babylon fing die Zeit der Nationen an. Es scheint, als wolle Jahweh durch die gegenwärtigen Ausgrabungen und Rekonstruktionen in Babylon die Aufmerksamkeit der Welt – oder zumindest derer, die dem inspirierten Wort glauben – auf die Stadt lenken, die in der Offenbarung am Ende der Zeit der Nationen mehrere Male erwähnt wird. Diese Verheißungen, die im Alten Testament ihre Parallelen haben, sind Verheißungen, die demnach zukünftig sind, auch gar noch nicht über die Nahostbühne gegangen sind, wie wir aus den Gegenüberstellungen erkennen können:

Altes Testament	Offenbarung
Jer 51,13	17,1
51,7	17,4
51,7	17,2
Jes 47,5-7	17,18; 18,7.8
Jer 51,25	18,8
51,6-45; 50,8	18,4
51,9	18,5
50,15	18,6
50,29	18,6
51,8; Jes 21,9	18,2
51,63.64	18,23
Jes 13,21	18,2

Im Palast, der gegenwärtig rekonstruiert wird, hatte Nebukadnezar seinen historischen Traum der Weltgeschichte. In diesem Palast erklärte ihm der Prophet Daniel die fünf aufeinander folgenden Weltreiche, die die Zeit der Nationen ausfüllen sollen[36].

Diese Weltgegend wird in den letzten Jahrzehnten durch das Öl, die Re-Islamisierung, den Terrorismus, durch Geiselnahmen und die Nahostkonflikte in Israel, dem Libanon, zwischen dem Iran und dem Irak tagtäglich in den Medien erwähnt.

Zieht man einen Kreis von 1 000 km um die Stadt Babylon, so findet man in diesem Kreis die größten Ölreserven der Welt.

Mit der Gefangenschaft der Kinder Israels in Babylon fing die Zeit der Nationen an und mit dem Jerusalemsyndrom (Lk 21,24) findet sie ihren Abschluß.

Noch findet wegen Jerusalem das Tauziehen um den Tempelplatz zwischen den Söhnen Abrahams, Ismael und Isaak, statt.

3. *Medo-Persien* mit Kores (Cyrus), unter dessen Herrschaft die verheißene Rückkehr und der Wiederaufbau des Tempels möglich wurden (Jes 44,28; Es 1,2-4; 3,7ff.).

4. Das griechische Reich unter dem heidnischen General *Alexander dem Großen,* den Mohammed zu den Propheten zählt! (Sure 18.82-100).

5. Das politische und religiöse Rom, durch welches die Juden, wie verheißen, *unter alle Nationen* zerstreut wurden.

6. Das Dritte Reich Hitlers, der ebenfalls durch seine Verstockung dazu beitrug, daß die Verheißung der Wiederherstellung Israels »am Ende der Zeit« in Erfüllung ging.

Klingt es nicht wie eine Ironie der Geschichte, daß durch die Hybris und den Antisemitismus eines Hitlers und seines Systems ge-

---

[36] Siehe »Nahost«, 3. Aufl., S. 48-66; siehe auch »The Companion Bible«, Kommentar zu Dan 2,40.41.

rade das hervorkam, was sie aus der Geschichte ausschalten wollten, nämlich der Staat Israel!

7. Am 21.12.1991 wurde in Alma Ata der Tod der UdSSR beschlossen, um einen Staatenbund (GUS) zu gründen. Dieser Staatenbund wird eine Zusammensetzung von Ton und Eisen bilden, die auf Dauer nicht zusammenhalten kann.

8. Als letztes Reich sehen wir das islamische Reich aufwachen, von Marokko bis tief in die ehemalige UdSSR, nach China und in den fernen Osten reichend, von Afrika bis nach Europa.

Keines der vorangegangenen Reiche war so gut und so lange vorbereitet wie das Aufwachende. Seit 1300 Jahren wartet es auf seine Stunde. Aber auch ihm hat Jahweh Zeit und Stunde festgesetzt.

»Aber der im Himmel wohnt, lachet ihrer und der Herr spottet ihrer ...« (Ps 2,4).

Solche Schachzüge kann nur der vollziehen, der die Strategie seines Gegners kennt und der ihn dazu bringt, den Schachzug in die richtige oder vielmehr in die falsche Richtung zu tun, damit das Spiel mit dem Schachmatt des Diabolos endet. Jahweh hat den vollen Überblick über die Welt- und Heilsgeschichte. Er hat alles unter Kontrolle. Der Gegenspieler hat nur so viel Macht und Spielraum, wie ihm zugelassen wird. Das Kreuz von Golgatha ist der Garant für den Endsieg und die Endlösung Jahwehs, selbst wenn wir dies heute noch nicht sehen (Hebr 2,8). Jeder Scheinsieg Satans endet mit dem Triumph Jahwehs.

Die Warnung Jahwehs an die russische Revolution

Aus der vor gerade 50 Jahren über die Weltbühne gegangenen Auseinandersetzung ging einmal mehr – wie bei Pharao – Jahweh als Sieger hervor.

Heute sehen wir, wie Rußland, das am 6.11.1917 die kommunistische Weltrevolution ohne Gott aufrichten wollte, Schiffbruch erlieten. Ist es nicht sonderbar, daß Gott auf diesen Größenwahn der kommunistischen Weltrevolution fast auf den Tag genau, am 2.11.1917 mit der Balfour-Deklaration antwortete?

Diese Balfour-Deklaration und die Eroberung Palästinas und Jerusalems durch General Allenby waren der Fuß Jahwehs in der Tür der Geschichte, sie ermöglichten die Wiederherstellung Israels.

Hätten sich das atheistische Rußland und die christlichen Nationen mit der biblischen Prophetie beschäftigt, so hätten sie, mindestens seit der Gründung Israels im Jahre 1948, ihre Fehler erkennen und ihren Kurs korrigieren müssen, was damals leicht möglich gewesen wäre.

Die Kurskorrektur Gorbatschows vom Atheismus zur Glaubens- und Gewissensfreiheit kommt somit 41 Jahre zu spät. Jahweh gab der UdSSR wie auch den christlichen Nationen 40 Jahre – nach der Bibel eine Generation – Zeit, um mit ihm ins reine zu kommen.

Im Süden der ehemaligen UdSSR ist die Lage heute so explosiv, daß auch Jelzin, selbst wenn er möchte, keine klare Stellung für die biblische Prophetie in bezug auf Israel nehmen kann.

Wir können davon ausgehen, daß mit dem 1. Weltkrieg die Endphase der Zeit der Nationen eingeleitet wurde.

Sie lassen jedoch nicht von ihrem satanischen Vorhaben ab und lassen sich auch über zwei Weltkriege hinaus nicht vom Geist Jahwehs zurechtweisen, bis in Harmagedon der Bankrott der Nationen universell durch die Parusie verwirklicht wird.

Bis dahin scheint diese unerklärliche Spannung zwischen den Nationen und Israel weiterzubestehen.

Durch den Familienstreit, bei dem es um eine 4 000 Jahre alte Erbschaftsgeschichte zwischen dem Sohn nach dem Fleisch, Ismael, und dem Sohn nach der Verheißung, Isaak, geht, hat sich der Kreis geschlossen. Die Heilsgeschichte endet da, wo sie begonnen hat, im Nahen Osten.

Die Greueltaten unter Hitler waren möglich, weil die Nationalsozialisten in ihrem Wahn davon überzeugt waren, daß ihnen »heute Deutschland und morgen die ganze Welt« zu Füßen liegen werde.

Durch Propaganda, Desinformation, Umschulung und Hirn-
wäsche (Ausschalten des gesunden Menschenverstandes) wurde
aus dem Volk eine »Elite« von Rowdys herangezogen, deren Zügellosigkeit sich dadurch ins Unendliche steigerte, indem man ihnen die Gewißheit verschaffte, daß sie niemals für ihre Greueltaten zur Rechenschaft gezogen würden und sie eine eroberte und
unterworfene Welt durch Terrorismus und Angst genauso einschüchtern könnten wie das eigene Volk.

Da die Ursache dieser gerade vor einer Generation – im Lande
der Dichter und Denker – über die Bühne gegangenen Katastrophe weder erforscht, noch erkannt und deshalb nicht korrigiert
wurde, besteht Grund für die Annahme, daß sich Gleiches noch
einmal wiederholt. Können wir uns vorstellen, wie solch eine Wiederholung aussehen würde, wenn sie von einem Volk ausgeführt
wird, das den »christlich-humanistischen« Hintergrund des damaligen Deutschlands nicht hat?

Die heutige Weltlage liefert uns den Beweis, daß es kaum einer
Generation bedarf, bis die Menschheit wieder bereit ist, die gleichen Fehler zu begehen, wie ihre Vorfahren, die sie heute noch
anklagen, indem sie fragen:

> »Wie war es möglich, daß ihr nicht gemerkt habt was ge-
> schah, als Bücher und Synagogen verbrannt wurden, als ein
> Jude nicht auf einer Bank neben einem Deutschen sitzen durf-
> te?«

Heilsgeschichtlich gesehen mußte Jahweh, um seiner Verheißungen willen, dem nationalsozialistischen Wahn ein Ende setzen. Er
konnte es Hitler nicht erlauben, die »Endlösung« durchzuführen,
weil die prophetischen Bedingungen noch nicht erfüllt waren (siehe: Kap. Jerusalem, die Zeitbombe).

Heute wie damals scheinen die Nationen die antijahwehistische
Strategie des Diabolos nicht zu erkennen. Einmal mehr sind sie,
hoffentlich zum letztenmal, auf seine Verführung hereingefallen.

Der Gläubige, der den göttlichen Heilsplan richtig erkennt,
weiß genau, daß auch dieses bevorstehende Chaos dazu dient, der
Menschheit kenntlich zu machen, daß sich die Verheißungen
Jahwehs zur Verherrlichung Seines Namens erfüllen. Durch das
Dunkel des Chaos sieht der Gläubige das helle Licht der bibli-

schen Prophetie. Er wartet auf das Aufgehen des Morgensterns, von dem Bileam vor etwa 3400 Jahren sagte:

>Ich sehe ihn, aber nicht jetzt; ich schaue ihn, aber nicht von nahem. Es wird ein Stern aus Jakob aufgehen und ein Zepter *aus Israel* aufkommen und wird zerschmettern die Schläfen der Moabiter und den Scheitel aller Söhne Sets« (4. Mose 24,17).

Fazit

Wie es falsch war, der Heuchelei derer anheimzufallen, die behaupteten, im Namen der »göttlichen Vorsehung« oder »im Namen des Herrn«[37] zu handeln und die sich der religiösen Sprache bedienten, um ihren Wahn zu legitimieren, von dem der deutsche Bundeskanzler Helmut Kohl sagte:

» … Sie war und bleibt in Wahrheit die schlimmste Perversion religiösen Glaubens – ein Hohn auf den lebendigen Gott, zu dem Juden und Christen sich bekennen …«

Ebenso falsch wird es auch sein, dem mit Gewalt aufsteigenden Islam zu glauben, der vorgibt, im Namen »Allahs« zu handeln, um das zu vollenden, was Hitler nicht erreichen konnte.

Die Tatsache, daß Hitler die Endlösung der Juden und Christen auf seinem Programm hatte, beweist, daß seine »göttliche Vorsehung« nichts mit dem lebendigen Gott der Bibel zu tun hatte, eher mit dem Gegenspieler Gottes.

Wenn wir heute sehen, daß der aufwachende Islam ebenfalls die Ausrottung des zionistischen Staates und der Christen – im Notfall ihre Unterdrückung als Dhimmis[38] – in seinem Programm hat, so müßten wir doch spätestens hier merken, daß die Nationen dem Widerspieler Jahwehs wieder in die Falle gegangen sind. Diese Verführung wird, wie die vorangegangene, im Chaos enden.

---

[37] Hitler sagte: »Indem ich mich des Juden erwehre, kämpfe ich für das Werk des Herrn.«

[38] Dhimmis sind Bürger zweiter Klasse.

Wie es heute scheint, ist Satan auf dem besten Wege, die drei Gottesbeweise auszurotten:

a) Die Schöpfung
b) Israel
c) Die Gemeinde Jesu Christi – Ekklesia –

Alle, die versucht haben, den Gott der Bibel durch die Ausrottung der Juden und gläubigen Christen aus der Welt zu schaffen, haben diesen Kampf nicht überlebt. Vorgestern war es der Nationalsozialismus, gestern der Kommunismus und morgen wird es, wie wir heute feststellen können, der Islam sein, der sich an diesem Problem überheben wird.

Noch ist das Wort, das der deutsche Bundespräsident Richard von Weizsäcker am 8. Oktober 1985 ins Gästebuch der Holocaust-Gedenkstätte Yad-Waschem schrieb, gültig:

»Wer euch antastet, der tastet seinen Augapfel an« (siehe Sach 2,12).

Hätte Deutschland dies vor 1933 erkannt, wäre ihm viel erspart geblieben. Jedes politische und religiöse Weltbild, das gegen die von Jahweh festgelegte Ordnung verstößt, ist von vornherein früher oder später zum Scheitern verurteilt.

Drei Jahre nach dem Untergang des »Tausendjährigen« Reiches hat Gott Israel noch einmal mitten unter die Nationen gestellt, auf daß sie vor dem kommenden Gericht und der Parusie Stellung beziehen müssen für oder gegen Ihn und Seinen Gesalbten.

Der Islam übernimmt die Fackel des Nationalsozialismus

Der Sieg des Islam über den russischen Koloß

»Was geschehen ist, eben das wird hernach sein. Was man getan hat, eben das tut man hernach wieder, und es geschieht nichts Neues unter der Sonne« (Pred 1,9).

Nach dem Zweiten Weltkrieg beherrschte die UdSSR 42 Jahre lang die Weltbühne. Alle Welt schaute wie gebannt auf diesen Koloß, von dem Breschnew sagte: »Seid gewiß, daß im Jahre 1995 die ganze Welt kommunistisch sein wird.«

Seit dem Sieg der afghanischen Mudjahidin über die UdSSR hat Rußland Angst vor den 60 Millionen Moslems im eigenen Land[1]. Jeder Moslem ist seit diesem Sieg davon überzeugt, daß keine Macht der Welt dem wiederaufwachenden Islam widerstehen kann.

Der Untergang des Abendlandes wurde durch die Wahnsinnsidee und der Endlösungsphobie des Judenproblems im Zweiten Weltkrieg eingeleitet. Somit war die Götterdämmerung des nationalsozialistischen Systems vorprogrammiert.

Drei Jahre nach dem Untergang des angeblichen tausendjährigen Reiches stellt Jahweh 1948 noch einmal Israel zum Test für alle Nationen in das verheißene Land. Nach diesem weltumwälzenden Ereignis wurde der Zerfall der Weltmächte, die aus dem Zweiten Weltkrieg als Siegermächte hervorgingen, eingeleitet. Vor und besonders nach der Wiederherstellung Israels wurden die Nationen von einem Unabhängigkeitsprozeß erschüttert, der ohne die Ost-West-Schizophrenie nicht möglich gewesen wäre. Die Weltmächte Frankreich und England (von der letzteren behaup-

---

[1] Die Zahl der Moslems im Süden Rußlands wird teilweise mit 80 Millionen angegeben. Im Jahre 2 000 rechnet man mit 110 bis 120 Millionen Moslems in Rußland.

tete man, daß die Sonne nie über ihrem Imperium untergehe) sind weitgehend auf ihre Ursprungsbasen zusammengeschrumpft.

Nach der Niederlage in Afghanistan im Jahre 1989 wurde auch der Zerfall des sowjetischen Imperiums eingeleitet, dessen Auswirkungen wir zur Zeit erleben. Ayathollah Abdol-Karim Mussawa-Ardebili bezeichnete den »Zusammenbruch des Kommunismus, weltweites Symbol des Atheismus,« als das »Wunder des Jahrhunderts«. Diese Revolution ohnegleichen sowie die Wiederbesinnung zur Religion, werden sich in einem beschleunigten Rhythmus überall dort fortsetzen, wo sich der Kommunismus infiltriert hat.

Überall in der früheren UdSSR fallen die als »Götter« verehrten Statuen von Marx, Lenin und anderen von ihren Sockeln. Auch in China kann morgen ein ähnlicher Prozeß stattfinden.

Der Schwerpunkt der Weltgeschichte verlegte sich nun nach Süden. Die islamische Welt wacht auf. Und mit ihr der wohl gefährlichste Feind Israels und der Gemeinde Jesu Christi.

Als Gamal Abdel Nasser während einer Pilgerreise nach Mekka vor der Kaaba stand, verspürte er, wie gewaltig es sein könnte, wenn der Islam sich in eine politische Kraft verwandeln könnte. Ausdruck seiner Religion und der dahinterstehenden Philosophie sind seine folgenden Sätze:

»Meine Überzeugung ist es, daß die Einheit der islamischen Völker realisierbar ist ..., wenn ich mir vorstelle, daß es 80 Millionen Moslems in Indonesien, 50 Millionen in Malaysia, in Siam und Burma, 100 Millionen in Pakistan, mehr als 100 Millionen im Nahen Osten, 40 Millionen in Rußland und einige Millionen in anderen Erdteilen gibt; wenn ich mir diese hunderte Millionen von Menschen vorstelle, die durch ihren Glauben vereint sind, so steigt mein Vertrauen in die gewaltige Möglichkeit einer gemeinsamen Aktion ... Ich verspüre, daß dieser gigantische Auftrag nun einen Akteur braucht, der bereit ist, dieses Amt zu übernehmen ... Uns und uns allein bestimmt die Vergangeheit, um diese Rolle zu erfüllen. Wir und wir allein sind fähig, es auszuführen.«

Wenn der richtige Augenblick gekommen sein wird, wird im Nahen Osten der richtige Mann aufstehen, der die Endphase einleiten wird. In vielen arabischen Führern schlummert ein Gamal Abdel Nasser oder ein Saladin. Er hat den ersten Feldherrn Mohammed als Vorbild und fühlt sich berufen, dessen Programm bis zur Unterwerfung der Welt, das Programm der islamischen Theokratie, zu vollenden.

Die arabo-islamische Welt wartet auf einen neuen Saladin, d. h. starken Mann. Seit dem Ende des Zweiten Weltkrieges traten immer wieder sporadisch Männer im Nahen Osten auf, die wir als Prototyp des durch die biblische Prophetie vorausgesagten letzten Tyrannen erkennen können, der – kurz vor der Wiederkunft Jesu Christi – die Welt in den letzten Streit gegen die zwei Zeugen Jahwehs (Israel und die Gemeinde Jesu Christi) hineinziehen wird.

Nach der Offenbarung Johannes wird sich dieses System aus einer dreifachen Konstellation zusammensetzen:

a) aus dem Drachen = Satan
b) aus dem Tier = politisches System
c) aus einem Pseudopropheten = religiöses System
   (Offb 16,14).

Als Saddam Hussein, der sich als direkten Abkömmling des Propheten Mohammed bezeichnet, Kuwait einnahm, nannte der amerikanische Präsident Georges Bush den irakischen Diktator »Lügner, Abtrünnigen und Gesetzlosen«.

Den Herrscher, der als letzter die Welt verunsichert, bezeichnet der Prophet Daniel, der vor etwa 2500 Jahren »geschaut hat, was am Ende der Zeit geschehen wird«, als einen »frechen und tückischen Herrscher«, der »mächtig sein wird, *doch nicht durch eigene Kraft*«. Er wird bei den Großmächten und bei Israel Verwirrung auslösen, und durch Klugheit und Schlauheit wird ihm der Betrug geraten (siehe Dan 8,23-25).

Von diesem verführerischen Herrscher der Endzeit sagt der Geist Jahwehs durch Paulus, daß die

»Zukunft (Erscheinung) dieses Gesetzlosen *nach der Wirkung des Satans geschieht,* mit lügenhaften Kräften, Zeichen und Wundern, und mit allerlei Verführung zur Ungerechtigkeit« (siehe 2. Thess 2,8-10).

Desgleichen berichtet Jahweh in der Offenbarung über das letzte Weltsystem (Tier), daß ihm *der Drache (Satan) Macht gab*, und stellt die Frage:»Wer kann mit ihm kriegen?«

Nach dem Durcheinander in den Börsen und bei den Ölpreisen, das die Einnahme Kuwaits durch den Irak auslöste, können wir uns vorstellen, wie es aussehen wird, wenn *ein Mann* im Nahen Osten die Hand am Ölhahn haben wird. Dies würde den größten Börsenkrach sowie den Zusammenbruch der hochentwickelten Industrienationen auslösen. Und wir müßten uns fragen, wie die Armeen ohne Öl aus dem Nahen Osten noch Kriege führen könnten.

Von diesem »Tier, das war, nicht ist und wiederkommt«, berichtet die Offenbarung, daß es »große Zeichen tun wird, und daß es auch Feuer vom Himmel fallen lassen wird vor den Menschen« (siehe Offb 13,3-18). Hat nicht Saddam Hussein am 2. April 1990 gedroht,»die Hälfte Israels mit dem Feuer der chemischen Waffen zu zerstören?«

Die Ereignisse werfen, wie wir heute sehen können, ihre Schatten voraus.

Der Schwerpunkt der Weltgeschichte verlagert sich nach Süden, in das Gebiet und in die Länder, in welche die biblischen Propheten die Endgeschichte schon lange im voraus (Jes 37,26; Am 3,7) festgelegt hatten.

In der Endphase, wenn Israel nach langer Zeit die Weltbühne wieder betritt (Hes 38,8 u.a.), wird um Israel herum eine Macht an den Platz rücken, die zum letzten Schlag gegen das Volk ausholen wird, das das messianische Reich hervorbringen soll. Der Kampf ist demnach ein Kampf gegen den wiederkommenden Messias, das Lamm (siehe Jes 53,7; Jer 11,19; Joh 1,29). Das Lamm wird jedoch siegen (Offb 17,14).

Wir dürfen gewiß sein, daß keine Macht mehr tun kann und darf, als von Jahweh zugelassen. Denn würde Jahweh der Zerstörungswut keinen Einhalt gebieten, würde es dem Satan durch Vermittlung einer ihm hörigen Welt gelingen, die Verheißungsträger endgültig auszuschalten. Somit hätte der Gegenspieler Jahweh schachmatt gesetzt. Wir sehen, daß der Einsatz von großer Bedeutung ist, und wir sind je nach Lage mehr oder weniger daran beteiligt.

»Hitler ist nicht in erster Linie ein politischer Kopf, in dem

Sinne, in dem Napoleon und Mussolini als politische Köpfe bezeichnet werden können. Er ist vor allem ein Heilsapostel im Genre eines Mohammed ... Zweitens ist Hitler ein Mystiker. Er ist davon überzeugt, daß das Schicksal ihn dazu auserwählt habe, dem deutschen Volke die Weltherrschaft zu bringen.«[2]

Harold Nicolson konnte 1939 noch nicht erahnen, daß etwa 50 Jahre später ein Rollenwechsel stattfinden würde, in dem die Lehre des »Heilsapostels« Mohammed die Welt erschüttern und Hitlers Geist im Nahen Osten seine Fortsetzung erleben würde.

Von Hitler schrieb Abram Poljak 1939 in seinem Artikel »Sechs Jahre Hitler«:

»Nicht Hitler handelt, sondern durch ihn wird gehandelt. Hitler ist in Beziehung zum Christentum *ein Vorläufer des Antichristen,* in Beziehung zum Judentum einer der Großen in der Linie der Tempelzerstörer und Judenverfolger wie Nebukadnezar und Titus ...«[3]

Wie wir aus folgenden Aussagen erkennen, ist der Geist Hitlers, wenn auch unter einem noch frömmeren Gesicht, doch das gleiche Ziel verfolgend, immer noch aktiv.

»Die Welt ist sich jetzt der Tatsache bewußt, daß Hitler recht hatte, und daß die Verbrennungsöfen die geeigneten Mittel waren, um eine derartige Verachtung gegenüber menschlichen Werten, Grundsätzen, Religionen und Gesetzen zu bestrafen.«[4]

»Wir stehen deshalb also von Angesicht zu Angesicht dem Kern eines Problems gegenüber, das neuerdings das Gewand der Religion übergestreift und sich auf ein Stück Land konzentriert hat. In dieser Konfrontation können wir gar nicht

---

[2] Harold Nicolson, »Ist der Krieg unvermeidlich?« Stockholm, Juni 1939; siehe »Die Zeit« vom 8. Sept. 1989.
[3] Siehe »Hitler als Feldherr und Spiritist« auch: »Welt am Sonntag« vom 28.7.1985.
[4] Anis Mansour, Ägyptischer Journalist, in »Arabische Theologen über die Juden und Israel«. Edition de l'Avenir, Genf. 1976.

anders, als vor uns die Gestalt jenes großen Mannes Hitler –
möge Gott (Allah d.V.) ihm gnädig sein – zu sehen, der der
weiseste war von allen, die sich diesem Problem stellten ...
und der aus Mitleid mit der Menschheit versucht hat, alle
Juden auszurotten, der aber an der Heilung dieses Krebs-
geschwürs am Leibe der Menschheit verzweifelte.
Und jetzt bestätigt sich praktisch die Richtigkeit seiner Intui-
tion.«[5]

Da die gleichen Ursachen die gleichen Wirkungen haben, können
wir uns ausrechnen, wieviel Chancen der Islam heute hat, um sein
Anti-Jahweh-Programm auszufüllen.

Auch dieser Koloß wird als letzter von dem Stein, der ohne
Hände   vom   Himmel   herabstürzt,   zermalmt   werden
(Dan 2,44.45).

Gasfabriken, wie gehabt

Wer heute vor einer neuen Verführung zu warnen versucht, wird
als Schwarzmaler, Pessimist, Sektierer und Defätist bezeichnet, in
kirchlichen bis hin in manche evangelikale Kreise.

Heute merken weder ein Großteil der Politiker noch der Theologen, daß das Nahost-Problem ein metaphysisches Problem ist. Die
Kurzsichtigkeit der Menschheit ist grenzen- und zeitlos.

Während sich der deutsche Bundeskanzler 1985 – genau 40
Jahre nach dem Krieg – in Bergen-Belsen die Frage stellte:»warum es damals nicht möglich war, Einhalt zu gebieten ...«, schien
er nicht zu merken, daß sich die Geschichte einmal mehr wiederholt und sich alle Nationen wiederfinden, um auf den letzten Holocaust zuzugehen.

Im vergangenen Jahr platzte der Chemiefabrik-Skandal von
Rabta in Libyen, an dem 13 christliche Länder beteiligt sind, ins-
besondere Deutschland. An dieser Giftgasfabrik war die gleiche
Firma beteiligt, die im Zweiten Weltkrieg das Giftgas für die be-

---

[5] Yaha al-Rakhawi in al-Ahrar vom 19. Juli 1982. Siehe Bernard Lewis,»Treibt
sie ins Meer!« Ullstein-Verlag, S. 283.

rüchtigten Gaskammern herstellte und lieferte. Inzwischen wachsen die Gasfabriken im Nahen Osten wie Pilze aus oder in die Erde. Um sie vor den Kameras der Spionagesatelliten zu verbergen, werden sie unterirdisch verbunkert.

Alle Staaten um Israel herum überbieten sich mit Hilfe der christlichen Länder bei der Herstellung von Gas und bakteriologischen Vernichtungswaffen, um das letzte Auschwitz vorzubereiten.

Saddam Hussein aus »Babylon« hatte am 2. April 1990 der Welt zu verstehen gegeben, daß er halb Israel zerstören könne.

Am Aufbau der Chemiefabriken sind sowohl west- als auch ostdeutsche Firmen beteiligt, so daß nicht nur Ostdeutschland an der Seite Gogs[6] stehen könnte, wenn derselbe in den Nahost-Konflikt hineingezogen wird, sondern alle »Germanen«.

> »Dazu Gomer[7] und sein ganzes Heer, die vom Hause Togarma, die im Norden wohnen, mit ihrem ganzen Heer; ja, du führst viele Völker mit dir« (Hes 38,6).

Ob getrennt oder vereinigt, die Deutschen sind schon – wieder – auf der Seite der Feinde Israels zu finden. Vierzig Jahre lang belieferten die christlichen Nationen die Feinde Israels mit modernstem Kriegsmaterial, dazu das Know-how, die Technologie und die Rohstoffe, um A-, B- und C-Waffen herzustellen. All dies erbringt den Beweis, daß das christliche Abendland die geistlichen Hintergründe des gerade Geschehenen nicht erkannt hat.

---

[6] Siehe »Nahost«, Kap. IX, Abschnitt 5.

[7] Gomer sind die Kimmerier, ein indogermanisches Reitervolk in Südrußland und der Ukraine, das im neunten und achten Jahrhundert v.Chr. von den gegen Westen vordringenden Skythen verdrängt wurde. Die Kimmerier zogen teils nach Süden über den Kaukasus und bedrohten Kleinasien und Assyrien, und teils nach dem Westen durch die untere Donauebene nach Mekadonien, Norditalien, in das Gebiet des heutigen Bayern und ins Rheintal. (Oldenburgs Abriss der Weltgeschichte »Abriss der Vorgeschichte«, bearbeitet von K.J. Narr u.a. Verlag R. Oldenburg München, S. 68-70.81.133.157.158. Meyers Enzyklopädisches Lexikon, »Kimmerier«) Im babylonischen Talmud (Yoma 10. A; Yer. Meg. 71. B) wird Gomer in der Bibel, der Vater des Aschkena, mit »Germania« übersetzt. Aschkenas ist die wiederholte Bezeichnung für Deutschland in der mittelalterlichen jüdischen Literatur, weshalb die Juden in oder aus Deutschland »Aschkenasische Juden« genannt wurden.

Gleichzeitig zeigt sich, daß sich das christliche Abendland nicht vom Geist Gottes leiten und strafen läßt.

Tatsache ist, daß die Nationen immer noch nicht erkannt haben, daß ihr Handeln gegen Israel – denn die A-, B- und C-Waffen der arabischen Länder sollen in erster Linie der Vernichtung Israels dienen – ein metaphysisches Verbrechen mit Bumerangeffekt ist.

Über fast zwei Jahrtausende bereitete die Kirche, bewußt oder unbewußt, für Hitler und über Hitler hinaus für die Endzeitgeneration den Boden für die »Endlösung«. Das Ziel Hitlers, wie auch das des Islam heute, war und ist der Angriff und Kampf gegen das inspirierte und fleischgewordene Wort Jesus Christus. Ihr Endziel ist keineswegs die Bekämpfung derer, die die sichtbare Substanz dieser Offenbarung sind: die Juden und Christen. Sie hoffen vielmehr, durch die Zerstörung der Juden und Christen Gott aus der Welt zu schaffen, um ihre Offenbarung und ihre Weltanschauung an den Platz der Wahrheit zu stellen.

Hitler sagte:

> »Wir sind auch eine Kirche«[8], und »Es kann nicht zwei auserwählte Völker geben. Wir sind das Volk Gottes. Besagt das nicht alles?«[9]

Da logischerweise der Gott, von dem Hitler sprach, nicht Gott sein konnte, kann es sich bei seinem »Gott« nur um den Gott dieser Welt handeln (siehe 2. Kor 4,4; 1. Joh 5,19; Eph 2,2 u.a.).

Im Sinn des oben Ausgeführten äußerte sich der ehemalige algerische Präsident, Ahmed Ben Bella, 1982 in einem Interview, das in der Zeitung »Politique internationale« erschien:

> »Wenn es keine andere Lösung gibt, dann soll der Atomkrieg stattfinden, auf daß man ein für allemal Schluß mache ... Was wir wollen, wir, die Araber, das ist ›sein‹. Doch wir können nur sein, wenn der andere nicht ist.«[10]

Insofern wir nicht einer Fehlprogrammierung unterliegen, werden

---

[8] Hermann Rauschning, »Gespräche mit Hitler«, Europa-Verlag, S. 54.
[9] ebd., S. 227
[10] Jacques Baumel, Abgeordnete der »Hauts-de-Seine« und Mitlgied der Verteidigungskommission der National-Versammlung. Siehe »Le spectacle du monde«, n°352, Juli 1991.

wir feststellen, daß dieser Endkampf nichts anderes sein kann, als ein geistlicher Kampf gegen Jahweh und seinen Gesalbten, Jesus Christus (siehe Ps 2).

Angesichts der Tatsache, daß Algerien heute (1991) an der islamischen Atombombe bastelt, sollten uns solche Aussagen schon aufschrecken, dies bevor der »nukleare Scirocco« (Wüstenwind) ausbricht.

Eine erschreckende Wiederholung

Von Dialog zu Kompromiß rückten Kreuz und Hakenkreuz immer näher zusammen.

>»Im Mai 1933 mahnten die bayerischen Bischöfe, man solle nicht auf das Trennende und die Vergangenheit sehen, sondern „auf das, was uns eint".«[11]

Die gleichen Ausreden, die damals eine feige Kirche hatte, »um der feindlichen Propaganda keinen Stoff zu liefern«, oder »um die Kirche nicht in Gefahr zu bringen«, werden auch heute wieder angewandt. Rom will keine klare Stellung für Israel nehmen, »um das Leben der Christen in den islamischen Ländern nicht zu gefährden«. Wie das im Endeffekt aussieht, zeigt sich im Libanon, im Sudan, in Nigeria, Berg-Karabach, in Aserbaidschan, Ägypten und in anderen islamischen Ländern. Gaddafi, und mit ihm die Integristen verkünden klar und deutlich, daß die Christen des Libanons islamisiert werden müssen[12].

Da das Alte und das Neue Testament eine Einheit bilden, und Israel (A.T.) wie auch die Ekklesia (N.T.) im göttlichen Heilsplan jeweils eine zeitlich bestimmte Aufgabe haben, gipfelt der Antisemitismus notgedrungen in einem antichristlichen System, das vom Gott dieser Welt (Diabolos) dazu betrieben wird, Jahwehs Heilsplan zu neutralisieren und aufzulösen.

Es ist auffallend, daß die Kirchenfürsten beider Konfessionen, wenn sie nicht den Islam als »Weg zum Heil«, den »Koran als

---

[11] Gerhard Czermak, »Christen gegen Juden«. Greno-Verlag, S. 162.
[12] Siehe »Dernières Nouvelles d'Alsace« vom 17. Sept. 1989, »DNA-Interview«.

Offenbarung des einen Gottes« und »Mohammed auch als Propheten Gottes« bezeichnen, eher feige schweigen und durch ihre Sympathie zum Islam ihre Antipathie gegenüber Israel bekunden. Sie machen sich, wie es der Apostel Johannes sagt »teilhaftig ihrer bösen Werke« (2. Joh 9-11).

Jean François Revel schreibt:

»Die Angst zu wissen führt zum Verlangen, verführt zu werden.«

Während sich Libyen auf den chemischen Angriff gegen Israel vorbereitete, besuchte der zweite Mann Libyens, Oberst Jallud, Papst Johannes Paul II. in Rom, der ihm erklärte, daß er »jeden Tag für das libysche Volk und insbesondere für Präsident Muammar Gaddafi bete«[13]. Gaddafi war über die Worte des Papstes sehr gerührt.

Wenn wir zurückblenden, finden wir auch hier eine Parallele zum Vatikan und Hitler. Papst Pius XII. schrieb protokollwidrig in deutscher Sprache an Hitler:

»... inzwischen erflehen wir für Sie, hochzuehrender Herr, und für alle Mitglieder Ihres Volkes, mit den besten Wünschen den Schutz des Himmels und den Segen des allmächtigen Gottes.«[14]

Obwohl Hitler den Krieg wollte und sich darauf vorbereitete und aufrüstete, war es ihm gelungen, seine politischen und religiösen Zeitgenossen in Europa hinters Licht zu führen. Desgleichen geschieht auch heute. Zwar behaupten die islamischen Länder, Frieden zu wollen, und es wird bald zu einer Friedenseuphorie kommen; dennoch rüsten die islamischen Staaten um und um Israel mit dem teuersten und modernsten Kriegsmaterial aus den christlichen Ländern auf, mit dem einen Ziel: »Die Zerstörung Israels«[15] und der Christen, siehe Libanon. Die Christen verkaufen

---

[13] In: »Echos Unir«, Journal des communautés israélites du Bas Rhin, Jan./Fev. 89.
[14] Siehe Gerhard Czermak, »Christen und Juden«. Geschichte einer Verfolgung, Greno-Verlag, S. 196.
[15] Siehe »Nahost«, 3. Aufl., S. 127-140, Kap. V, Abschnitt 3 bis 7.

den islamischen Staaten den Strang, mit dem diese die Juden und Christen erhängen.

Um in den arabo-islamischen Ländern im Geschäft zu bleiben, gaben die EG-Staaten dem Druck dieser Nationen nach und anerkannten in Venedig im Juni 1980 das Selbstbestimmungsrecht der Palästinenser. Wie damals die Kirchen den Nationalsozialismus bejahten und in Gebet und Predigt diese Gedanken wiederholten, so geschieht es auch heute. 1989 rief in San Antonio die »Weltmissionskonferenz« alle Kirchen auf, »den bewaffneten Kampf des palästinensischen Volkes, die Intifada, in vollem Umfang zu unterstützen«.

Erst bei der zukünftigen »Reichskristallnacht« und dem Jerusalempogrom werden die Nationen – zu spät – erkennen, wohin die islamische Welt steuert; der Dritte Weltkrieg ist von da an unvermeidlich. Da wie bei den vorhergegangenen Verheißungen die Prophetie in Erfüllung ging, wird es auch so sein, daß das Tier die »Könige« der Welt mit seinen verführerischen Reden verblendet. Die Nationen weichen von Kompromiß zu Kompromiß immer mehr zurück und verlieren Schritt für Schritt an Macht und Raum, die sich das Tier aneignet (siehe Offb 16,13.14). Die prophetieunkundigen Führer der Nationen, die sich durch die religiöse Sprache des Tieres blenden lassen, merken nicht, daß das Tier Gott lästert und die Zerstörung Israels und der Gemeinde Jesu Christi inszeniert (Offb 13,3-9).

Hätte die Christenheit im Deutschland der 30er Jahre, als die antisemitische Kampagne mit Propaganda, Plakaten und Publikationen anfing, die deutsche Gesellschaft zu manipulieren, nicht die substitutionstheologische Decke vor den Augen gehabt, hätte sie den Antigeist entlarven müssen.

Jacques Maritin sagte:

> »Der Antisemitismus entchristlicht die Christen und treibt sie dem Heidentum in die Arme.«[16]

Da das Heil aus den Juden kommt (siehe Joh 4,22), sind Judentum und Ekklesia beide die Feinde des Gegenspielers Jahwehs.

---

[16] Rudolf Pfister, »Von A bis Z«. Quellen zu Fragen um Juden und Christen. Schriftenmissionsverlag Neukirchen-Vluyn, S. 30.

Würde eines der beiden ausgerottet, wäre das andere der Vernichtung preisgegeben. Der Feind des einen ist notgedrungen auch der Feind des anderen. Dies gilt heute gleichermaßen für den zionistischen Staat Israel und den gläubigen Christen in islamischen Ländern. Saudi-Arabien ist das Modell des islamischen Staates, in dem es keine christliche Kirche und noch weniger eine Synagoge geben kann. Dieses Modell gilt für jeden islamischen Staat, es gilt als Modell für eine islamische Welt.

Wenn wir die Geschichte der islamischen Revolution verfolgen, können wir beobachten, daß sie von Minderheiten ausgelöst wurde, denen es durch Terrorismus und Gewalt gelang, die Macht an sich zu reißen. Während der Kämpfe gegen die armenischen Christen in Aserbaidschan im November 1988 im atheistischen Rußland wehte »überall die grüne Fahne des Islam«[17]. Unter dieser Fahne und im Namen Allahs wurden nach Zeugenaussagen »die Armenier in Stücke zerlegt«[18].

Moslemische Jugendliche hätten – nach Augenzeugenberichten – systematisch Frauen, Kinder und Babys auf grausame Art und Weise umgebracht.[19] Die Feinde Israels und der Gemeinde Jesu Christi, die mit allen Mitteln versuchen werden, den sichtbaren Gottesbeweis auszurotten, müssen demnach mit barbarischen Methoden vorgehen; ihr Haß und ihr Zorn müssen so gewaltig sein, daß sie sich sogar noch gegen das Kind im Mutterleib richten. Dabei werden diese gottgläubigen Fanatiker davon überzeugt sein, ihrem Elohim einen Dienst zu tun (siehe Joh 16,2).

Gipfelte nicht die antisemitische Hybris Hitlers in einem 50-Millionen-Opfer? Seit der Entkolonisation gehen die Massaker in den früheren Kolonien weiter. Im Augenblick wird im Süd-Sudan das Volk der Dinkas ausgerottet, einzig und allein, weil sie Christen sind.

Verschiedene Medien meldeten im Februar 1992, daß der Sudan dabei sei, etwa 400 000 Menschen, darunter viele Christen, die aus dem vom Bürgerkrieg erschütterten Süden des Landes in die Hauptstadt Khartum flüchteten, in die Nubische Wüste zu de-

---

[17] Siehe »Le Figaro« vom 25.11.1988.
[18] Ebd.
[19] Siehe »Dernières Nouvelles d'Alsace« 10.3.1988

portieren, insofern sie sich nicht zum Islam bekehren. Diese Menschen werden mit Sicherheit in dieser Wüste vor Hunger und Durst umkommen.

Das ist die sichtbare Spitze des Eisberges von einem Programm, dem 24 afrikanische Staaten zugestimmt haben. In diesen 24 Staaten sollen alle Christen und Animisten zu Bürgern zweiter Klasse abgestuft werden. Sie sollen auch keine verantwortungsvollen Posten im Staats- und Regierungsapparat mehr innehaben, bis sie, früher oder später, wohl vor die Alternative gestellt werden: Bekehrung zum Islam oder Tod.

Nachdem sich Idi Amin zum Islam bekehrte, wurden in Uganda (nach Aussagen von Amnesty International) 300 000 Christen ermordet[20].

Ein laues Christentum gibt sich selbst auf

Durch die feige Einstellung des christlichen Abendlandes werden die Feinde der Juden und Christen nur in ihrem Fanatismus ermutigt. Juden- und Christentum waren und sind für viele ein Störfaktor, den es aus der Welt zu schaffen gilt, weil sie an den Gott erinnern, der die zehn Gebote gab, durch welche dem Menschen Grenzen gesetzt sind. Der Kampf der Weltdespoten gilt darum diesem Gewissen der Menschheit. Durch die Zerstörung der göttlichen Substanz glauben die Despoten, freie Hand zu haben, um ihr satanisches Vorhaben ausführen zu können.

Würde ihnen dieses Unternehmen gelingen, hätten sie – nach ihrer Vorstellung – den Beweis erbracht, daß es den Gott der Bibel nicht gibt und daß sie ihm auch keine Rechenschaft für ihre Greueltaten schuldig sind.

Konnte der Islam 1895 bzw. 1915 Tausende und Abertausende von Christen in der Türkei ungestraft abschlachten, so gibt es doch keinen Grund dafür, diese Massaker unter den gleichen Bedingungen nicht zu wiederholen.

Seit gut vierzig Jahren leuchten wieder sporadisch, vom Nahen

---

[20] The Amercian Coptic Association Christians of Egypt.

Osten ausgehend, Warnsignale auf, die uns das Aufwachen und die Grausamkeit des Tieres erkennen lassen.

Die Demonstrationen Anfang 1989 gegen den Autor der »Satanischen Verse« in aller Welt lassen uns erkennen, daß auch im christlichen Abendland eine Zeitbombe tickt.

Der Islam fordert die freie Welt auf, sich einer »freiwilligen Selbstkontrolle« der Künstler, Autoren, Verleger, Buchhändler sowie der Film-, Funk- und Fernsehproduzenten zu unterwerfen, um »friedensgefährdende Angriffe auf Religionen« zu vermeiden. Es scheint, daß bald der Islam dem christlichen Abendland vorschreibt, was es noch herausgeben darf, während sich kein christlicher Theologe oder Politiker den Kopf darüber zerbricht, was in der islamischen Welt über die Bibel, Christus und die Christen publiziert wird.

Lange Jahre mußte Hitler mühsam die nationalsozialistische Ideologie verbreiten, um den Boden für seine Machtübernahme vorzubereiten. Schon seit 1369 Jahren bereitet der Islam den Boden für die Machtübernahme des starken Mannes der Endzeit vor. In der Geschichte der Menschheit ein einmaliges Phänomen!

Schon bevor der starke Mann im Nahen Osten die Weltbühne betritt, hat er eine Milliarde Anhänger, die vom Nahen Osten bis nach Europa, Amerika, Afrika und Fernost verstreut sind.

Was wir heute im Iran sehen, ist nur die Generalprobe dessen, was kommen wird. Ein Warnlicht, das wie viele vorausgegangene übersehen und vergessen wird, bis es kein Zurück mehr gibt.

Kaum 24 Stunden nach der Unabhängigkeitserklärung des Staates Israel am 14. Mai 1948 übernahmen die Araber mit ihrer Kriegserklärung die Ablösung und Fortsetzung der »Endlösung« Israels. Azzam Pascha, Generalsekretär der vom Großmufti gegründeten Arabischen Liga, verkündete damals:

»Dies wird ein Massaker werden, das in der Geschichte seinesgleichen vergeblich sucht.«

Dies war der Auftakt zu einem über vierzigjährigen Krieg, der seinen Höhepunkt in der großen Trübsal Jakobs haben wird.

»Die Juden sind die Feinde der Menschheit, wie ihre Heilige Schrift beweist« (Kamal Ahmad Oun).[21]

Über die Broschüre, aus der obengenannte Aussagen stammen, die die Stellungnahme der Araber den Juden und Israel gegenüber wiedergibt, schreibt die französische Zeitung »Combat«:

> »Man möchte über die Exegese dieses Buches lächeln, da sie sich oft nach Kinderei und Kauderwelsch anhört. Aber führte nicht das Kauderwelsch von ‚Mein Kampf' und der noch primitivere Jargon der Nazi-Presse zu den uns bekannten Ergebnissen?«[22]

Wie Hitler, so praktiziert der Islam – unterstützt von den christlichen Medien – heute mit dem gleichen Erfolg die Methode der Berieselung der Menschheit mit Desinformation, Halbwahrheiten und lügnerischen Behauptungen. In dem bei den Moslems beliebten »Mein Kampf« vertritt Hitler die Ansicht, daß Lügen solange wiederholt werden müssen, bis sie jeder glaubt. Hitler sagt über die Bibel:

> »Lassen Sie das Spintisieren. Ob nun Altes Testament oder Neues, ob bloß Jesu Worte, wie sie jüngstens Houston Stewart Chamberlain will: Alles das ist doch nur derselbe jüdische Schwindel. Es ist alles eins und macht uns nicht frei. Eine deutsche Kirche, ein deutsches Christentum ist Krampf. Man ist entweder Christ oder Deutscher. Beides kann man nicht sein. Sie können den Epileptiker Paulus aus dem Christentum hinauswerfen. Das haben andere vor uns getan. Sie können Jesus zu einem edlen Menschen machen und seine Göttlichkeit und Mittlerrolle leugnen. Das haben früher oder später immer wieder Leute getan. Ich denke, es gibt in Amerika und England auch heute noch solche Christen. Unitarier nennen sie sich oder so ähnlich. All das nützt nichts; sie werden den Geist nicht los, um den es uns geht. Wir wollen keine

---

[21] »Arabische Theologen über die Juden und Israel«. Edition de l'Avenir, Genf, 1976, S. 19.
[22] »Combat«, Paris vom 16. August 1972.

Menschen, die nach drüben schielen. Wir wollen freie Männer, die Gott in sich wissen und spüren.«[23]

Obwohl Hitler »Monotheist« war, verwarf er die Offenbarung Jahwehs und seinen Heilsplan. Sein Reden war ein Lästern und eine Herausforderung an Jahweh. Wie einst Hitler, fährt der auf den Koran gestützte Islam heute fort, bei jeder Gelegenheit die Schriften der Juden und Christen als »Bluff« zu bezeichnen. So konnte man in den »Dernières Nouvelles d'Alsace« vom 10.1.1984 unter anderem lesen:

> »Das Alte und Neue Testament sind Fälschungen, verdreht und aus denen wissentlich der Name Mohammeds und einige andere Dinge gestrichen wurden! Dies ist die letzte Entdekkung von Oberst Muammar Gaddafi, „Führer der libyschen Revolution". Der libysche Regierungschef ist der Auffassung, daß nur über das Lesen des Korans, der wahrhaftig das Leben Jesu Christi schildert, eine gute Kenntnis der christlichen Religion erlangt werden kann. „Das Christentum", so behauptet er, „braucht eine Kulturrevolution. Die christliche Welt erleidet einen Rückgang und zerfällt. Sie braucht nun einen neuen Luther oder einen neuen Calvin" …«

Diese Ansicht ist keine »letzte Entdeckung« Gaddafis, sondern eine Neuauflage der im Koran seit bald 1300 Jahren enthaltenen Überzeugung des Islam (siehe Koran 5,17-19,45; 2,39,70 u.a.).

Bei jeder Gelegenheit wird in unseren christlichen Ländern diese koranische »Wahrheit« verbreitet, bis sie auch die Christen glauben. So konnte man über den umstrittenen, in Marokko gedrehten Film »Die letzte Versuchung Christi« in einer französischen Zeitung folgenden Leserbrief mit dem Rat finden:

> »Warum beruft man sich nicht, was den Tod Christi betrifft, auf das Fünfte Evangelium, den Koran, der mehr als sechshundert Jahre nach den anderen Evangelien und, *wie jeder weiß,* vom Erzengel Gabriel Mohammed diktiert wurde …?«[24]

---

[23] Hermann Rauschning, »Gespräche mit Hitler«, S. 50.
[24] »Figaro-Magazine« vom 15. Okt. 1988.

Jeder Moslem ist davon überzeugt, daß die Schriften der Juden und Christen – Altes und Neues Testament – »absichtlich« gefälscht wurden. Diese Aussage ist so alt wie der Islam und der Koran und erlebt heute, durch das Wiedererwachen des Islam eine Aktualisierung; diese Überzeugung wird in allen Moscheen, Koranschulen und islamischen Universitäten in Europa, Amerika und im Nahen Osten gelehrt.

Hätte man Hitler und sein Buch »Mein Kampf« in den 30er Jahren ernstgenommen, so hätte man das Programm kennen können. Das Gleiche gilt heute für die Vertreter des Islam und den Koran. Über die Endzeit schreibt Paulus:

> » … weil sie die Liebe zur Wahrheit nicht angenommen haben, daß sie gerettet würden. Darum sendet ihnen Gott die Macht der Verführung, so daß sie der Lüge glauben …« (2. Thess 2,10.11).

Von dieser leisen, unmerklichen »religiösen« Verführung sagt auch Christus in seiner Endzeitrede:

> »Denn es werden falsche Christusse und falsche Propheten aufstehen und große Zeichen und Wunder tun, so daß sie, wenn es möglich wäre, auch die Auserwählten verführten« (Mt 24,24).

Ist uns bewußt, daß für eine Milliarde Moslems die Offenbarung des Propheten Mohammed die alleinige Wahrheit ist, der sich einmal die ganze Welt zu unterwerfen hat?

Wenn die islamische Welt nach dem bevorstehenden Scheinfrieden zum Endkampf gegen Israel ausholen wird, werden das Land Israel und Ost-Jerusalem zu einem Konzentrationslager. Dies geht aus den Aussagen verschiedener Anführer des Islam hervor:

> »Wir warten nur auf den Moment, an dem alle Juden in Palästina versammelt sein werden, um sie dann durch das größte Massaker endgültig zu vernichten.«[25]

Oder wie es die »Islamische Djihad« bekundet:

---

[25] Ägyptische Zeitung »El-Nur« am 22.10.1986.

»Wir wollen *das Land* mit Gewalt befreien. Wir streben die Änderung der ganzen Welt und wollen sie mit Waffengewalt zum Islam bekehren. Wir wollen alle Ketzer töten, auch die zionistischen Juden.«[26]

Hieraus geht hervor, daß der Haß und der Zorn gegen die Juden nicht nur, wie es immer behauptet wird, gegen den Zionismus gerichtet sind, sondern letztlich gegen alle, die sich diesem neuen System nicht unterordnen, Juden und Christen. Die Welt steht vor einer neuen Inquisition.

Der Prophet Jesaja schrieb vor etwa 2680 Jahren, daß Jahweh »noch einmal den Rest der Juden« aus den Nationen »befreien« wird, um sie in ihr Land zu bringen, und daß dieser einmalige Akt in der Geschichte dieser Nation ein Signal (= Feldzeichen) sein wird, *»um den Nationen anzuzeigen, was er tun will«* (siehe Jes 11,11.12).

Ist es nun nicht sonderbar, daß dieser von den Propheten vor langer Zeit vorausgesagte Akt die Völker rund um Israel erschüttert und sie, die sonst unter sich zerstritten sind, eint im Haß gegen den 1948 wieder entstandenen Staat Israel?

Sonderbarerweise hat sich der Islam vor etwa 1370 Jahren in einem Nachbarland Israels auf die Söhne Ismaels gepfropft, sehr schnell über den Nahen Osten verbreitet und nach Rom[27] bis zur Wiederherstellung Israels die Macht im Nahen Osten übernommen.

Im Koran wird der Islam – die Umma – als das beste aller Völker bezeichnet und deswegen gehört diesem Volk das Land, nicht irgend ein Land, sondern *das Land,* das Jahweh dem Volk Israel verheißen hat. Im Koran finden wir sonderbarerweise nur einen einzigen Bibelvers, der ungefälscht übernommen wurde:

Bibel: »Die Gerechten werden das Land ererben und darin wohnen bleiben« (Ps 37,29).

Koran: »Und wahrlich, wir schrieben in den Psalmen nach (der

---

[26] Israelitisches Wochenblatt Nr. 4 vom 29.01.1988.
[27] Siehe »Nahost, Auftakt zum Weltbrand oder Weltfrieden?« 3. Aufl., S. 52-66.

Offenbarung) der Ermahnung: ›Erben sollen die Erde meine gerechten Diener‹« (Koran, Sure 21.105).

Da sich der Islam an die Stelle der Juden setzte, ist es auch selbstverständlich, daß er sie enterbte. Seit eh und je glaubten die christlichen und islamischen Nationen, durch Eliminierung des Erben die Erbschaft zu erlangen. Dies hätte ihnen gelingen können, wenn nicht der Testamentsgeber selbst der Garant für seine Verheißungen wäre, der über die Vollstreckung seines Testamentes wacht!

Der islamische Integrismus auf dem Vormarsch

Seit der Wiederherstellung Israels wird der Staat als ein Fremdkörper und satanisches Gebilde im Dar al-Islam betrachtet. Wie der Vatikan hat kein arabischer Staat (außer Ägypten) den Staat Israel anerkannt. In der Charta der PLO ist seine Zerstörung festgelegt. Daran hat auch die Anerkennung Israels, die Arafat von den Nationen aufgezwungen wurde, nichts geändert. Wenn der Koran, wie es die Moslems glauben, die Offenbarung Gottes ist, so ist es aus ihrer Sicht logisch, daß Israel vom Satan ist und mit ihm alle, die den Koran nicht als letzte Offenbarung anerkennen und die Israel unterstützen.

Im 3. Reich sagten die Nationalsozialisten: »Da, wo Deutsche sind, ist deutscher Boden.« Heute sagt der neu aufwachende Islam: »Da wo Moslems leben, ist ›Dar al-Islam‹ (islamisches Gebiet).« Die Gebiete, die noch nicht dem Islam unterliegen, aber noch erobert werden müssen, werden als »Dar al-Harb« (Kriegsgebiet) bezeichnet.

Hieß es damals: »Heute gehört uns Deutschland und morgen die ganze Welt«, so heißt es heute: »Heute gehört uns der Dar al-Islam und morgen die ganze Welt.«

Der ägyptische Wissenschaftler Dr. Issam Al-Irion behauptet, daß

»in 20 Jahren alle Welt Allah anerkennen wird, denn die derzeitigen Systeme von Demokratie und Kommunismus haben ihre Zugkraft verloren, die Menschen suchen eine kraftvolle

Alternative. Der Islam sei diese Alternative«[28]. Und Hussein Mussawi, Hezbollah-Chef der islamischen Amal beteuerte: »In 20 Jahren, dies ist sicher, wird Frankreich eine islamische Republik sein.«[29]

Nicht ohne Grund zählen die islamischen Länder zu den größten Waffenkäufern der Welt, haben sie doch ein gewaltiges Programm!

Obwohl der Nahe Osten schon überbewaffnet war, wurde diese Gegend, nach der Golfkrise und »Wüstensturm« 1990/91, von einer Aufrüstungsepidemie erfaßt. So meldete die »Welt am Sonntag« am 16.2.1992, daß die USA im Mai 1991 für 6 Milliarden US-Dollar Waffen in den Nahen Osten liefern. Nach einem Untersuchungsbericht (Arms Control Association) wurden sogar zwischen August 1990 und Dezember 1991 Waffen im Wert von 19 Millliarden US-Dollar an arabische Staaten und Israel geliefert. Der größte Teil der Waffen ging an Saudi Arabien.

Auch Frankreich, Deutschland, Rußland u.a. schleusen weiter Waffen in die Länder des Nahen Ostens. Noch werden für den heiligen Krieg Pflugscharen zu Schwertern und Sicheln zu Spießen geschmiedet (siehe Joel 4,1-17).

Die von Christus für die Endzeit vorausgesagte Belagerung Jerusalems, die im Brand Babylons ihren Höhepunkt erreichen wird, nimmt von Tag zu Tag konkretere Formen an. Ohne zu übertreiben kann man heute sogar sagen, daß im Nahen Osten die gewaltigste Schlacht aller Zeiten vorbereitet wird, in die alle Nationen verwickelt werden. Weil die Nationen die von Jahweh festgelegte Ordnung in Bezug auf Volk, Land und Segen für Israel mißachten und ablehnen, sind sie mit Blindheit geschlagen.

Damals stand im »Völkischen Beobachter« (Blatt der NSDAP), daß

»die Galiläer ein rein germanischer Stamm sind, ebenso wie die ursprünglichen Gallier«, und daß »Jesus in Wahrheit gar kein Jude war, sondern ein Arier aus einer galiläisch-urgallischen Verbindung«[30].

---

[28] Ludwig Schneider, »Nachrichten aus Israel« vom 15.5.1988.
[29] »Le Matin de Paris« vom 11.9.1986.
[30] Ludwig Schneider, »Nachrichten aus Israel« vom 18. Mai 1989.

Wurde damals ein arisches Evangelium verkündigt, ist es heute ein palästinensisches:

>Solange die Christen glauben, daß Jesus ein Jude war, wird kein Friede sein, nicht hier und nicht in der ganzen Welt, Jesus war Palästinenser.«[31]

Aus all dem, was sich im Nahen Osten und in den Ländern des aufwachenden Islam abspielt, können wir erkennen, daß aus islamischer Sicht der Weltfriede nur ein islamischer sein kann. Wo sich der Islam in der Mehrheit weiß und sich stark genug fühlt, zwingt er seine Gesetze – Scharia – auf.

Überall, wo der Islam die Mehrheit und die Kraft zur Revolution noch nicht inne hat, verhält er sich passiv und verblendet die ziellosen, dem Materialismus verfallenen Nationen; so verlas der geistliche Moslemführer Frankreichs während des achtzehnten islamischen Moslemtreffens am 23. Mai 1988 in Marseille vor etwa 5 000 Moslems eine Botschaft »des Friedens und der Brüderlichkeit«. Jetzt gelte es, sich auf ein »besseres« Zusammenleben mit den Franzosen in Achtung der Gesetze und Volkszugehörigkeiten vorzubereiten[32].

1990 haben sich in Afrika 24 Staaten zusammengeschlossen, um sowohl Christen als auch Heiden (Animisten) zu vernichten[33] Nach der »Islam-in-Afrika-Organisation« (IAO) sollen in diesen Ländern Nicht-Moslems keine Spitzenposition mehr innehaben und das islamische Recht (Scharia) soll eingeführt werden.

Wie es scheint, ist der Sudan auf dem Weg, das Programm durchzuführen. Im Februar 1992 wurde von verschiedenen Medien die Nachricht verbreitet, daß die Regierung des Sudans 400 000 Menschen, darunter viele Christen – die aus dem vom Bürgerkrieg heimgesuchten Süden in die Gegend der Hauptstadt geflüchtet sind –, mit Waffengewalt in die Wüste vertrieben hat. Nur wer sich zum Islam bekehrte, hatte eine Chance, dem Tod durch Hunger und Durst zu entkommen.

---

[31] Abdul Karim, Moslem aus Bethlehem, ebd.
[32] »Dernières Nouvelles d'Alsace« vom 24. Mai 1988.
[33] Siehe u.a. »Le christianisme au XXème siècle« 15.12.1990; »Présent« 20.7.1990; »Idea Spektrum« 12.9.1990; Mitteilungen an Freunde und Förderer Für Die Menschenrechte. No 6 NOv./Dez. N° 6 Nov./Dez. 1990.

Auch in Nigeria werden die Christen sehr stark diskriminiert, verfolgt und ermordet. Die islamischen Staaten investieren Millionen und Abermillionen US-Dollar für religiöse Propaganda und zur Islamisierung Afrikas. Während im christlichen Abendland kein Politiker den Mut hat, sich auf die Bibel und die biblischen Wahrheiten zu berufen, berufen sich inzwischen 45 islamische Länder auf den Koran, und die Scharia wird in immer mehr Ländern eingeführt. Das Christentum hat nur noch den Schein eines gottseligen Lebens, doch die Kraft verleugnet es[34]; es scheint, als hätte Gott dem Christentum den Leuchter weggestoßen[35].

Der ganze Nahe Osten ist inzwischen ein Hexenkessel, den schon niemand mehr vom Feuerherd herunterholen kann. Es ist nur noch eine Frage der Zeit, wann er überlaufen und die Welt in Brand stecken wird.

Am 12. Juni 1990 fiel Algerien in das Lager der Integristen. Die Folgen dieses Umkippens sind noch nicht voraussehbar. Algerien ist nur eine Flugstunde von Frankreich entfernt. In Frankreich selbst leben neben einigen Millionen Moslems auch einige tausend Algerier. In jedem Land, in dem Moslems leben, befindet sich ein trojanisches Pferd.

Alle islamischen Länder laufen Gefahr, früher oder später in das Lager der Integristen zu fallen. Die Re-Islamisierung ist in den Augen der Moslems eine Vorbedingung zur Weltherrschaft. Je reiner der »Dar al-Islam« oder je religiöser und kompromißloser jeder Moslem ist, um so größer ist die Chance für die Weltherrschaft.

Der Fanatismus, der heute im Nahen Osten offenkundig ist, kann morgen irgendwo im Abendland oder in der UdSSR mit seinen 60 Millionen Moslems angefacht werden.

Die Islamisten beteuern, daß sie das Übel an der Wurzel anpakken wollen. Sie erwarten das Jüngste Gericht: Die Welt muß zerstört werden, damit das islamische Reich kommen kann. In diesem islamischen Reich wird es keine Juden und keine Christen mehr geben; der Islam ist die Krönung dieser Religionen.

---

[34] 2. Tim 3,5.
[35] Siehe Offb 2,1-7.

Auf Spruchbändern im Libanon kann man lesen:

»Amerika ist der große Satan und Israel der kleine Satan.«
»Tod den Christen.«[36]

Hinter der systematischen Einwanderung der Moslems nach Europa und Amerika steht die Strategie der Islamisierung des »Dar al-Harb«. Um diese Islamisierung in Europa und Amerika sichtbar zu machen, schießen Moscheen und islamische Missionsgesellschaften, Koranschulen und islamische Universitäten wie Pilze aus dem Boden.

Aus der Sicht der Moslems wird dann die ganze Welt – wie Saudi-Arabien – zu einer Moschee, in welcher keine andere Religion zelebriert werden kann als der Islam.

Frieden auf Kosten der Wahrheit!

Der weltbekannte Prof. Hans Küng predigt den Dialog mit dem Islam, »um Frieden zu bewahren«[37], und auch Papst Johannes Paul II. rief im Oktober 1986 zum Tag des Friedens alle Religionen zum Friedensgebet in Assisi zusammen. Eine französische Tageszeitung veröffentlichte mit der Überschrift »Assisi, der Friede ist erklärt«, am 28. Oktober 1986 einen Artikel über dieses Treffen, an dem auch Moslems beteiligt waren.

Wenn das Christentum heute glaubt, seine Kultur damit retten zu können, indem es mit dem Islam paktiert, wird die Wirklichkeit es bald eines andern belehren.

An jenem Tag, wenn eine verstockte und fanatische Menschheit die Gerichtsreife erreicht haben wird und sich die Nahost-Lage für Israel und alle anderen Nationen zu einer ausweg- und hoffnungslosen Situation zugespitzt hat, werden die Nationen im Nahen Osten aufmarschieren zum Endkampf gegen Jahweh.

Nach der biblischen Prophetie ist es leider eine Tatsache, daß Israel, wie auch die Nationen, nicht bereit sein werden, die von

---

[36] Französische Wochenzeitschrift »Vendredi Samedi Dimanche« vom 14.-20.3.1985.
[37] Siehe »Nahost, Auftakt zum Weltbrand oder Weltfrieden?«.

Jahweh festgelegte Ordnung und seinen Heilsplan zur Kenntnis zu nehmen, bevor sie völlig am Boden liegen. Es wird weder für die Nationen, noch für Israel prophetische Abkürzungen oder Abstriche geben. Wenn Juden und Christen glauben, durch Beschwichtigungs-Politik mit dem Islam einen monotheistischen euro-mittelmeerischen Frieden zu erzielen, haben sie den Tod im Topf.

Die Beschwichtigungs-Politiker, die 1938 in München glaubten, den Frieden gerettet zu haben, mußten genau ein Jahr später erkennen, daß sie vom Verfasser des »Mein Kampf« genarrt worden waren.

Seit dem Irak-Kuwait-Krieg, bei dem sich Amerika von seinem Vietnamsyndrom befreien konnte, haben die USA [38] durch ihre militärische Schlagkraft die arabischen Nationen fasziniert. Es entwickelte sich eine Haßliebe, der Nahe Osten ist für die Amerikaner zum Boulevard geworden. Diese Situation will nun Präsident Bush ausnutzen um den Frieden zwischen Israel und den Arabern durchzudrücken.

Dieser Frieden kommt der arabo-islamischen Welt wie gerufen, da er ihnen erlaubt, Zeit zu gewinnen, um noch mehr aufzurüsten und die Atombombe herzustellen. Der frühere CIA-Chef und heutige Präsident George Bush, der bestens über die Machenschaften der arabo-islamischen Welt informiert sein sollte, müßte doch wissen, daß er Amerika und seine Verbündeten in ein Abenteuer mit ungewissem Ausgang hineinzieht, wenn er vom Frieden zwischen Israel und den arabischen Nachbarn redet.

Von den 1938 durch Dialog und Verhandlungen Irregeführten sagte Winston Churchill:

>Sie hatten die Wahl zwischen Unehre und Krieg. Sie haben sich für die Unehre entschieden und werden Krieg erleben.«

Die von Juden und Christen angestrebte Friedensutopie mit der islamischen Welt wird sich gewiß für eine kurze Zeit realisieren.

---

[38] Wenn in der Bibel betont wird, daß »alle« Nationen im Nahen Osten aufmarschieren, so können wir davon ausgehen, daß allein schon in der amerikanischen Nation durch Einwanderer alle Nationen der Welt vertreten sind, was aber nicht bedeuten soll, daß die anderen Nationen nicht ebenfalls direkt einbezogen sein werden.

Der Höhepunkt dieses euro-mittelmeerischen Scheinfriedens wird jedoch die Zerstörung der Nationen durch den vom Himmel herabfallenden Stein sein (siehe Dan 2,44.45).

Bei dem letzten Versuch, die Endlösung zu erzwingen, wird Assyrien die Nationen in den letzten Weltkonflikt hineinziehen, bei dem sie in einer lodernden Feuerglut zerstört werden, aus der das durch die göttliche Schmiede der großen Trübsal hervorgehende Israel als erneuertes Volk hervorkommt. Den Zeitpunkt dieses gewaltigen Geschichtsschocks offenbart uns der Prophet Sacharia:

>Er wird kommen, wenn der Geist der Gnade und des Gebetes über den Überrest der Nachkommenschaft Abrahams und über das Haus Davids und die nach der Teilung übriggebliebenen Bewohner Jerusalems ausgegossen wird, wenn sie den, den sie durchbohrt haben, als den einzigen und wahren, von den Propheten angekündigten Messias anerkennen, wenn sie über ihn weinen, wie man über einen einzigen Sohn weint, dann, ja dann werden sie aus dieser bevorstehenden Feuerglut als geläutert hervorgehen.«[39]

Sacharia sagt:

>Zu jener Zeit wird große Klage sein in Jerusalem!«

Dieser Tag wird für das zur Erkenntnis Jahwehs gelangte Volk der große nationale Versöhnungstag sein, die Erfüllung des jüdischen Festes, des Jom Kippur (Sach 12,10-14). Dann wird der durch die Parusie in die Weltgeschichte eingreifende Herr der Heerscharen seine Verheißung erfüllen:

>*Und ich will die Sünde des Landes wegnehmen an einem einzigen Tag*« (Sach 3,9).

Zu dieser Zeit wird den Nationen wie auch Israel die Decke weggenommen, durch welche sie bis dahin die Herrlichkeit Jahwehs im inspirierten und fleischgewordenen Logos nicht erkennen konnten (siehe Joh 1,14). Erst dann wird das gereinigte Volk und Land in den neuen künftigen Äon eingehen und den Auftrag über-

---

[39] Siehe Sach 12 und 13.

nehmen, den Jahweh ihm zugesprochen hat. Jerusalem wird an der Spitze aller Nationen der Erde stehen (Joel 2,18) und wird die Aufgabe erfüllen, die ihr zufällt. Erst dann wird das Land Israel (Erez Israel) in Wahrheit das heilige Land des Immanuel sein (Jes 8,8). Wie Paulus schreibt, wird Israel dann eine Auferstehung als ein Leben aus dem Tode erleben (Röm 11,15). Angefangen bei Christus, gehen in diesem Äon die Wege durch Leiden zur Herrlichkeit.

Jerusalem, die Zeitbombe

Jerusalem – Agonie und Hoffnung unserer Welt

»… der Herr wird Zion wieder trösten und wird Jerusalem wieder erwählen« (Sach 1,17).

»Zu der Zeit will ich die Fürsten Judas machen zum Feuerbecken mitten im Holz und zur Fackel im Stroh, daß sie verzehren zur Rechten und zur Linken alle Völker ringsumher. Aber Jerusalem soll auch fernerhin bleiben an seinem Ort« (Sach 12,6).

»So spricht der Herr: Und zu der Zeit werde ich darauf bedacht sein, alle Heiden zu vertilgen, die gegen Jerusalem gezogen sind. Aber über das Haus David und über die Bürger Jerusalems will ich ausgießen den Geist der Gnade und des Gebets. Und sie werden mich ansehen, den sie durchbohrt haben …« (Sach 12,9.10).

»Und welche Antwort wird man den Gesandten der Heidenvölker geben? ›Daß der Herr Zion fest gegründet hat und daß die Elenden seines Volkes dort wohlgeborgen sein werden‹« (Jes 14,32 Übersetzung nach Menge).

Nach den biblischen Prophezeiungen wird Jerusalem zum sichtbaren und letzten Einsatz der Nationen gegen den Gott der Bibel.

Über den Ablauf der Geschichte der Nationen gibt die Bibel in bezug auf Jerusalem eine genaue Beschreibung, und dies sogar mit Zeitangabe. Je näher wir der Endphase kommen, desto klarer und heller wird uns das prophetische Wort über die bevorstehenden Ereignisse erleuchten und umso überzeugender wird auch das Zeugnis derer, die an die Parusie und an deren Begleiterscheinungen glauben.

Gemäß den biblischen Propheten wird Jerusalem nach der Wiederherstellung Israels eines der bedeutendsten Zeichen, wenn nicht gar das Zeichen. Der letzte Kampf um Jerusalem wird somit zu einem Kampf einer geistlichen Macht gegen den, der Jerusalem zur Hauptstadt seines Volkes erwählt hat; im Endeffekt gegen den großen König, der von dort aus über die Nationen herrschen wird.

Wie Herodes glaubte, durch den Kindermord den verheißenen König eliminiert zu haben, so wird die Welt um Israel herum glauben, durch einen Völkermord das Volk zu eliminieren, durch welches das verheißene Reich kommen wird.

Nach der Prophetie können wir das Jerusalemproblem in fünf Teile zerlegen:

1. Die Wiederherstellung Israels 1948 mit der Einnahme der halben Stadt Jerusalem.
2. Das 1967 über die Weltbühne gegangene Jerusalemsyndrom, das das Ende der Zeit der Nationen einleitet und die Voraussetzung für die Endphase ist (Lk 21,24).
3. Das gegenwärtige Jerusalemproblem, an dem die Nationen um Israel herum toll werden und an dem sich alle Nationen, die versuchen, dieses Problem zu lösen, zerschneiden (Sach 12,2.3).
4. Die bevorstehende Eroberung Jerusalems nach dem Scheinfriedensbruch mit den in Sacharia 14,2 angegebenen Massakern der halben Stadt, die, nach Offb 11,2, zweiundvierzig Monate – demnach die Dauer der großen Trübsal über Israel – andauern soll.
5. Die von den Propheten angekündigte Wiederherstellung Jerusalems in ihrer einmaligen Herrlichkeit unter der Herrschaft des Messias im Tausendjährigen Reich.

Jerusalem ist der Lebensnerv, an dem die Zeit der Nationen gemessen wird. Mit der Wiedereroberung Jerusalems durch Israel hat der Countdown der Nationen seine Endphase erreicht.

Die Wiedereroberung Jerusalems wird, neben der Wiederherstellung Israels, für die Nationen unerträglich. In ihrer Agonie revoltieren sie gegen ihr nahes Ende, sie können sich mit der Wende der Geschichte nicht abfinden.

Auf dem Sondergipfel der »Arabischen Liga« in Algier vom 7.

bis 10. Juni 1988, bei dem das Palästinenserproblem Hauptthema war, wurde einmal mehr die Forderung nach einem Palästinenserstaat mit Hauptstadt Ost-Jerusalem laut. Dies wiederholte sich bei jedem Gipfeltreffen der »Arabischen Liga«.

Nach der Ausrufung des Palästinserstaates mit Hauptstadt Jerusalem im November 1988 in Algier – vierzig Jahre nach der Gründung Israels – scheint der letzte Kampf um Jerusalem konkrete Formen anzunehmen.

Den stolzen Nationen, die den Heilsplan Jahwehs ablehnen, fällt es schwer, sich damit abzufinden, daß sie im Ablauf der Geschichte nicht mehr geachtet werden als

> »... ein Tropfen am Eimer und wie ein Sandkorn auf der Waage. Siehe, die Inseln sind wie ein Stäublein. Der Libanon wäre zu wenig zum Feuer und seine Tiere zu wenig zum Brandopfer. Alle Völker sind vor ihm wie nichts und gelten ihm als nichtig und eitel.«[1]

Der Nahost-Konflikt ist ein »letztes« Aufbäumen Satans gegen das bevorstehende messianische Königreich. Je näher das Ende heranrückt, desto stärker wird die Verstockung und Ablehnung der Nationen gegen den von Jahweh bestimmten Jerusalemstatus; sie können und wollen sich nicht damit abfinden, daß Jerusalem die ewige Hauptstadt Israels sein soll.

Das Jerusalemproblem spaltet die Nationen und wird zu einem unlösbaren Problem. Alle Regierungsoberhäupter – das des Vatikans inbegriffen –, denen Yasir Arafat schöne Augen macht, und die sich – um des Öls und Geldes willen – verführen lassen, haben nach den Worten Churchills die Wahl zwischen Unehre und Krieg. Sie glauben, durch Prostitution mit den Ölländern den Frieden zu retten, werden aber Krieg erleben.

Der prophetische Psalm 2 projiziert den Ablehnungsprozeß der Nationen in die Endzeit, kurz vor dem Auftreten des »Königs«, den Jahweh über Jerusalem einsetzen wird:

> »Warum toben die Heiden und murren die Völker so vergeblich? Die Könige der Erde lehnen sich auf, und die Herren

---

[1] Jes 40,15-17.

halten Rat miteinander wider den Herrn und seinen Gesalbten: ›Lasset uns zerreißen ihre Bande und von uns werfen ihre Stricke! ‹« (Ps 2,1-3).

Die Nationen werden einen letzten Versuch unternehmen, das Ostjerusalem- und Westjordanproblem auf ihre Art endgültig zu lösen! Bei ihrer Suche nach einer »dauerhaften« und »gerechten« Lösung wollen die Nationen die biblische Prophetie nicht miteinbeziehen.

So, wie sich im Nahen Osten die Puzzleteile zusammenfügen, scheint dieser Abstoßungsprozeß und der daraus entstehende Kollaps unwiderruflich und nahe. Der für die Endzeit von den Propheten vorausgesagte Jerusalemkonflikt ist heute schon vorprogrammiert.

»Jerusalem, Jerusalem, die du tötest die Propheten und steinigst, die zu dir gesandt sind! Wie oft habe ich deine Kinder versammeln wollen, wie eine Henne ihre Küken versammelt unter ihre Flügel; und ihr habt nicht gewollt.«[2]

Diesen Vers könnte man als Abschiedsvers des Messias über sein Volk bezeichnen. Er bildet den Übergang zu den Folgen des Ungehorsams und der Ablehnung des Volkes gegenüber der biblischen Prophetie.

Christus erinnert seine Zeitgenossen daran, daß Jahweh durch die Propheten und jetzt durch den Sohn zu Israel geredet hat. Israel war dazu berufen, das Sprachrohr Jahwehs für die Nationen zu sein.

»Er hat seine Wege Mose wissen lassen, die Kinder Israel sein Tun.«[3]

Der Ungehorsam der Prophetie gegenüber führte Israel »lange Zeit«[4] in die Diaspora über den Holocaust im Dritten Reich bis zur bevorstehenden großen Trübsal, bis Israel rufen wird: »Gelobt sei, der da kommt im Namen des Herrn.«[5]

---

[2] Mt 23,37.
[3] Ps 103,7.
[4] Siehe Hes 38,8.
[5] Mt 23,37-39.

Bis dahin jedoch wird Jerusalem Zielscheibe und Zankapfel der Nationen sein.

Nach Josephus Flavius[6] wurden 70 n.Chr. 1 100 000 Juden ermordet und 97 000 wurden gefangen weggeführt. Hadrian (131), ein Vorbote Hitlers, Arafats und Khomeinis, wollte schon vor 1860 Jahren das Jerusalem- und Judenproblem endgültig lösen; er ließ, wie durch die Propheten verheißen[7], Jerusalem – Zion – bodeneben pflügen in der Hoffnung, die Stadt ein für allemal aus dem Gedächtnis der Geschichte auszuradieren. Auf die Trümmer der Stadt baute Hadrian die römische Kolonie Aelia Capitolina, somit sollte der Name Jerusalem für immer verschwinden und mit ihr das Gedächtnis an den Elohim, der Jerusalem auserwählt hat. Da Jahweh am Ende der Zeit Jerusalem noch einmal auserwählen mußte, konnte er den Wünschen Hadrians nicht nachgeben. Von Aelia Capitolina redet heute niemand mehr. Nur wenige wüßten etwas mit diesem Namen anzufangen. Hadrian ist unter den Trümmern der Geschichte begraben, Jerusalem hingegen ist, wie es Jahweh bestimmte, an seinem Ort geblieben. Heute vergeht fast kein Tag, ohne daß von Jerusalem in den Medien berichtet wird.

Eine prophetische Aussage des Propheten Sacharia, die er vor etwa 2500 Jahren über Israel und Jerusalem machte, wird heute hochaktuell. Die Aussage des Propheten könnte als Schlagzeile in unseren Zeitungen stehen:

»Siehe, ich will Jerusalem zum Taumelbecher (= Giftbecher) zurichten für alle Völker ringsumher …«[8]

Diese Aussage betrifft vor allem die arabischen Nationen, die seit der Wiederherstellung Israels aus einem langen Schlaf erwacht sind.

Heute befinden sich die Nationen des fünften islamischen Weltreiches in einem Zustand, vergleichbar mit dem eines Menschen, der einen Giftbecher geleert hat und der nun im Wahnsinn agonisiert (Todeskampf). Die übrigen Nationen, die sich mit dem Pro-

---

[6] Flavius, Josephus, »Der jüdische Krieg«. Wilhelm Goldmann Verlag, München, Kap. 9, S. 517.
[7] Siehe Jer 26,18; Micha 3,12.
[8] Sach 12,2.

blem des fünften Reiches befassen, versuchen, das Jerusalemproblem aus der Geschichte auszuklammern und zu neutralisieren.

»Der Herr Zebaoth hat geschworen: Was gilt's? Es soll gehen, wie ich denke, und soll zustande kommen, wie ich's im Sinn habe, daß Assur zerschlagen werde in meinem Lande und ich es zertrete auf meinen Bergen, damit sein Joch von ihnen genommen werde und seine Last von ihrem Halse komme. Das ist der Ratschluß, den er hat über alle Lande, und das ist die Hand, die ausgereckt ist über alle Völker. Denn der Herr Zebaoth hat's beschlossen, – wer will's wehren? und seine Hand ist ausgereckt, – wer will sie wenden?«[9]

Anfang 1988 gingen Aufrufe der Revolte gegen den Zionismus in Westjordanien und Jerusalem vom Süden Syriens (= Assyriens) aus; Aufrufe, die über die Minarette der Moscheen in Westjordanien und Jerusalem an die arabische Bevölkerung weitergeleitet wurden. Der ganze Kampf im Nahen Osten ist eine Kraftprobe zwischen den zwei Offenbarungen Bibel oder Koran, im Endeffekt zwischen Jahweh und Allah, Christus und Mohammed.

Wenn wir davon ausgehen, daß Prof. Dr. Bullinger in seiner Auslegung von Daniel Kap. 2 recht hat, indem er schreibt, daß das islamische Reich, welches das römische ablöste, das fünfte und letzte sein wird[10], dann müssen wir daraus schließen, daß nach dem Ratschluß der Prophetie neben Israel auch dem Islam eine wichtige Aufgabe zufällt. Die islamische Welt wird somit zur Alternative in der Wahl der Nationen.

636 n.Chr. zogen die Araber in Jerusalem ein. 691 wurde an heiliger Stätte einem fremden Elohim ein Tempel gebaut, den Christus »den Greuel der Verwüstung« nennt, »weil er dort steht, wo er nicht stehen soll« und einem fremden Elohim gewidmet ist[11], was im Alten Testament als Götzendienst, Hurerei und Abgötterei bezeichnet wird; alles Praktiken, die Jahweh ein Greuel sind[12]. Dieser Naos-Göttertempel, der nun schon fast 1300 Jahre

---

[9] Jes 14,24-27.
[10] The Companion Bible. Zondervan Bibel Publishers, Michigan.
[11] Siehe Mk 13,14; Mt 24,15.
[12] 5. Mose 7,25.26.

an heiliger Stätte steht und dem Elohim des Islam gewidmet ist, ist der Grund dafür, daß Jerusalem für die islamische Welt zum Taumelbecher geworden ist.

Nach der fünften Nahostreise von James Baker im Juli 1991 hat das in den Staatsterroristmus verwickelte Syrien plötzlich seinen Kurs geändert und steuert auf den Frieden zu.

Das von den »Integristen« als Satan und von den arabischen Alliierten als »Kaffier« (Untreue) bezeichnete Amerika will den »Sieg« über den Irak ausnutzen, um den Frieden zwischen Israel und der arabo-islamischen Welt durchzudrücken. Und die Nationen lassen sich in das Friedensmühen einbeziehen.

So empfing Roland Dumas, Außenminister der »ältesten Tochter der Kirche«, in Paris am 25. Juli 1991 den Vertreter der PLO, um zu zeigen, daß Frankreich, bedingt durch seine Vergangenheit, eine »arabische Politik« ausübt.

Auch während des Gipfeltreffens zwischen Bush und Schewardnaze in Moskau Ende Juli/Anfang August 1991 war der Nahostfriede eines der Hauptthemen der beiden »Weltmächte«.

Durch diese Verhandlungen kann man schon erkennen, daß eine prophetieblinde, christlich-humanistische und Jahwehs Ordnung in Frage stellende Gesellschaft dabei ist, die letzte Jerusalemkatastrophe vorzuprogrammieren.

Jerusalem Status

Obwohl Jerusalem seit 1967 bzw. 1980 zur ewigen Hauptstadt Israels ausgerufen wurde, bleibt das Jerusalem-Syndrom, von dem Christus redet, noch akut.

> »Jerusalem *wird* zertreten werden von den Heiden, bis die Zeiten erfüllt sind« (Lk 21,24).

Auch wenn Ostjerusalem 1967 von Israel eingenommen wurde, bleibt der Tempelberg im Herzen Israels noch ein islamischer Staat mit besonderem Status. Der Tempelplatz untersteht nicht in erster Linie dem israelischen Stadtrat, sondern dem Hohen moslemischen Rat.

Dieser »Muslimische Religionsrat« bestreitet auch, daß Israel überhaupt ein souveränes Recht über Jerusalem hat.

In dieser Auseinandersetzung zwischen den Erben Ismaels und Isaaks ist der Zündstoff für den von den Propheten Sacharja und Joel u.a. vorausgesagten Jerusalemkonflikt enthalten. Anfang des Jahrhunderts schrieb Prof. Dr. Bullinger, die oben zitierten Jesu-Worte betreffend:

> »... *wird* zertreten werden. Nicht die Zukunft des Verbs (pateo), sondern die Zukunft des Hilfszeitwortes „sein" mit dem Mittelwort der Vergangenheit von pateo = wird zertreten und wird es bleiben, auf eine Weise, wie es noch nie zuvor geschah. Es wird auf die mohammedanische Besetzung hingewiesen, die im Jahre 636 der vierten oder römischen folgte.«[13]

Vor jedem Nahost-Konflikt, wie während des »Intifada«, erklang der Ruf zum »Heiligen Krieg«, zum »Zorn gegen dies Volk« (Lk 21,23) und zur Verwüstung Israels von den Minaretten der Moscheen des Gazastreifens, Westjordaniens und der Al Aksa Moschee.

> »8 000 Moslems füllen den Tempelbergplatz in Jerusalem, in der Al-Aksa-Moschee hetzt der Prediger gegen Andersgläubige.[14]«

Verfolgt man die Entwicklung des aufwachenden Islam, muß man feststellen, daß weder Vernunft noch Toleranz, sondern Fanatismus und Terror die Bühne im Nahen Osten beherrschen; Fanatismus und Terror, die bis ins Abendland ausstreuen. Dieser Fanatismus geht immer mehr von den Moscheen und den Mullahs aus, nicht nur im Nahen Osten, sondern auch im Abendland. Zur Rechtfertigung des Fanatismus und des Terrors berufen sich die Mullahs auf die Autorität der Offenbarung im Koran. Somit werden Terrorismus und Fanatismus durch den Koran legitimiert und werden für jeden Kämpfer Allahs zu einer heiligen Sache, zu einem legitimen Kampf.

---

[13] »The Companion Bible«, S. 1496.
[14] Ludwig Schneider, »Nachrichten aus Israel« vom 14.01.1988.

So beteuerte der Präsident des im November 1988 ausgerufenen Staates »Palästina«, Yasir Arafat, im Februar 1990:

> »...wenn die Friedenspolitik nicht bald Erfolg bringe, die PLO zu einem Terrorismus Zuflucht suchen werde, wie ihn die Region noch nicht erlebt hat.«[15]

Die Feinde dieser Offenbarung sind notgedrungen die Andersgläubigen, deren Offenbarungen sich nicht mit denen des Propheten Mohammed decken oder ihnen widersprechen. In diesem Fall sind es die Verheißungen des Alten Testamentes in bezug auf das Volk, das Land und Jerusalem. Da sich die Moslems als das auserwählte Volk betrachten, bleibt kein Zweifel daran, daß ihnen nach ihrer Überzeugung auch das Land gehört, demnach auch Jerusalem.

Dem Neuen Testament gegenüber sind die Gegensätze nicht weniger schlimm. Sie zerstören das Fundament des biblischen Heilsplanes und versuchen, den *einzigen* Weg, den Jahweh für unsere Erlösung gegeben hat, auszuschalten, Jesus Christus als Gottes Sohn und Mittler:

> »Und sprich: „Gelobt sei Allah, der weder einen Sohn gezeugt noch einen Gefährten im Regiment hat, noch einen Beschützer aus Schwäche".«[16]
>
> »Wahrlich, ungläubig sind, die da sprechen: „Siehe, Allah, das ist der Messias, der Sohn der Maria." Sprich: „Und wer hätte über Allah Macht, so er den Messias, den Sohn der Maria, und seine Mutter ... vernichten wollte?"«[17]
>
> »Und weil sie sprachen: „Siehe, wir haben den Messias Jesus, den Sohn der Maria, den Gesandten Allahs ermordet" – doch ermordeten sie ihn nicht und kreuzigten ihn nicht, sondern einen ihm ähnlichen ... (darum verfluchen wir sie). Und siehe, diejenigen, die über ihn uneins sind, sind wahrlich im Zweifel betreff seiner. Sie wissen nichts von ihm, sondern folgen nur Meinungen; und nicht töteten sie ihn in Wirklich-

---

[15] Siehe »Berner Rundschau«, Zeitspiegel vom 28. Febr. 1990.
[16] Sure 2.110.
[17] Sure 2.110.

keit, sondern es erhöhte ihn Allah zu sich; und Allah ist mächtig.«[18]

Unter dem Vorwand, die alleinige Wahrheit zu besitzen, verwirft der Koran das Fundament, auf dem der Glaube des gläubigen Christen gegründet ist:

»Erbaut auf den Grund der Apostel und Propheten, da Jesus Christus der Eckstein ist, auf welchem der ganze Bau ineinandergefügt wächst zu einem heiligen Tempel in dem Herrn. Durch ihn werdet auch ihr miterbaut zu einer Wohnung im Geist.«[19]

»Und in keinem andern ist das Heil, auch ist kein andrer Name unter dem Himmel den Menschen gegeben, durch den wir sollen selig werden.«[20]

»Denn es ist ein Gott und ein Mittler zwischen Gott und den Menschen, nämlich der Mensch Christus Jesus.«[21]

Fünfmal haben die arabischen Länder in unserer neuesten Geschichte versucht, das Problem »Israel« endgültig zu lösen, und jedesmal mußten sie die bittere Enttäuschung erleben, daß die Verheißungen der islamischen Theologen nicht eingetroffen waren[22]. Sie verstocken ihre Herzen weiterhin und rüsten zum nächsten Unternehmen »Pharao« auf. In diesem ganzen Unternehmen, das heute im Nahen Osten an den Platz rückt, ist der letzte Ansturm auf Jerusalem, den der Prophet Sacharia vor bald 2500 Jahren voraussagte, vorprogrammiert:

»Denn ich werde alle Heiden sammeln zum Kampf gegen Jerusalem. Und die Stadt wird erobert, die Häuser werden geplündert und die Frauen geschändet werden. Und die Hälfte der Stadt wird gefangen weggeführt werden, aber das übrige Volk wird nicht aus der Stadt ausgerottet werden.«[23]

---

[18] Sure 4.156.
[19] Eph 2,20-22.
[20] Apg 4,12.
[21] 1. Tim 2,5.
[22] Siehe »Arabische Theologen über die Juden und Israel« von D.F. Green. Edition de l'Avenir, Genf, 1976.
[23] Sach 14,2.

151

Diese Verheißung, die so noch nicht eingetroffen ist, muß demnach noch zukünftig sein.

Seit 1967, als Jerusalem durch das Verschulden des jordanischen Königs Hussein gegen den Willen Israels eingenommen wurde, ist diese Stadt für die arabischen Völker zum Taumelbecher geworden.

Israel wird vor dem Europäischen Parlament für sein Vorgehen in den »besetzten« Gebieten verurteilt; eine Verurteilung, die auch die Hälfte von Jerusalem miteinbezieht.

Von »besetzten Gebieten« können nur die der Prophetie unkundigen Nationen reden, aus der Sicht Jahwehs und dessen Verheißungen gehören diese Gebiete dem Volk, dem er sie verheißen hat[24]. Wenn nun die Nationen in der UNO oder dem Europäischen Parlament von »besetzten« Gebieten reden und Israel anhaltend verurteilen, bestätigen sie, daß sie die von Jahweh festgelegte Ordnung ablehnen.

Der Islam beruft sich auf folgenden Koranvers und macht damit seinen Anspruch auf Jerusalem geltend:

»Preis dem, der seinen Diener des Nachts entführte von der heiligen Moschee zur fernen Moschee, deren Umgebung wir gesegnet haben, um ihm unsre Zeichen zu zeigen. Siehe er ist der Hörende, der Schauende.«[25]

Der Prophet Mohammed soll mit seinem mythologischen Pferd Mubarak eines nachts von Mekka nach Jerusalem geflogen sein, um von dort in den Himmel zu steigen.

In Verbindung zu Israel kommt Jerusalem etwa 1700 mal in der Bibel vor, im Koran hingegen ist Jerusalem nicht ein einziges Mal erwähnt.

Den Kongreß des palästinensischen Nationalrates in Algier im April 1987 eröffnete Yasir Arafat »mit der Forderung nach einem souveränen Palästinenserstaat mit … Jerusalem als Hauptstadt.« Der israelische Ministerpräsident Jizchak Schamir wandte sich entschieden gegen den Anspruch der Palästinenser auf Jerusalem.

---

[24] Siehe:»Nahost«, Kap. VI. 1. Die endgültigen Grenzen des Staates Israel.
[25] Sure 17.1.

»Heute treffen sich unsere Feinde, um uns Schaden zuzufügen und, was der Himmel verhüten möge, uns Jerusalem zu rauben ...«[26]

Während seines Aufenthaltes in Algier beteuerte Yasir Arafat:

»Im Namen des palästinensischen Volkes, daß der Djihad (heilige Krieg) weitergehe, bis die palästinensische Fahne auf den Minaretten und Kirchtürmen Jerusalems, der befreiten palästinensischen Hauptstadt, wehe.«[27]

In der UNO wurde Jerusalem bei der Gründung des Staates Israel als »Corpus separatum« klassifiziert und nach zehn Jahren sollte Jerusalem durch eine Volksbefragung ihren endgültigen Status erhalten. Dieses Ereignis wurde von der Prophetie eingeholt. 1967 wurde Ostjerusalem im Sechstagekrieg von Israel erobert. Der damalige Verteidigungsminister Dajan proklamierte vor der Klagemauer:

»Wir sind zu unseren Heiligtümern zurückgekehrt, um sie nie wieder zu verlassen.«

Als Israel Jerusalem 1980 zur ewigen Hauptstadt Israels erklärte, gab es aus allen Nationen Protest. Sogar der Vatikan hat sich mit dieser Tatsache nicht abgefunden und strebt eine Internationalisierung Jerusalems an.

Von Abraham bis Christus hatten die Juden etwa 2 000 Jahre Zeit, um sich mit der Prophetie über das Kommen des Messias und mit den Zeichen seines Kommens vertraut zu machen. Da Israel noch nicht Jeschurum und ihm das Geheimnis des ersten Kommens noch verborgen ist, wird es auch die Zeichen des zweiten Kommens nicht erkennen. Unter dem Druck der Weltmächte wird es um des Friedens willen in die antichristliche Friedensfalle tappen.

Von Christus bis heute hatten die christlichen Nationen auch etwa 2 000 Jahre Zeit, um sich mit der Prophetie über die Parusie und die Begleiterscheinungen der Wiederkunft Christi vertraut zu

---

[26] Saarbrücker Zeitung vom 22.4.1987.
[27] Le Monde vom 14.4.1987.

machen. Doch genau wie damals scheinen heute die Politiker und Theologen die Zeichen der Zeit nicht zu erkennen.

So kann man heute feststellen, daß die Nationen am Nahost- und Jerusalemproblem schizophren werden.

Als Reaktion auf eine Stellungnahme des Präsidenten der USA, George Bush, in der er betonte, seine Regierung lehne die Errichtung neuer jüdischer Siedlungen in dem seit 1967 besetzten Westjordanland und in Ostjerusalem ab, hat der amerikanische Senat im März 1990 eine nicht bindende Resolution verabschiedet, in der festgehalten wird, daß *ganz Jerusalem* Israels Hauptstadt ist und bleibt. Diese Erklärung wurde mit großer Mehrheit verabschiedet.[28]

Die letzte Täuschung Israels und der Nationen

»Der Frieden kommt erst, wenn Jerusalem ganz befreit ist und die Moslems das Land beherrschen, wie sie es vor 1.300 Jahren getan haben. Wir sehen nicht nur in den Juden, sondern auch in den Christen die schlimmsten Feinde der Araber, und der Koran verbietet es den Gläubigen (Moslems, d. Red.), Juden und Christen als Freunde zu akzeptieren. Wer dennoch mit Juden oder Christen Freundschaft pflegt, verliert die Verbindung zu Allah. Wir müssen noch mehr Bomben und Molotow-Cocktails werfen und all ihre Habe verbrennen. Wir müssen sie endgültig mit dem Schwert des Islams vernichten.«[29]

Ein Land, das schon einmal von Moslems besetzt war, kann nicht für immer unter der Herrschaft von Nicht-Moslems (Kafir) bleiben. Weder die Politiker, noch die Militärs, noch die islamische Gesellschaft (Umma) können auf ein Land verzichten, das schon einmal islamisch war. Dies bezieht sich auf den Balkan, Zentral-Asien, Andalusien, Tours und Poitiers und ganz besonders auf Palästina.

---

[28] Siehe »Neue Zürcher Zeitung« vom 26. April 1990.
[29] Ludwig Schneider, »Nachrichten aus Israel« vom 5.6.1990. Aus der ägyptischen Wochenzeitschrift »Rose al-Yussef«.

Es können Waffenstillstände mit nicht-islamischen Ländern, die islamische Gebiete erobert und besetzt haben, geschlossen werden, doch sollte es irgendwann im Laufe der Geschichte möglich werden, so ist die Wiedereroberung verpflichtend. So wie Saladin einen Waffenstillstandskompromiß mit den Kreuzrittern eingegangen ist, genauso könnten heute die arabischen Staaten einen Friedenskompromiß mit dem zionistischen Staat schließen, von dem man im voraus weiß, daß er nicht eingehalten werden kann. Dies ist die harte Logik des Islam. Nur wo der Islam herrscht, da ist demnach »Frieden«[30].

Nach fünf vergeblichen Versuchen, das zionistische Problem endgültig durch Krieg zu lösen, werden die Feinde Israels unter dem Druck der Großmächte versuchen, die Friedensstrategie anzuwenden. Doch wie wir oben gesehen haben, kann aus islamischer Sicht ein Friede mit Nicht-Moslems nie definitiv sein; er bleibt immer ein Scheinfriede auf Zeit.

Nach Indonesien, Algerien, Afghanistan, dem Libanon und Aserbaidjan haben die Großmächte erfahren, daß sie mit den Konflikten nicht mehr fertig werden, so daß die Nationen, nach dem »Erfolg« der UNO bei der Vermittlung zwischen Pakistan (Westmächte) und Afghanistan (UdSSR) zur Einsicht gelangt sind, daß die Weltprobleme nur noch durch die Supermächte oder höchstens in Kooperation mit der UNO geregelt werden können. Nach Perestroika, Glasnost und dem Golfkrieg 1990/91 gegen den Irak haben die beiden Supermächte, Rußland und hauptsächlich die USA, – unterstützt von der UNO, die seit 1992 einen arabischen ägyptischen orthodoxen Kopten als Generalsekretär hat, der mit einer Jüdin verheiratet ist – die Patenschaft für die Friedensverhandlungen übernommen. Diese Einsicht fällt nun »zufällig« in die Zeit, in der ein »Friede« zwischen den Arabern (Palästinenser) und Israel fällig ist. Unter der Patenschaft der USA [31], Rußlands, der Vertreter der UNO und der europäischen Gemeinschaft (EG) versammelten sich im Oktober 1991 die feindlichen Brüder des Nahen Ostens in Madrid.

---

[30] Ethymologisch kommt das Wort Islam vom semitischen SLM: Friede her, was im hebräischen Shalom und im arabischen Salam ergibt.
[31] Ist nicht Amerika eine aus allen Nationen zusammengewürfelte Nation?

Israel gegenüber saßen Libanesen, Ägypter, Syrer, Palästinenser, Jordanier und ein Verband der arabischen Golfstaaten.

Sollte dieser garantierte Friede früher oder später aus der Taufe gehoben werden, würden die Nationen in einen Friedensrausch verfallen und es würde heißen: »Friede für unsere Zeit«. Dies wäre das München eines Dritten Weltkriegs und der letzte Aufmarsch der Nationen gegen Jahweh und seinen Gesalbten.

Dieser letzte Konflikt, in den alle Nationen mithineingezogen werden, ist sonderbarerweise mit der von den Propheten vorausgesagten Teilung des Landes und Jerusalems verknüpft (siehe Joel 4,2).

Da sich die islamische Welt, wie wir heute erkennen können, nicht nur mit der Teilung des Landes nicht zufriedengibt, sondern auch Jerusalem als Hauptstadt Palästinas beansprucht, ist die von Sacharia vorausgesagte Teilung Jerusalems vorprogrammiert (Sach 14,2).

Die Halberoberung Jerusalems mit den sich steigernden Massakern, Grausamkeiten und Terroraktionen wird nach dem Apostel Johannes zweiundvierzig Monate andauern. Dann wird Israel erkennen, daß der Friedensbund mit den islamischen Nachbarn eine Falle war. Die in der UNO vertretenen nicht-islamischen Nationen werden leider zu spät erkennen, daß auch sie genarrt wurden, doch durch ihre in der UNO gegebenen Garantien können sie sich dann nicht mehr aus der Affäre ziehen. Rußland und seine Verbündeten werden mit der harten Ablehnungsfront den vom Propheten Hesekiel vorausgesagten Aufmarsch gegen das Land unternehmen[32]. Die vier anderen ständigen Vertreter der UNO, Amerika, Frankreich, England und China, und ihre Verbündeten können dann nicht mehr abseits stehen.

Der Prophet Joel gibt den Zeitpunkt und den Grund an, wann und warum Jahweh die Nationen zum Gericht im Nahen Osten zusammenzieht.

»Denn siehe, in jenen Tagen und zur selben Zeit ... will ich alle Heiden zusammenbringen und will sie ins Tal Joschafat hinabführen und will dort mit ihnen rechten wegen meines

---

[32] Siehe »Nahost, Auftakt zum Weltbrand oder Weltfrieden«, 3. Aufl., S. 299ff.

Volks und meines Erbteils Israel, weil sie es unter die Heiden zerstreut und sich mein Land geteilt haben ...« (Joel 4,1.2).

Diesen Worten Jahwehs gegenüber sagt der Rechtsberater Arafats, Dr. Anis Al-Quasem:

»Unser Recht als Palästinenser auf Selbständigkeit über unsere Heimat ist ein historisches Recht, denn seit Anbruch der Geschichte haben wir immer in unserer Heimat gelebt, während die hebräischen Stämme als Eindringlinge kamen und Eindringlingen räumt man keinerlei Recht ein – und wenn sie sich hundertmal auf ihren Gott berufen.«[33]

Die Nationen rund um Israel haben Jahwehs Volk den Kampf angesagt, um ihm sein Erbe zu entreißen und um Jerusalem als palästinensische Hauptstadt zu erklären und zu erobern.

Was werden unsere Politiker, Theologen, Journalisten und Intellektuellen, die durch humanistische und idealistische Reden beweisen, daß sie die von Jahweh festgelegte Ordnung ablehnen und verwerfen, wohl sagen, wenn der letzte Holocaust, von dem der Prophet Sacharia berichtet, über Israel und Jerusalem hereinbricht?

Bei dem zukünftigen »Nürnberger« Prozeß werden sich die Schuldigen nicht vor einem menschlichen Gremium, sondern vor dem Herrn der Geschichte zu verantworten haben, der den Tag der Abrechnung festgelegt hat[34].

Indem der Papst die Teilung des Landes Israel befürwortet[35], erbringt er den Beweis, daß er die Prophetie nicht anerkennt und sich zu den Nationen zählt, die gerade wegen dieser Teilung des Landes, *das Jahweh für sich beansprucht und das er seinem Volk gegeben hat,* im Tale Joschafat zur Rechenschaft gezogen werden.

Nachdem am 15. November 1988 der palästinensische Staat in Algier gegründet wurde, hieß es:

---

[33] Ludwig Schneider, »Nachrichten aus Israel« vom 8.11.1988.
[34] 5. Mose 32,35.36; Hebr 10,30.31.
[35] Siehe »Die Weltwoche« vom 1.12.1988; »Zürichsee-Zeitung« vom 28.11.1988.

»Papst plädiert für Palästinenserstaat. Papst Johannes Paul II. hat die Schaffung eines Palästinenserstaates *neben* Israel gefordert. Bei seiner Generalaudienz am 27. November 1988 ging er damit erstmals öffentlich auf den Beschluß des palästinensischen Exilparlamentes vom 15. November ein, *einen, auf die von Israel besetzten Gebiete beschränkten, eigenen Staat zu proklamieren ...*«[36]

Daß es bei dieser Auseinandersetzung nicht um ein paar Steine geht, sollten wir inzwischen schon erkannt haben. Jerusalem ist zu einem Signal für das Ende der Zeit der Nationen geworden.

»So spricht der Herr Zebaoth: Ich eifere für Jerusalem und Zion mit großem Eifer und bin sehr zornig über die stolzen Völker; denn ich war nur ein wenig zornig, sie aber halfen zum Verderben« (Sach 1,14.15).

Die antijahwehistische Haltung der Nationen wird die Zornesschale Gottes zum Überfließen bringen.

Die gewaltige Wende 1988

Die Zahl vierzig hat in der Bibel eine besondere Bedeutung. Hier einige Beispiele: Die Israeliten mußten 40 Jahre in der Wüste wandern, bis sie nach 400 Jahren (40 x 10) wie verheißen (1. Mose 15,16) in Kanaan einziehen konnten, erst dann war das Maß der Sünde der Kananiter voll (1. Mose 15,16).

Mose war 40 Jahre alt, als er seine Brüder besuchte (Apg 7,23). 40 Jahre später hatte er das Erlebnis des Feuerbusches, bei dem Gott ihn zum Befreier seines Volkes berief (Apg 7,30-36). 40 Jahre danach nahm ihn Gott weg, kurz bevor Israel nach Kanaan einzog (5. Mose 34,5-7).

40 Jahre lang waren die Israeliten in den Händen der Philister, weil sie »übel taten vor Jahweh« (Ri 13,1).

40 Jahre lang regierten die ersten Könige Israels: Saul, David und Salomon (2. Sam 5,4; 1. Kön 2,11; 11,42; 2. Chr 24,1).

---

[36] »Die Weltwoche« vom 1.12.1988.

40 Jahre ist die Dauer einer Generation, wie es die biblische Genealogie zeigt.

40 Jahre nach der Gründung Israels scheint, wie wir feststellen, bei den Nationen eine gewaltige Wende einzutreten. Es ist, als würden sich plötzlich die Ereignisse überstürzen. Israel wird immer einsamer in der Gemeinschaft der Kinder des Getümmels, in der UNO.

»... das Volk [Israel] wird abgesondert wohnen und sich nicht zu den Heiden rechnen« (4. Mose 23,9).

Seit Jahren versuchen die arabo-islamischen Nationen, die in der UNO immer mehr das Sagen haben, immer wieder Israel aus dem Forum der Kinder des Getümmels auszuschließen. Ein Ausschluß, der bis heute am Votum der USA scheiterte.

Durch die Machtübernahme Michail Gorbatschows und dessen Versuch, die regionalen Spannungen abzubauen, könnte eine günstige Konstellation entstehen. Nach der »Revolution der Steine« (Intifada), dem Verzicht des jordanischen Königs Hussein auf den Anspruch auf das Westjordanland, konnte die PLO am 15. November 1988 an das Jahr 1948 anknüpfen und wie Israel vor 40 Jahren den palästinensischen Staat ausrufen. Ein Antistaat mit einer Antiregierung war aus der Taufe gehoben. Dies dank der »Friedensbemühungen« einer Reihe von bedeutenden Männern wie Perez de Cuellar, Kreisky, Hussein von Jordanien, Mubarak, Präsident F. Mitterand, dank der schwedischen Diplomatie durch das Treffen zwischen Arafat und der jüdischen Delegation in Stockholm, dem spektakulären Auftritt Arafats vor der UNO-Vollversammlung am 13. Dezember 1988 in Genf sowie der plötzlichen – für den gewöhnlichen Sterblichen unverständlichen – Kehrtwende der amerikanischen Diplomatie binnen einiger Tage.

In der gegenwärtigen Weltpolitik können wir erkennen, daß die Politiker von einem Tag auf den anderen ihre Meinungen grundlegend ändern. Jahweh lenkt die Herzen der »Könige« wie Wasserbäche (Spr 21,1). Durch ihr Handeln werden sie – selbst gegen ihr Wissen – zu Werkzeugen, die dazu dienen, daß sich die biblische Prophetie erfüllt. In diesem Sinn wird sogar Nebukadnezar von Jahweh als »mein Knecht« (Jes 25,9 u.a.) und Kores (Cyrus) »mein Hirte« (Jes 24,28) genannt.

Im Januar 1989 wurde Jassir Arafat in Spanien offiziell, fast wie ein Staatsgast, von der Europäischen Gemeinschaft sowie von König Juan Carlos empfangen. Der EG-Ratspräsident sagte: »1989 kann das Jahr des Friedensbeginns werden.« Nach 40 Jahren Krieg mit Israel drehte Jassir Arafat den Spieß um und fragte die Weltöffentlichkeit, »wie lange sie noch akzeptieren kann, daß Israel den Frieden ablehnt.«[37]

Wir können feststellen, daß sich alles sehr schnell in Richtung Erfüllung der biblischen Prophetie bewegt.

Die Ereignisse führen zum Bund mit dem »Gesetzlosen«[38]. Luther übersetzt »der Mensch der Bosheit« (2. Thess 2,3) oder wie ihn der Prophet Daniel nennt: den »frechen und tückischen König«, dem durch Schlauheit der Betrug einer blinden Gesellschaft gelingt. Mitten im Frieden wird er viele verführen und verderben und wird sich gegen die Ordnung des Fürsten aller Fürsten auflehnen (siehe Dan 8,23-25).

Durch das Überstülpen des Schafspelzes gelingt es einer Terroristenorganisation, ein humanes und friedliches Angesicht anzunehmen.

Eine Welt, der der gesunde Menschenverstand abhanden gekommen ist, sucht mit allen Mitteln, mit einer schizophrenen Organisation ein Vertrauensverhältnis zu schaffen und sie in einen Friedensprozeß hineinzuziehen.

Während ein Teil den Friedensengel spielt, spielt der andere Teil den Terroristen. Hatte Arafat nicht beteuert, er hätte dem Terrorismus in all seinen Formen abgesagt? Sofort wurde in den amerikanischen und westlichen Botschaften Alarm ausgerufen.

Am 21. Dezember 1988 stürzte über dem südschottischen Städtchen Lockerbie eine Boeing 747 mit 258 Menschen an Bord ab. 15 Bewohner von Lockerbie kamen in einem Inferno um (insgesamt 273 unschuldige Menschen).

Trotz der Warnsignale des Terrors und der Geiselnahmen hat die christliche Welt immer noch nicht erkannt, daß es für die fana-

---

[37] Siehe »Dernières Nouvelles d'Alsace« vom 28.1.1989.
[38] Siehe Artikel von Daniel Riot in: »Dernières Nouvelles d'Alsace« vom 16.12.1988. Der Journalist D. Riot nannte Y. Arafat den »Gesetzlosen«. Am 26. Juli 1990 bezeichnete D. Riot den Präsidenten Saddam Hussein vom Irak als »Der Schuft aus Bagdad«.

tischen Moslems keine Gewissensprobleme gibt, auch wenn Hunderte und Tausende oder morgen Millionen Kafir mit in den Abgrund gerissen werden.

Ist es nicht sonderbar, daß Christus vor bald 2 000 Jahren in seiner Endzeitrede sagte, daß in jener Zeit Menschen andere töten und glauben werden, dadurch ihrem Elohim (=Gott) einen Dienst zu erweisen (siehe Joh 16,2)? In diesem Sinne können wir sagen, daß das Problem des Terrorismus erst in seinen Kinderschuhen steckt.

Nachdem Arafat und die islamische Welt zum Friedensengel umfunktioniert wurden, wird auch er – oder sein Nachfolger – einmal sein wahres Gesicht zeigen und wie Hitler sagen können:

> »Der Zwang war die Ursache, warum ich jahrelang nur vom Frieden redete ... Irgendwie glaube ich, habe ich diese Platte, die pazifistische Platte, bei uns abgespielt. „Nun müsse das Volk lernen", fanatisch an den Endsieg zu glauben ... Es muß erzogen werden zu dem absoluten, sturen, selbstverständlichen, zuversichtlichen Glauben: Am Ende werden wir alles das erreichen, was notwendig ist.«[39]

oder »Ich setze mich über alles hinweg. Ich bin bereit, jeden Tag falsche Eide zu schwören.«[40]

Heute wie damals dasselbe: Farouk Kadoumi, Außenminister der PLO, erklärte vor dem »The Boston Globe«:

> »Was wir heute akzeptieren, werden wir morgen nicht mehr akzeptieren. Der Zweistaaten-Kompromiß [Palästinenserstaat neben Israel, Anm. d. Red.] ist nur ein Meilenstein auf dem Weg zur Zerstörung Israels.«[41]

Wenn sich niemand um die Christen im Libanon kümmert, können wir uns doch ehrlich fragen, wer sich einmal darüber Sorgen macht, falls die gesamte islamische Welt aus dem »Nahost-Frie-

---

[39] Aus Politik und Zeitgeschichte. Beilage zur Wochenzeitung »Das Parlament« vom 21. Okt. 1988, S. 11.
[40] Hermann Rauschning, »Gespräche mit Hitler«, Europaverlag, S. 100.
[41] Ludwig Schneider, »Nachrichten aus Israel« vom 9. - 20. Januar 1990.

den« ausbricht, um Israel zu zerstören. Peter Scholl-Latour schreibt mit Recht im »Rheinischen Merkur« am 21.4.1989:

> »Die hart bedrängten Christen des Libanon finden im Westen kein Gehör ... „Wenn das am grünen Holz geschieht", heißt es doch in der Bibel.«

Das Öl war schon 1915 bei den Armeniern und ist heute der Grund für die feige Ohnmacht des christlichen Abendlandes. Ein amerikanischer Diplomat formulierte es so:

> »Man wird keine Kriege gegen die arabische Welt führen und die Ölquellen in Gefahr bringen, um eine Million Christen zu retten.«[42]

Wie es die islamischen Fundamentalisten beweisen, besteht überhaupt kein Grund, der Erpressung, dem Geiselterrorismus und dem im Koran befohlenen heiligen Krieg Einhalt zu gebieten, da der heilige Krieg schon vom Propheten Mohammed geführt wurde. Aus den im Jahre 1968 beschlossenen Grundsätzen für die »Jihad«, den heiligen Krieg gegen die Ungläubigen, geht hervor, daß ein mit den Völkern des Buches (Juden und Christen) abgeschlossener Friedensvertrag null und nichtig ist, wenn die Moslems imstande sind, die Untreuen wieder zu bekämpfen.

> »Vom heiligen Krieg abzulassen, verstößt gegen die Gesetze Allahs. Friedensschlüsse sind nur erlaubt, um in Zeiten der Schwäche wieder Kraft zu sammeln für kommende Auseinandersetzungen. Den Moslems steht es frei, jegliche Vereinbarung mit Nicht-Moslems zu brechen.«[43]

Vor dem Zusammenprall ist Jerusalem für die arabischen Nationen zu einem Taumelbecher geworden, der zu einer bis dahin nie gekannten Belagerung Jerusalems führen wird. Eine Belagerung, die heute allein mit 16 000 Panzern – mehr als im Zweiten Weltkrieg auf allen Kriegsschauplätzen – schon gewaltig ist.

Während die Großmächte in Ost und West anfangen abzurü-

---

[42] Aus »L'Express« vom 18.-24.4.1981, S. 98.
[43] Siehe »Welt am Sonntag« vom 15.11.1981.

sten, beschleunigt sich die Aufrüstungsspirale im Nahen Osten mit einer schwindelerregenden Geschwindigkeit.

Arafat, der dem Druck nicht mehr ausweichen konnte und Israel anerkannte, sagte während eines Besuches in Jordanien am 7. Januar 1989, bei dem die jordanische Regierung die Palästinenservertretung in den Rang einer Botschaft erhob und der jordanische Ministerpräsident die Flagge hißte, er hoffe, daß die jordanische und palästinensische Flagge »eines Tages über dem befreiten Jerusalem« wehe.

Heute geht es dem Islam darum, den Beweis zu erbringen, daß die Bibel (Altes und Neues Testament) gefälscht ist und die Offenbarung des Gottes Allah die allein wahre ist. Darum das Festhalten der arabo-islamischen Welt am Tempelplatz, der bis heute von der fünften[44] islamischen Nation zertreten ist und die deshalb Jerusalem wiedererobern will.

Wir dürfen nicht vergessen, daß, wenngleich Ismael zwar gesegnet wurde, der Bund aber *nie* über ihn geht, sondern *immer* über Abraham, Isaak und Jakob. Darum gilt die Postparusie-Verheißung nicht für Ismael, sondern für Jakob:

»... Kommt, laßt uns auf den Berg des Herrn gehen, zum Hause des Gottes Jakobs, daß er uns lehre seine Wege und wir wandeln auf seinen Steigen! Denn von Zion wird Weisung ausgehen und des Herrn Wort von Jerusalem. Und er wird richten unter den Heiden und zurechtweisen viele Völker. Da werden sie ihre Schwerter zu Pflugscharen... machen...« (Jes 2,1-4).

Noch steht das Haus Allahs, des Gottes aus den Nachkommen Ismaels, auf dem Tempelplatz. Bis jetzt sind weder Israel noch die Nationen zur Erkenntnis gelangt, daß Jahweh der wahre Elohim (Gott) ist und seine Offenbarung, die Bibel, die alleingültige Offenbarung ist. Noch ist der messianische Tempel des Elohims Jakobs, der nach dem Zusammenprall der Nationen und nach der Wiederkunft des Messias erbaut wird (siehe Hes 40-44), nicht vorhanden. Auch steht auf dem Berg des Herrn ein Tempel,

---

[44] Siehe »Nahost, Auftakt zum Weltbrand oder Weltfrieden?«, 3. Aufl., S. 48-66. Das Wiedererwachen der Welt der Propheten.

aus dem in den letzten Jahren immer wieder der Ruf zur Verwüstung Israels ausging und von wo er in den letzten Jahren der Trübsal Israels noch ausgehen wird, bis der Stein, der die Reiche der Jahweh-feindlichen Nationen zerstört, vom Himmel kommt (siehe Dan 2,44ff.) und alle Regierungen zunichte macht und derjenige, dem das Königsamt und Friedensfürstentum zufällt, erscheinen wird.

>>Zu Trümmern, zu Trümmern, zu Trümmern will ich sie machen... bis der kommt, der das Recht hat; dem will ich es geben<< (Hes 21,32).

>>Ich (Jahweh) aber habe meinen König eingesetzt auf meinem heiligen Berg Zion.
Kundtun will ich den Ratschluß des Herrn. Er hat zu mir gesagt:Du bist mein Sohn, heute habe ich dich gezeugt: Bitte mich, so will ich dir die Völker zum Erbe geben und der Welt Enden zum Eigentum.
Du sollst sie mit einem eisernen Zepter zerschlagen, wie Töpfe sollst du sie zerschmeißen<< (Ps 2,6-9).

Zu spät werden die Nationen erkennen, daß sie in der Scheinfriedensfalle sitzen und den Weg zur Zerstörung Israels, ja der Welt, freigegeben haben. Nach Hiroshima hätten die Nationen wissen müssen, daß der nächste Konflikt das Ende der Nationen bedeuten würde. In diesem Sinne ist die Aussage von Elie Wiesel richtig:

>>Ohne Auschwitz hätte es kein Hiroshima gegeben. Die Ausrottung eines Volkes führt unvermeidlich zu derjenigen der Menschheit.<<

Dieses um so mehr, wenn die Nationen dem Volk, zusetzen, von dem Jahweh sagt:

>>Wer euch antastet, der tastet meinen Augapfel an<< (Sach 2,12).

Jerusalems Zukunft

Keine Weltmetropole hat solche Zusagen für ihre Zukunft wie Jerusalem. Nach der Parusie wird Jerusalem die »Stadt des großen Königs«[45]. Sie wird im Tausendjährigen Reich das Hauptquartier des großen Königs und Friedensfürsten sein.

»Gehet ein, gehet ein durch die Tore! Bereitet dem Volk den Weg! Machet Bahn, machet Bahn, räumt die Steine hinweg! Richtet ein Zeichen auf für die Völker! Siehe, der Herr läßt es hören bis an die Enden der Erde: Saget der Tochter Zion: Siehe, dein Heil kommt! Siehe, was er gewann, ist bei ihm, und was er sich erwarb, geht vor ihm her.«[46]

Das Jerusalem-Syndrom ist für die Nationen – die es wissen könnten – ein Zeichen der bevorstehenden Parusie.

»Mache dich auf, werde licht; denn dein Licht kommt, und die Herrlichkeit des Herrn geht auf über dir! Denn siehe, Finsternis bedeckt das Erdreich und Dunkel die Völker; aber über dir geht auf der Herr, und seine Herrlichkeit erscheint über dir. Und die Heiden werden zu deinem Lichte ziehen und die Könige zum Glanz, der über dir aufgeht.«[47]

Unmittelbar vor der Parusie werden sich die verführten Nationen – wie auch Israel – in einer hoffnungslosen Lage befinden und werden nach der Parusie und der Verbannung Satans von der Lösung, die der große König für die Welt bringen wird, angezogen. Zum erstenmal seit Jahrtausenden wird auch das Judenproblem eine endgültige und gerechte Lösung finden, wenn der Wiederkommende Licht in die Verirrungen der Nationen bringen wird. Nur im Lichte der Wahrheit können die Nationen ihre Verführungen und Irreführungen erkennen; dies umso besser, da der Diabolos mit dem falschen Propheten und dem Tier von der Weltbühne ausgeschaltet sein wird[48].

---

[45] Ps 48,1-4.
[46] Jes 62,10.11.
[47] Jes 60,1-3.
[48] Offb 19,20; 20,1-3.

Eine Voraussetzung, auf der Christus sein Friedensreich aufbauen kann, ist die Ausschaltung des Diabolos, der die Nationen verführt. Von diesem unheilvollen Einfluß werden die Nationen nach der Parusie nicht mehr hin- und hergerissen. Ohne Zwang werden sie zum erstenmal das Verlangen haben, die Lehre Jahwehs zu hören und zu befolgen. Alle Versuche, ein neues Zeitalter mit einer heilen Welt vor diese Ereignisse zu verlegen, werden früher oder später im Chaos enden.

»In den letzten Tagen aber wird der Berg, darauf des Herrn Haus ist, fest stehen, höher als alle Berge und über die Hügel erhaben. Und die Völker werden herzulaufen und viele Heiden werden hingehen und sagen: Kommt, laßt uns hinauf zum Berge des Herrn gehen und zum Hause des Gottes Jakobs,[49] daß er uns lehre seine Wege und wir in seinen Pfaden wandeln! Denn von Zion wird Weisung ausgehen und des Herrn Wort von Jerusalem. Er wird unter großen Völkern richten und viele Heiden zurechtweisen in fernen Landen. Sie werden ihre Schwerter zu Pflugscharen und ihre Spieße zu Sicheln machen. Es wird kein Volk wider das andere das Schwert erheben, und sie werden hinfort nicht mehr lernen, Krieg zu führen. Ein jeder wird unter seinem Weinstock und Feigenbaum wohnen, und niemand wird sie schrecken. Denn der Mund des Herrn Zebaoth hat's geredet. Ein jedes Volk wandelt im Namen seines Gottes, aber wir wandeln im Namen des Herrn, unseres Gottes, immer und ewiglich!«[50]

»… und Jahweh wird König über sie sein auf dem Berge Zion von nun an bis auf Weltzeiten.«[51]

»Sondern zu jener Zeit wird man Jerusalem nennen „Des Herrn Thron", und es werden sich dahin sammeln alle Heiden um des Namens des Herrn willen zu Jerusalem, und sie werden nicht mehr wandeln nach ihrem verstockten und bösen Herzen.«[52]

Allein Jesus Christus, der bei seinem ersten Kommen in die Welt die Bedingungen erfüllte, um die Macht übernehmen zu kön-

---

[49] Also nicht mehr der Gott Ismaels!
[50] Micha 4,1-5; Jes 2,2-4.
[51] Micha 4,7 (Buber).
[52] Jer 3,17.

nen (siehe Phil 2,5-11), wird eine dauerhafte Lösung für das Nahost- und das mit ihm verknüpfte Weltproblem bringen. Nach diesem Tag seufzt eine Welt in Agonie.

»Denn das ängstliche Harren der Kreatur wartet darauf, daß die Kinder Gottes offenbar werden. Die Schöpfung ist ja unterworfen der Vergänglichkeit – ohne ihren Willen, sondern durch den, der sie unterworfen hat –, doch auf Hoffnung; denn auch die Schöpfung wird frei werden von der Knechtschaft der Vergänglichkeit zu der herrlichen Freiheit der Kinder Gottes. Denn wir wissen, daß die ganze Schöpfung bis zu diesem Augenblick mit uns seufzt und sich ängstet.«[53]

Die Kreatur wartet und sehnt sich in heftigem Verlangen... Auch Christus wartet, »bis seine Feinde zum Schemel seiner Füße gemacht werden«[54]. An jenem Tag wird die ganze Schöpfung in das Jubellied einstimmen:

»Der Himmel freue sich, und die Erde sei fröhlich; das Meer brause und was darinnen ist; das Feld sei fröhlich und alles, was darauf ist; es sollen jauchzen alle Bäume im Walde vor dem Herrn; denn er kommt.«[55]

An Jerusalem ist nicht nur die Zeit der Nationen gemessen, sondern auch der Weltfrieden ist mit dem Frieden Jerusalems verknüpft.

Im Klartext bedeutet dies, daß es keinen dauerhaften Frieden geben kann, solange die Verheißungen, die Jahweh für diese Stadt gegeben hat, nicht erfüllt sind und Israel nicht im messianischen Friedensreich lebt.

So lange Jerusalem nicht in den messianischen Frieden eingegangen ist, kann und wird es keinen dauerhaften und gerechten Frieden geben, weder für Israel noch für die Nationen.

Darum sollten wir für den Frieden Jerusalems beten (Ps 122,6; Jes 62,6-7). Dies heißt, wir sollen darauf hinarbeiten, daß der letz-

---

[53] Röm 8,19-22.
[54] Hebr 10,13.
[55] Ps 96,11-13.

te Heide in die Gemeinde eingehe und beten: »Komme bald, Herr Jesus!«. Dann erst wird sich Jesaja 19,23-25 erfüllen:

> »Zu der Zeit wird eine Straße sein von Ägypten nach Assyrien, daß die Assyrer nach Ägypten und die Ägypter nach Assyrien kommen und die Ägypter samt den Assyrern Gott dienen.
>
> Zu der Zeit wird Israel der dritte sein mit den Ägyptern und Assyrern, ein Segen mitten auf Erden; denn der Herr Zebaoth wird sie segnen und sprechen: ›Gesegnet bist du, Ägypten, mein Volk, und du, Assur, meiner Hände Werk, und du Israel, mein Erbe!‹«

Dieses Friedensreich ist von der Wiederkunft des Friedensfürsten abhängig (Jes 9,5). Die Wiederkunft Jesu Christi ist ihrerseits von der Erfüllung der Prophetie abhängig (Apg 3,21).

Dieses noch zukünftige, weltumwälzende Ereignis wird der Tag sein, an dem Israel im wiederkommenden Jeshua seinen Maschiach erkennt (Sach 12,10), der das vor Jahweh allein gültige Versöhnungsopfer ist (Hebr 2,9-11; 10,1-18). So ist die Bedingung dieses Friedens die Versöhnung, die Jahweh vor bald 2 000 Jahren auf Golgatha geschaffen hat. Diese Versöhnung ist nicht allein der Garant für die Ekklesia in der Ewigkeit für diejenigen, die schon während ihres Lebens in Christus ihren Frieden gefunden haben (Eph 2,11-17), sondern ist auch das Fundament für das Tausendjährige messianische Friedensreich. Dann wird die Welt von Jerusalem aus vom Wort der Wahrheit überflutet.

> »Denn wenn ihre (der Juden) Verwerfung die Versöhnung der Welt ist, was wird ihre Annahme anderes sein als Leben aus den Toten!« (Röm 11,15).

Die Welt wird in das Goldene Zeitalter eingehen und Jerusalem wird die Stadt des großen Königs (siehe Ps 48,3; Mt 5,35).

Das wird das biblische New Age sein.

Nachwort

Das Gleichnis vom Unkraut unter dem Weizen

»Er legte ihnen ein anderes Gleichnis vor und sprach: Das Himmelreich gleicht einem Menschen, der guten Samen auf seinen Acker säte. Als aber die Leute schliefen, kam sein Feind und säte Unkraut zwischen den Weizen und ging davon.
Als nun die Saat wuchs und Frucht brachte, da fand sich auch das Unkraut.
Da traten die Knechte zu dem Hausvater und sprachen: Herr, hast du nicht guten Samen auf deinen Acker gesät? Woher hat er denn das Unkraut?
Er sprach zu ihnen: Das hat ein Feind getan. Da sprachen die Knechte: Willst du denn, daß wir hingehen und es ausjäten?
Er sprach: Nein! damit ihr nicht zugleich den Weizen mit ausrauft, wenn ihr das Unkraut ausjätet.
Laßt beides miteinander wachsen bis zur Ernte; und um die Erntezeit will ich zu den Schnittern sagen: Sammelt zuerst das Unkraut und bindet es in Bündel, damit man es verbrenne; aber den Weizen sammelt mir in meine Scheune« (Mt 13,24-30).

»Da ließ Jesus das Volk gehen und kam heim. Und seine Jünger traten zu ihm und sprachen: Deute uns das Gleichnis vom Unkraut auf dem Acker.
Er antwortete und sprach zu ihnen: Der Menschensohn ist's, der den guten Samen sät.
Der Acker ist die Welt. Der gute Same sind die Kinder des Reichs. Das Unkraut sind die Kinder des Bösen.
Der Feind, der es sät, ist der Teufel. Die Ernte ist das Ende der Welt. Die Schnitter sind die Engel.
Wie man nun das Unkraut ausjätet und mit Feuer verbrennt, so wird's auch am Ende der Welt gehen.

Der Menschensohn wird seine Engel senden, und sie werden sammeln aus seinem Reich alles, was zum Abfall verführt und die da Unrecht tun, und werden sie in den Feuerofen werfen; da wird Heulen und Zähneklappern sein. Dann werden die Gerechten leuchten wie die Sonne in ihres Vaters Reich. Wer Ohren hat, der höre!« (Mt 13,36-43).

In diesem Gleichnis ist der Zeitabschnitt zwischen Pfingsten und der Entrückung der Gemeinde, respektive dem Jüngsten Gericht, zu erkennen. Bis zur Parusie ist unsere Welt der Machtbereich des Satans[1], der von Christus Mörder von Anfang, Lügner und Vater derselben genannt wird (Joh 8,44), dessen Ziel es ist, die Welt mit ihren Bewohnern geistlich und physisch zu zerstören, mit Erfolg, wie es heute scheint.

Bis dahin bildet die Gemeinschaft der Gläubigen die Hefe im Teig, das Salz in der Welt, die Schafe inmitten der Wölfe. Gehen wir vom Senfkorn aus, so ist dies das kleinste Samenkorn. Das Reich Gottes wird unter anderem auch mit dem Schatz im Acker verglichen. Der Schatz bleibt in der Welt verborgen, wie Christus sagte: »Ihr seid in der Welt, aber nicht von der Welt« (siehe Joh 15,19; 17,14-16). Erst wenn der König – wie geschrieben steht – wiederkommt, wird der Schatz in der Herrlichkeit Jesu Christi sichtbar.

Um die Aufmerksamkeit der Menschen vom göttlichen Heilsplan abzulenken, manipuliert der Satan die Menschheit seit dem Sündenfall auf Selbsterlösung. Wohin dies führt, konnten wir in den vergangenen Kapiteln erkennen.

Immer wieder haben sich die Menschen von Philosophien, leeren Truglehren und von den Mächten dieser Welt verführen lassen. Sie haben den göttlichen Heilsplan nicht erkannt und haben die Geister nicht geprüft, ob sie von Jahweh sind[2], darum hat sie Gott ihrem untauglich gewordenen Verstand überlassen[3].

In dieser Welt lebt die Ekklesia. Sie ist in ihr ein Fremdkörper[4]. Sie ist im Acker eine Ausnahme und dennoch hat keine Macht der

---

[1] Siehe Lk 4,5-8; 1. Joh 5,19; 2. Kor 4,4; Apg 26,18; Eph 2,2 u.a.
[2] 1. Joh 4,1.
[3] Siehe Röm 1,18-32; Joh 3,19.
[4] Joh 17,14-16.

Welt diese Welt mehr verändert als diejenigen, die auf das kommende messianische Reich warten. Der zum vollen Mannesalter ausgewachsene Gläubige, der seine Kraft aus der lebendigen Quelle schöpft, ist Licht und Salz in dieser Welt. Er hat den Auftrag, den göttlichen Ratschluß und Heilsplan weiterzugeben, bis er kommt. Solange der König abwesend[5] und der Satan noch nicht gebunden ist[6], wird der Weizen sich damit abfinden müssen, mit dem Unkraut zu leben. Solange das Unkraut noch im Acker ist, können wir nicht vom Reich Gottes in unserem Zeitabschnitt reden. Dieses Reich Gottes ist durch den Heiligen Geist in jedem Gläubigen inwendig[7]. Jeder gläubige Christ trägt in sich die Erstlingsgarben des kommenden Reiches und wird somit zum Zeugen des kommenden Königs. Es war und ist ein Trugschluß und eine Irreführung zu glauben, daß die Kirche das Reich Gottes ist, oder daß das Reich Gottes durch die Kirche oder irgendeine andere Philosophie entstehen würde. Für unseren Zeitabschnitt sagt Christus dem Pilatus:

»Mein Reich ist nicht von dieser Welt (Zeit)« (Joh 18,36).

Das Reich Gottes kommt mit dem in Kraft und Herrlichkeit wiederkommenden König[8].

»Denn er selbst, der Herr, wird, wenn der Befehl ertönt, wenn die Stimme des Erzengels und die Posaune Gottes erschallen, herabkommen vom Himmel, und zuerst werden die Toten, die in Christus gestorben sind, auferstehen. Danach werden wir, die wir leben und übrigbleiben, zugleich mit ihnen entrückt werden auf den Wolken in die Luft, dem Herrn entgegen; und so werden wir bei dem Herrn sein allezeit. So tröstet euch mit diesen Worten untereinander« (1. Thess 4,16-18).
»Denn Gott hat uns nicht bestimmt zum Zorn, sondern dazu, das Heil zu erlangen durch unsern Herrn Jesus Christus« (1. Thess 5,9).

---

[5] Siehe Apg 3,19-21.
[6] Siehe Offb 20,1-3.
[7] Lk 17,21; Eph 1,13.14.
[8] Mt 24,29-31; Lk 21,29-33.

Die mit dem König aller Könige und Herrn aller Herren wiederkommende Gemeinde wird mit ihm regieren tausend Jahre[9].

Die Wiederkunft dessen, der in seinem ersten Weltdurchgang die Grundlage für seine Wiederkunft und Weltherrschaft gelegt hatte, wird die Lösung der Weltprobleme sein, darum sehnen sich der Geist und die Braut nach der Begegnung mit ihrem Bräutigam.

>Es spricht, der dies bezeugt: Ja, ich komme bald. – Amen, ja, komm, Herr Jesus!« (Offb 22,20).

Bis zur Parusie können wir sagen:

>Jetzt aber sehen wir noch nicht, daß ihm alles untertan ist« (Hebr 2,8).

Denn Jesus Christus »wartet hinfort, bis seine Feinde zum Schemel seiner Füße gemacht werden« (Hebr 10,13).

Nach den Prophezeiungen, die merklich näher rücken, sind wir heute am Ende der Endzeit angelangt, von der Christus sagt:

>Wenn aber dieses anfängt zu geschehen, dann seht auf und erhebt eure Häupter, weil sich eure Erlösung naht« (Lk 21,28).

Dieses Gleichnis ist die beste Beschreibung unserer Zeitrechnung und gibt dem wiedergeborenen Christen Anweisungen, wie er sich verhalten soll. Die Toleranz der Christen soll kein Kompromiß mit dem Unkraut, sondern Identitätsbewahrung und Ausharren bis zur Ernte sein. Der wiedergeborene Christ sollte – mitten im Unkraut – den Mut haben, Weizen zu sein und nicht eine Kreuzung zwischen Unkraut und Weizen.

>Ich beschwöre dich vor dem Angesicht Gottes und Christi Jesu, welcher dereinst Lebende und Tote richten wird, und bei seiner Erscheinung und bei seiner Königsherrschaft« (2. Tim 4,1 Menge-Übersetzung).

---

[9] Offb 20,4-6.

Marius Baar
Nahost – Auftakt zu Weltbrand oder Weltfrieden?
Erbschaftsstreit zwischen Ismael und Isaak um Volk, Land und Segen
480 Seiten, Bestell-Nr. 56 766

Der Nahe Osten wird zum Brennpunkt der Weltgeschichte. Wem gehört das Land und die Verheißung? Israel oder Ismael (Araber)? Viele Einzel-Vorgänge sind schwer einzuordnen in die Gesamtschau der Bibel und ihrer Prophetie. Baar, der 25 Jahre unter Muslimen arbeitete, entfaltet interessante neue Gedankengänge, die angesichts des erwachenden Islam gehört und geprüft werden sollten. Ein packendes Buch, das aktuelle und zentrale Fragen der biblischen Prophetie aufgreift.

Lutz E. von Padberg
Ethik im Spannungsfeld von Selbstverwirklichung und Gottesorientierung
64 Seiten, Bestell-Nr. 57 138

»Die Frage nach der Ethik hat Konjunktur«, konstatiert der Autor. In der Tat: Die Begriffe Friedensethik, Bioethik, Medizinethik und andere Kombinationen gehen heute vielen unbefangen über die Lippen. Was Ethik nun eigentlich bedeutet, welche Grundmodelle es gibt und wo die Problemfelder heute liegen, das zeigt der Autor im ersten Teil dieses Büchleins auf, das auch der Laie gut verstehen kann. Im zweiten Teil geht es dann um biblische Ethik: Ihre Grundlagen, ihr absoluter Gültigkeitsanspruch und ihre Leitlinien.

Lothar Gassmann
Die Zukunft findet doch statt!
Die Krisen der Welt und die Zeichen der Zeit
112 Seiten, Tb, Nr. 456876

Das Buch liest sich spannend wie ein Roman. Es ist leicht verständlich geschrieben. Waghalsige Zukunftsspekulationen stellt der Verfasser nicht an. Ein Buch für interessierte Bibelleser und aktive Christen.

David Dolan
Krieg um das heilige Land?
Israels Kampf ums Überleben bis heute
224 Seiten, Pb, Nr. 458027

Der Hauptteil dieses Buches beschäftigt sich mit der Geschichte des Judenvolkes und seiner Nachbarn in den vergangenen zwei Jahrtausenden. Eingeschoben werden immer wieder persönliche Erlebnisse in den zurückliegenden Jahren. Ein Buch zum besseren Verständnis der andauernden Krise im Nahen Osten.

Bitte fragen Sie in Ihrer Buchhandlung nach diesen Büchern

The Registers of Christ Church Cathedral, Dublin

EDITED BY

Raymond Refaussé with Colm Lennon

FOUR COURTS PRESS • DUBLIN

This book was typeset in 11 on 12.5 point Ehrhardt for
FOUR COURTS PRESS
Fumbally Lane, Dublin 8, Ireland
e-mail: info@four-courts-press.ie
and in North America for
FOUR COURTS PRESS
c/o ISBS, 5804 N.E. Hassalo Street, Portland, OR 97213.

A catalogue record for this title
is available from the British Library.

ISBN 1-85182-344-1

The device on the case of this book and on the half-title
page is based on an early sketch of the Cathedral by
William Wright (1655) and is taken from Revd John
Lubbock Robinson's *Handbook to the Cathedral Church
of the Holy Trinity commonly called Christ Church, Dublin*
(Dublin, 1914).

Printed in Great Britain by Antony Rowe Ltd, Chippenham, Wilts.

CONTENTS

SERIES EDITOR'S PREFACE

This is the fourth volume of the Christ Church documents series which is part of the wider Christ Church history project. Like its predecessors, its aim is to make more accessible those texts which throw light not only on the history of Christ Church cathedral but also on the wider development of the city of Dublin. This volume does this by presenting a series of documents which help us to identify those people from the city who were associated with the cathedral in various ways from the late middle ages until the beginning of this century and to examine how those linkages changed over time.

This exercise is possible because of the unique position of the cathedral archive extending over a long period and preserving material which in other contexts has been scattered or destroyed. The medieval book of obits, originally published in 1844, is reprinted here and this is linked with the early modern period by using funeral entries from the proctors' accounts. From the early eighteenth century we have records of baptisms, marriages and burials in the cathedral registers. The survival of these documents allows the reconstruction of the cathedral community and makes it possible to chart its fluctuating relations with the wider world in a way that is not possible for any other Irish ecclesiastical community.

Those involved in the Christ Church history project are indebted to Colm Lennon for his analysis of the book of obits contained in the introduction. We are also grateful to the Director of the National Archives for permission to publish the registers and to the Board of Trinity College, Dublin for permission to reproduce an illustration from the book of obits; to Brigid Mc Cormack who made the initial transcript of the registers; to Mary Clark and Grainne Doran of Dublin City Archives for their insights; and to the staff of the Representative Church Body Library, Heather Smith, Mary Furlong and Susan Hood for their support.

Raymond Gillespie
Series Editor

A HISTORY OF CHRIST CHURCH, DUBLIN

DOCUMENTS

INTRODUCTION

I

ew institutions in Ireland have survived from the middle ages to the
twentieth century: no schools, apart from the choir schools of the two
Dublin cathedrals, no universities, no trade guilds, other than the Dublin
goldsmiths, no religious confraternities or charitable foundations – essentially only central government, municipal corporations and the church. Of
those bodies which have survived, even fewer have a sufficient quantity of
records to permit a satisfactory investigation of their membership over a
sustained period. Inadequacies in record keeping, which were commonplace
in Ireland; the unsettled nature of the country which militated against the
systematic keeping of records and their safe storage; and, most catastrophic
of all, the fire in the Public Record Office of Ireland in 1922, which deci-
mated the archives of church and state, ensured that much of the writing of
institutional history in Ireland would, at best, be an exercise in impression-
ism.

Only the records of Dublin, Galway and Waterford corporations and, in
the case of the church, the archives of the dioceses of Armagh, Dublin and
Ossory and those of the Dublin cathedrals of St Patrick's and Christ Church
bridge the medieval and modern worlds. In most instances these record
series are seriously depleted. The freedom records of Dublin corporation,
which begin in 1234, are the earliest and most sustained institutional membership records in Ireland although even these are not complete for there
are gaps in the series from 1249 to 1468 and from 1512 until 1576.[1] In contrast the records of freedom admissions for Waterford do not begin until
1543 while in the case of Galway, although there are lists of the mayors,
officials and councillors from 1485, there are no surviving records of the
wider municipal community for the late medieval or early modern periods.[2]

Within the church, Armagh is the best documented of the Irish dioceses[3] with its incomparable set of episcopal registers beginning with that of
Milo Sweetman in 1361 but there are significant gaps in the series, notably
between 1540 and 1678 and from 1719 to 1871. More importantly the registers are essentially compilations of documents relating to the rights and

1   Mary Clark 'Sources for Irish Freemen' in *Aspects of Irish genealogy* (Naas, 1993).
2   J.T. Gilbert 'Archives of the Municipal Corporation of Waterford' and 'Archives
    of the Town of Galway' in Historical Manuscripts Commission, *10th report* (1885),
    app., part V, pp 265–339 & 380–520.

privileges of the bishop and contemporary memoranda which would be necessary for the administration of the diocese. Whilst some of this material relates to clergy and diocesan officials the registers are not sustained sources for the membership of the diocesan community. The subscription rolls, which should be a more important source for the recording of diocesan appointments, survive for Armagh only from 1700. The most extensive set of subscription rolls are those for Dublin, Glendalough and Kildare but these do not begin until 1667 and for the late medieval and early modern periods the Dublin diocesan archive is fragmentary as is that of Ossory.[4]

Nonetheless the institutional membership of the church has attracted considerable attention but almost exclusively from the point of view of the clergy. The indefatigable Canon J.B. Leslie, together with a small number of clerical predecessors and contemporaries, spent a life time compiling what he called biographical succession lists of Irish clergy. These works, some of which were printed and many of which remain unpublished, detail clerical successions in parishes, dioceses and cathedrals from the fifth until the mid twentieth century and are invaluable sources for research into the composition of ecclesiastical institutions.[5] They are, however, narrow in their confines concentrating almost exclusively on clergy and providing few insights into the wider world of the church in which the laity played an important part.

The principal sources for lay activity in the Church of Ireland are the registers of baptisms, marriages and burials, the records of the parish vestries and guilds, the accounts of cathedral proctors and the records of cathedral fraternities. However, no parish registers survive before 1619 and the earliest extant vestry minutes begin in 1595[6] while the Guild of St Anne, in

3 The Armagh diocesan records are Public Record Office of Northern Ireland Dio. 4.
4 The Dublin, Glendalough & Kildare and Ossory diocesan records are Representative Church Body Library, D6 and D11 respectively.
5 Published clerical succession lists are available for the dioceses of Armagh, Cashel & Emly, Clogher, Connor, Cork, Derry, Down, Dromore, Ferns, Ossory, Raphoe, Ross, Waterford & Lismore, and for St Patrick's cathedral, Dublin. The papers of Canon J.B. Leslie which contain unpublished succession lists for the remainder of the Irish dioceses and cathedrals are Representative Church Body Library, MS 61.
6 The parish of St Werburgh, Dublin has churchwardens' accounts from 1481 (Representative Church Body Library, P326/27/1) and the parish of St John, Dublin has a collection of deeds from 1249 (Trinity College, Dublin, MS 1477) and a vestry minute book for the years 1595–1658 (Representative Church Body Library, P328/5/1) but these are exceptional survivals. Most Irish vestry records are extant only from the eighteenth century.

the church of St Audoen, Dublin, is the only parochial confraternity with a significant archive.[7] So the available sources clearly limit the extent to which parish life can be studied.

In the case of cathedrals, however, the scenario is a little more promising. Like parishes, cathedrals attracted the devotion of the laity because they provided for the traditional christian rites of passage (baptism, marriage and burial) and, before the Reformation, were sites of pilgrimage and centres for religious guilds and confraternities. Furthermore, as the most prestigious, often the oldest, and usually the most substantial church in the diocese they attracted royal and civic patronage and the attention of a wider body of laity who wished to be associated with this. The greater wealth and prestige, and the activity which this generated, inevitably induced more substantial record keeping than in the parishes and so, in theory at least, the records of the cathedrals ought to be prime sources for the study of institutional membership.

However, only the two Dublin cathedrals, St Patrick's[8] and Christ Church[9], have significant archives. In the case of the former the registers begin in 1677 and are not significantly predated by the proctors' accounts while the records of the cathedral fraternity, the Guild of St Augustine, are confined to a few mid-fourteenth century admission entries in the Dublin troper, a fourteenth century liturgical manuscript with administrative addenda, which is associated with St Patrick's.[10] In Christ Church, although the registers do not begin until 1710, the proctors' accounts from 1542, which contain information on burials in the cathedral, provide a link with the book of obits, a record of the cathedral fraternity which was compiled in the late fifteenth century. Thus Christ Church alone among Irish ecclesiastical institutions has sufficient archival material to allow an examination of

7 The records of the Guild of St Anne from the 13th century are largely in the Royal Irish Academy. See particularly Colm Lennon 'The Chantries in the Irish Reformation; The case of St Anne's Guild, Dublin 1550–1630, in R.V. Comerford et al. (eds) *Religion, conflict and coexistence in Ireland* (Dublin, 1990), pp 6–25 and more generally Mary Clark and Raymond Refaussé (eds) *Directory of historic Dublin guilds* (Dublin, 1993).

8 The muniments of St Patrick's cathedral are Representative Church Body Library, C2. The register was printed as *The registers of baptisms, marriages, and burials in the collegiate and cathedral church of St Patrick, Dublin, 1677–1800* (ed.) J.H. Bernard (Dublin, 1907).

9 The muniments of Christ Church cathedral are Representative Church Body Library, C6.

10 See particularly G.J. Hand 'Cambridge University Additional MS 170' in *Reportorium Novum* vol. ii, (1957–8), pp 17–32 and more generally Clark and Refaussé *Directory of ... Dublin guilds.*

its community and the interaction of that community with the wider world from the late middle ages to the dawn of the twentieth century.

II

Of the three sources for the study of the cathedral community two, the proctors' accounts[11] and the registers,[12] are still among the Christ Church muniments, while the earliest, the book of obits, is in the library of Trinity College, Dublin[13]. The book of obits is a register of those for whose souls the community prayed with the day of the month on which they were to be remembered in the priory's round of devotions. It is a parchment manuscript measuring 270 x 175 mm with one main and many supplementary hands. The dates and opening words for each entry are in red but otherwise there is no decoration. It was compiled from earlier sources in the second half of the fifteenth century, although there are subsequent additions from the sixteenth century, and is generally accepted to be the work of Thomas Fyche, the sub-prior of Holy Trinity, whose obit on 17 January 1518 is recorded in the volume in a later hand. The manuscript is similar in general character and script to the Liber Albus, an early sixteenth century Christ Church register which contains an ascription to Fyche, and it seems likely that the book of obits was compiled in the priory under his guidance. The text of the manuscript was published in 1844 by the Irish Archaeological Society[14] and for the purposes of this edition that text has been reproduced but the rubrication has not been included.

    The obits are now bound with the thirteenth century martyrology of the priory. It was not unusual in monastic communities for the obits, martyrology and the rule to be bound in the same volume from which they could be conveniently read daily in chapter but when the two parts of this manuscript were brought together is not clear for the book was rebound in the 1740s by John Exshaw for the library of Trinity College[15]. The book was evidently in use in Christ Church until at least the 1550s[16] when it was

11 Representative Church Body Library, C6/1/15/1; C6/1/26/3 & 16.
12 Representative Church Body Library, C6/1/19/1–2.
13 Trinity College, Dublin, MS 576.
14 *The book of obits and martyrology of the cathedral church of the Holy Trinity, commonly called Christ Church, Dublin* edited by J.C. Crossthwaite with an introduction by J.H. Todd (Dublin, 1844).
15 M.L. Colker *Trinity College Library Dublin. Descriptive catalogue of the medieval and renaissance manuscripts* (2 vols, Aldershot, 1991) i, p. 18.
16 Representative Church Body Library, C6/1/7/1, f.1 and Raymond Gillespie (ed.), *The first chapter act book of Christ Church cathedral, Dublin, 1574–1634*

referred to in the chapter acts but its location from then until the mid-seventeenth century is unknown. J.H. Todd thought that the manuscript had come to Trinity College with the collections of James Ussher which were presented to the college by Charles II in 1661[17] but the cathedral chapter clearly believed it to be in Trinty as early as 1644 when they wrote to the provost seeking its return.[18]

The late medieval book of obits is linked to the eighteenth century registers by the proctors' accounts, which begin in 1542. These contain entries for sums of money received for funerals in the cathedral and can be used to re-create partially the burial registers for the second half of the sixteenth and for the seventeenth centuries.[19] The proctors' accounts, for the period between the book of obits and the opening entry of the first register in 1710, survive as two paper guard books of once loose annual accounts, both rough drafts and fair copies, covering the periods 1541 to 1668[20] and 1667 to 1738,[21] and a paper volume of fair copies for the years 1665 to 1702.[22] However, there are gaps in the series of loose accounts notably between 1542–1589, 1597–1612 and 1641–1662. The loose accounts were made up into guard books in the middle of the eighteenth century by the antiquary John Lyon who had previously arranged the archives of St Patrick's cathedral. His work was well regarded both by contemporaries and by later commentators[23] and so it seems likely that the missing accounts had already been lost by the time that he undertook his reorganization of the Christ Church muniments. Of the accounts which have survived not all are useful. Some, for example those between 1636 and 1639, do not include receipts but only disbursements while others contain only a gross figure for receipts with no indication of the sources of this income. In most instances, however, each annual account has a section for extraordinary receipts which includes the funeral entries that are printed below.

The first extant register of Christ Church begins in 1710, in the case of burials, and in 1752 and 1766 for marriages and baptisms respectively.[24]

(Dublin, 1997), p. 23. The entry is undated but is a copy of an entry from a now lost Marian chapter book and must be from the period 1557–1558 (Gillespie p. 232, n. 4).

17 Crossthwaite & Todd *The Book of obits*, p. v.
18 Representative Church Body Library, C6/1/8/2: chapter act of 11 March 1644.
19 For the background to the proctors' accounts see Raymond Gillespie (ed.), *The proctor's accounts of Peter Lewis 1564–1565* (Dublin, 1996) pp 9–10.
20 Representative Church Body Library, C6/1/26/3.
21 Representative Church Body Library, C6/1/26/16.
22 Representative Church Body Library, C6/1/15/1.
23 For an assessment of the Revd John Lyon see *Dictionary of National Biography*, *sub nomine*.
24 There is one interpolated marriage entry for 1719 and one interpolated baptis-

However, it seems likely that there were earlier entries which have not survived. In December 1697 the chapter resolved that the proctor should provide 'a book with parchment leaves and a strong cover for entering all marriages, christenings and burials within the Liberties of the ... church' and this was to be lodged in the chapter house where it would be the responsibility of the chapter clerk.[25] It is not clear whether this instruction was carried out (there are no contemporary or near contemporary inventories of the archives of the cathedral and the inventories which were made in the nineteenth century do not contain a reference to such a volume) and it may be that the present paper register, in its original form, was obtained instead. This register is clearly incomplete and it is distinctly possible that the initial entries dated from the late seventeenth century and that these have been lost. The register in its present form is a composite work which was assembled in 1875 by a member of the chapter, John Finlayson, prebendary of St Michael's. According to Finlayson the first fifty pages of the register contain all the original records of baptisms, marriages and burials which he found in 'the two old Registers of the Cathedral' which were in 'a very mutilated condition'[26]. There are no contemporary preliminaries which might be expected in a cathedral register (the late seventeenth century register of St Patrick's cathedral, Dublin, for example, has a title page which includes the year in which the book was begun[27]) and this serves to reinforce the belief that the early folios have been lost. There were no regulations in the Church of Ireland for the keeping of registers of baptisms, marriages and burials until the promulgation of the Irish canons in 1634[28]. The forty-sixth canon made mandatory the provision of 'one Parchment Book' for such a purpose but this applied only to parish churches and chapels and there seems to have been no requirement for cathedral chapters to follow suit. It may be, therefore, that Christ Church, despite its venerability as an ecclesiastical institution, had no register before the late seventeenth century and that the instruction of the chapter in 1697 to the proctor to 'provide a book with parchment leaves' was an echo of the canon, but one which was realised in the purchase of the extant paper register.

mal entry for 1740 but otherwise the baptismal entries begin in 1752 and the marriage entries in 1766.

25 Representative Church Body Library, C6/1/7/3: chapter act of 16 December 1697. Representative Church Body Library, C6/1/8/3, p.97. The Christ Church Liberty is defined in Thomas Reading's map of the Liberty, October 1761: Representative Church Body Library, C6/3/2.

26 This information is contained in a preface which Finlayson wrote and included in the reconstituted register.

27 Representative Church Body Library, C2/1/15/1.

28 *Constitutions and canons ecclesiastical ... of the Church of Ireland ... agreed ... in ... 1634* (Dublin, 1783).

The register, as assembled by Finlayson, is a narrow paper volume measuring 410 x 160 mm and bound, in typically nineteenth century fashion, in reverse calf decorated with a little, and now much degraded, blind tooling. The edges of many of the leaves have been damaged and this has resulted in the loss of much of the original pagination and a little text while some pages have been subjected to crude paper repair, commonplace in the late nineteenth and early twentieth centuries, which has, in places, obscured the text. The fifty pages of original entries are preceded by a table of contents, preface, list of authorities and an index, and are followed by notes on the text, a list of burials in Christ Church which are not included in the register, a list of undated burials from the book of obits, a list of monuments in the cathedral and a set of annals of Christ Church from 1038 to 1874. All the supplementary material is in the hand of Finlayson and is, presumably, his work. For the purposes of this edition the register and the two additional lists of burials, together with Finlayson's notes, have been printed as have his annals, which include some references to burials in the cathedral. The burial entries from the Christ Church registers, in an abbreviated form, and Finlayson's supplementary lists of burials were published in 1878[29] but the complete registers of baptisms, marriages and burials have not heretofore been printed.

The original entries which Finlayson rescued are varied in style and the work of many hands. There are occasional blocks of entries which have clearly been copied by one hand at the same time but this is consistent with the practice in parish churches[30] and the register is undoubtedly a contemporary record and not a substantial copying exercise from an earlier source. The eighteenth century entries are cursive in style and occasionally eccentric in sequence. For example the record of a baptism in 1740 has been entered in the space between a burial in 1718 and a burial in 1719 while three burials, from 1758, 1769 and 1769, appear between blocks of burial entries for 1726 and 1727. The style of these interpolations suggest that they are contemporary records which seem to have been entered in any space which was available with no regard for chronological sequence. This may suggest that the quality of record keeping was not high although it may also suggest that by the 1740s the register was all but full and that any available space was

---

29 John Finlayson *Inscriptions on the monuments, mural tablets etc at present existing in Christ Church Cathedral, Dublin. The names (so far as they have been ascertained) of persons buried within that church, but of whom no monumental records exist ...* (Dublin, 1878).

30 The 1634 canons required that the register was to be written up each Sunday by the minister in the presence of the churchwardens but the evidence of parish registers suggests that this regulation was not generally observed.

being used. However, since the register in its original form no longer survives this cannot be proved. From the early nineteenth century onwards the entries are more evenly spaced, more formal in appearance and are frequently signed, usually by the dean's vicar, although even here there are also instances of unevenness in the chronological sequence.

Apart from the interpolations of insequential material within pages it is clear that the sequence of pages, as reconstituted by Finlayson, is considerably different from that in the original two mutilated registers and also that a significant amount of material has been lost. Finlayson numbered the pages from one to fifty but enough of the original numeration survives to suggest a likely division of the surviving material between the two original registers. The earlier volume seems to be represented by two tranches of burial records for the years 1710–28 and 1732–54 and by the baptismal entries for 1752–59, while from the second register there are baptismal entries for 1766–1838, marriage entries for 1766–1826 and burial records for 1758–1848. If this division of material between the two registers is broadly correct and if, as postulated above, the first register may have been opened in the late seventeenth century then clearly much of this volume has been lost: all the baptismal entries before 1752 and a number between 1759 and 1766; all the marriage entries before 1766; the burial records before 1710 and between 1728 and 1732 and 1754 and 1758. The second register, in contrast, has largely survived and is missing only a portion at the end containing baptismal entries between 1838 and 1847 and marriage entries between 1826 and 1847.

The second of the extant registers is a nineteenth century parchment volume of the pro-forma type which seems to have been first supplied to the Church of Ireland in the early years of the nineteenth century by the Dublin stationer William Watson of Capel Street. The Christ Church register is a later improved version which was printed by Alexander Thom of Abbey Street, Dublin with the imprimatur of the Ecclesiastical Commissioners. The pages are ruled and the categories of information to be entered are specified ensuring, for the most part, a more uniform and fuller record. This volume contains entries for marriages from 1847 to 1989, burials from 1849 to 1866 and baptisms from 1847 to 1994 when the register was closed. However, for the purpose of this edition no entries after 1900 have been printed.

III

The book of obits comprises for the most part a list of the names of over 1,000 individuals whose obits are recorded calendarially. The book also contains at the beginning a list of the venerable and miraculous relics of the cathedral church of Holy Trinity, and at the end memoranda of the names of important benefactors and others whose remains were interred in the cathedral precincts and whose anniversaries were marked with special solemnity on some Sundays throughout the year.

Among the most important relics mentioned are the speaking crucifix, the Baculus Jhesu, or staff of St Patrick, and the altar stone of marble also associated with St Patrick. These were the principal objects of veneration, noted for their miraculous powers, which drew pilgrims to the cathedral during the late medieval period. The baculus in particular was a focus of devotion and also of solemn bargains and oaths contracted upon it in civil proceedings.[31] Its public destruction in 1538, on the orders of Archbishop George Browne, was part of a state-sponsored programme of iconoclasm to abrogate what were considered to be superstitious practices and also to enrich the crown with the precious items donated to shrines.[32] Included among the remaining items were relics of the Irish saints, Brendan, Patrick, Brigid, Columba and Laurence O'Toole.

The obits are listed under the days and months of the calendar year, beginning with 1 January. Each calendar entry has, in an ink which is different to that of the obit entries, a heading containing the golden number, the Sunday letter and the date. The first two of these data were used in the complex computation of the relationship between the ecclesiastical and astronomical years, centring on the date of Easter, down to and indeed after the Gregorian reform of the calendar in 1582.[33] The dates are numbered in the mode of the Roman calendar with Kalends, Nones and Ides indicating the day of the month. Thereafter follow the names of the deceased men and women who were commemorated on the appropriate day. For only nine of the 365 days are there no names listed, with other dates by contrast having entries for up to nine or ten obits.

The vast majority of the entries begin with 'ob.', the abbreviated form of 'obitum' referring to the commemoration of a death. The purpose of the book of 'obits' was not just to record the passing of individuals but also to register the keeping of their memory on the appropriate day, usually the anniversary of death. While in most cases the day of the obit was the actual date of death, some of those who were to be remembered died on dates

31 See, for example, Edmund Campion, *Two bokes of the Historie of Ireland*, ed. A.F. Vossen (Assen, 1963), p. 106.
32 M.V. Ronan, *The Reformation in Dublin* (London, 1926) pp 116–18.
33 For an explanation of the system of computation of the relationship between astronomical and ecclesiastical time, see G.R. Cheney, *Handbook of dates for students of English history* (London 1978), pp 6–9.

which were different to those under which they are entered. This applies, for example, to the more solemn commemorations of benefactors and other significant persons listed at the end of the book. Underlying the system of obituarial prayer and celebration was the belief in purgatory, the state or place to which the souls of the dead were consigned to suffer the temporal punishment due for their sins prior to their entry into heaven. Christian men and women provided for the assuaging of punishment due for their own sins and those of others by making provision for the saying of masses after their deaths in perpetuity or for a fixed period. The normal means of such provision was individually through a chantry or collectively through a confraternity or religious guild. These institutions were normally based in parish churches, associated with side-chapels dedicated to favoured patron saints, and supported by bequests and donations which maintained one or more chaplains whose principal function was to say or chant mass for deceased benefactors or guild-members.[34]

In the case of Christ Church those commemorated in the obits were *ex officio* or by induction members of the cathedral confraternity or 'congregatio'. On the death of members of the religious community of the cathedral or associated lay men and women, their names were inscribed in the book of obits and were thenceforth remembered at mass on their anniversaries by the prior and canons. While ecclesiastical and lay persons were listed together under the dates of their obits, members of the former group evidently qualified by virtue of their clerical standing. In that category are listed bishops, abbots, priors and subpriors, cathedral officers, priest-canons and brothers. A related group comprised ancillary staff of the cathedral. The lay people mentioned are pre-eminently those who were brothers and sisters of the confraternity. Included among these were 'conversi', lay brothers of the monastery, and 'canonici' and 'fratres' 'ad succurrendum', those who had taken the habit of the religious order on their deathbeds. There are also listed prominent state and municipal office-holders and citizens, many of whom made donations to the cathedral but some of whom are listed by virtue of their having held important posts.

The obits of many of the archbishops of Dublin from Donatus (2 Non. Maii), the eleventh-century founder of the cathedral,[35] to Hugh Inge who died in 1528 (3 Non. Aug.) are recorded, as are those of some bishops of other dioceses including Malachy of Kildare who had died in 1176. Many of the superiors and members of religious institutions in Dublin and elsewhere

---

34 See Lennon, 'Chantries in the Irish Reformation', Clark and Refaussé, *Directory of historic Dublin guilds*, pp 32–40.
35 Todd, in his introduction to *The book of obits*, p. xxxii, points out a mistake in the double entry of Donatus in the obits.

are commemorated, including the priors of All Hallows and St John of Jerusalem at Kilmainham, the abbots of St Mary's and St Thomas's, and the
abbesses of Hogges and Grace Dieu. The names of almost two dozen of the
thirty-six priors of the cathedral community down to 1539 form an important subgroup among those remembered, the latest deceased being Prior
William Hassard who died in 1537 (7 Id. Jan.). Among the subpriors whose
names are registered is that of Thomas Fyche who died on 17 January 1517
(16 Kal. Feb.), probably the compiler of most of the volume down to that
year.[36] Officials of the reconstituted Christ Church cathedral after 1539
scarcely figure, though the death in 1556 of John Mosse, the treasurer, is
noted (3 Id. Dec.), as are those of some officials of St Patrick's cathedral.
Two notable benefactors of Christ Church, Deans John Alen (d. 1505: 4
Non. Jan.) and Galfrid Fyche (d. 1538: 6 Id. Apr.) of St. Patrick's, are remembered in extended entries. Alen, the founder of an almshouse in the
vicinity of St Patrick's, intended to leave some books to the intra-mural
cathedral though he may ultimately have arranged for their sale to support
his charity.[37] Fyche donated twenty pounds as well as many other gifts for
the maintenance of Christ Church. Another notable official of St Patrick's,
Precentor James Humphrey, who died on 29 March 1550 (4 Kal. Apr.), had
been a figure of controversy in the early Reformation for refusing in his
prebendal church of St Audoen in 1538 to recite the bidding of the beads
affirming King Henry VIII's supremacy.[38]

Among the group of lesser clergy whose obits are listed the cathedral
canons feature most prominently. These were routinely recorded, as were
those described as 'priest and canon'. Several chaplains are also commemorated, some perhaps being supernumerary to the cathedral canons and others serving in chapels and guilds within and without the city. The members
of this group as well as the other priests and clerics who were not members
of the religious community of the cathedral qualify for remembrance through
their membership of the congregation or their donations to the cathedral.
There are also some instances of lay brothers, i.e. 'conversi' and those who
adopted the religious habit of the order of canons as they approached their
deaths. Lay ancillary staff of the cathedral community were also remembered: for example Walter Sennot, described as 'cocus noster' or 'our cook'
was commemorated on 24 December (9 Kal. Jan.), he also qualifying through
brotherhood of the congregation.

Just three-quarters of the names listed in the book of obits are those of
lay people. The kings, Edward IV (3 Non. Maii), Henry VIII (5 Kal. Feb.)

36 See above, p. 12.
37 See Todd, introduction, *Book of obits*, pp xxxii–xxxiv.
38 See Colm Lennon, *Sixteenth century Ireland* (Dublin, 1994), pp 113–14.

and Edward VI (4 Non. Jul.) are commemorated, the last, mentioned merely as 'filius Henrici', ironically in view of his regime (1547–53) having attempted to abolish every vestige of obituarial observance. Major aristocratic figures include Richard 'Strangewyll' or Strongbow, remembered on 20 April (12 Kal. Maii) for his donation to the cathedral of the villa of Balihamund, and more significantly on the Sunday after the feast of St Peter's Chains. Also celebrated on that day were the memories of William Marshall, Thomas FitzJohn, earl of Kildare, his wife, Johanna de Burgo, and the descendants of that couple. Other anglo-norman lords included were James Butler, earl of Ormond, who died in 1452 (10 Kal. Sept), Maurice FitzThomas, earl of Desmond, Earls Maurice (18 Kal. Sept.) and Gerald of Kildare (17 Kal. Nov.), as well as the Countesses Agnes Darcy of Kildare (3 Kal. Oct.) and Elizabeth FitzGerald of Ormond (8 Id. Aug.). Several highly-placed officials in the colonial administration of late medieval Ireland appear in the list of obits: among these are William Sutton, second baron of the exchequer, Walter St Lawrence of Howth, chief baron (8 Kal. Feb.), Philip Birmingham, chief justice of the king's bench (3 Kal. Feb.), Richard Delahyde, chief baron of the exchequer (4 Id. Jun.), Thomas Plunket, chief justice of the common bench (3 Non. Sept.), and William Brabazon, vice-treasurer, who died in 1552 (7 Id. Jul.).

The most numerous category of obits is that of brothers and sisters of the congregation or confraternity of the cathedral. Incorporation of members in the confraternity of the Holy Trinity might be marked by a donation to the cathedral, as in the case of the lady of Killeen who was received into 'our confraternity and the body of the Holy Trinity with certain of her children' and who gave a golden image of Blessed Mary to the high altar (12 Kal. Sept.). Other gifts may have been testamentary as indicated by 'legavit' or 'he' or 'she' 'bequeathed'. The benefits of membership of the congregation included participation in the liturgical round of the canons during one's lifetime and enrolment in the obituarial process after death. Enjoyment of the blessings of membership of the confraternity could be extended to spouses and children of members also, with a general commemoration of parents and benefactors held on 20 June (12 Kal. Jul.).

Women figure very prominently, mostly as sisters of the guild but also in their capacity as religious superiors. A list of the names of over 220 women provides a useful database for research, establishing clearly their role as donors and active participants in devotional practices. Although most entries for women merely state that they were sisters of the congregation, such details as familial relationships and dates of death may be helpful in further explorations. For example, we learn from the obit of Katerina Not that she was formerly wife of Richard Freman and that she died in 1557 (3 Kal. Feb.), and from the obit of Johanna Cusak that she was lady of Killeen, that she bequeathed many objects to the cathedral and that she died in 1451 (8 Id. Mart.). Rosina Hollywood of the gentry family of Artane, county Dublin, was wife of Alderman Arland Ussher, gave a vessel of 27 ounces of gold for the common table of the vicars and died in 1558 (12 Kal. Jul.), three years before her son Robert became mayor of Dublin.[39]

An underlining of the links between the cathedral and civic community occurs in the regularity of the enrolment of the names of mayors of Dublin in the book of obits. A total of thirty-six of the chief magistrates of the municipality were commemorated in this manner, their mayoralties covering the period from 1367–8 (Peter Woder) to 1538–9 (Thomas Fitzsimon). In all fifty of the mayoral years down to the later 1530s are represented by the names in the obits, some of the early fifteenth-century officers serving for more than one term. Half of those mayors listed were brothers of the congregation, and almost a quarter were donors.[40] The significance of Christ Church as a place of worship for the civic community and as a venue for civic ceremonial contributed to the closeness of the relationship. The swearing-in ceremony of the incoming mayor at Michaelmas took place in the cathedral and other solemn occasions in the civic calendar were held here. Thus it may not be surprising that many of the mayors of Dublin were granted obits *ex officio*. Prominent city dynasties represented by two or more members included those of Fitzsimon (Thomas and Walter), Newman (Thomas and William), Talbot (Hugo and William) and Ussher (Arland and Christopher). The Thomas Cusack whose obit was held on 9 November served as mayor of the city on eleven occasions between 1393 and 1430. Of all of these mayors, two, John Savage who served in 1493–4 and who died in 1499 and Richard Stanyhurst who held office from 1489–90 and who died in 1501, were especially honoured in the form of solemn remembrance at Sunday mass in the cathedral: both of them and their wives were interred within the precincts.

Thus the book of obits reads like a roll-call of civic and gentry families who were prominent in the Dublin area particularly in the later fifteenth and earlier sixteenth centuries. Another two dozen citizens of Dublin are recorded as having become congregation members. The professions of some are noted, as in the cases of Peter Heygley, a merchant and citizen of Dublin (9 Kal. Feb.), or John Stanton, a notary and citizen (3 Id. Feb.). Half of this group were donors of money or objects to the cathedral. The nexus of civic

39 See Colm Lennon, *The lords of Dublin in the age of Reformation* (Dublin, 1989), p. 273; Arland Ussher's obit is entered under 14 Kal. Feb. (d. 1557).
40 For a list of the mayors of Dublin during the period, see Jacqueline Hill 'Mayors and Lord Mayors of Dublin from 1229' in T.W. Moody, F.X. Martin, F.J. Byrne (eds), *A new history of Ireland*, vol ix (Oxford, 1984), pp 550–4.

and gentry families of the surrounding Pale region in Dublin society is reflected in the connections encompassed by the book of obits. For example, the remembrance of Roland Fitzeustace on the fourth Sunday of Advent was in recognition no doubt of his benefaction, though his chantry (the Portlester chapel) was in St Audoen's. Many members of the Hollywood family of Artane were commemorated, including Margaret who donated good linen cloth to the high altar (18 Kal. Sept.), and Rosina who was married to Arland Ussher (12 Kal. Jul.). The Barnewall family of Grace Dieu is represented by Patrick, the firm opponent of monastic dissolutions in the 1536–7 parliament and a brother of the congregation (Id. Nov.).[41] The Burnells of Ballyboggan were also represented – by John, a brother, who died in 1460 (3 Kal. Sept.). Other notable gentry families of the Pale mentioned are the Delahides, Dowdalls, Flemings, Finglases, Marewards, Nettervilles, Plunkets of Killeen and Dunsoghly, Prestons, Scurlocks, Suttons, Talbots and Walshes.

The range and scope of the donations from both rich and poor, members of the congregation and non-members, attest the affection in which the citizens held their intra-mural cathedral. Just over thirteen per cent of the obituarial names were of benefactors of the cathedral or religious community of Christ Church or both. Some of the donations were sums of money as small as 8d. or 1s. but the average monetary offering was 20s. or £1. Most of the donations of money were either towards the works of the cathedral or the maintenance of the prior and canons. Gifts of ornaments and sacerdotal objects were regularly given. These included chalices, a tabernacle, patens, vessels of gold, silver and bronze, spoons, chairs for the choir, a pulpit, vestments including copes and chasubles, altar linens and adornments for statues including that of the Madonna. One of the valuable donations was that of Thomas Plunket who gave gifts worth £100 including gold and silver and sacerdotal vestments (3 Non. Sept.). Specific donations were made to the chapels of St Edmund and the Blessed Virgin, including sums for repairs. Books were given by Dean John Alen (4 Non. Jan.), Thomas Montayng (2 Non. Mart.), Father John Walsh (7 Kal. Maii) and Richard Conry (6 Kal. Jun.). Some testators left lands and messuages to the cathedral, all the lands of Thomas Bennet and his wife, Elizabeth, in the townland of Ballymore, for example, being donated by them for the purpose of sustaining four 'paraphonistas' for the praise and honour of the Blessed Virgin Mary (10 Kal. Jun.). Other houses and properties within and without the

---

41 For a discussion of his role in the opposition to the Reformation legislation, see Brendan Bradshaw, 'The opposition to the ecclesiastical legislation in the Irish Reformation parliament' in *Irish Historical Studies*, xvi (1969), pp 285–303.

walls were bequeathed, including a mill beside the bridge and property in Oxmantown, north of St Michan's cemetery (15 Kal. Nov.).

Controversy attended the bequest of the extensive lands of the Passavaunt family by Robert Passavaunt, a brother of the congregation in 1489 (6 Id. Maii). The deeds of the Passavaunt and Stanihurst families attest the transfer of the properties of Juliana Passavaunt, mother of Alderman Richard Stanihurst who died in 1501 and was buried in the cathedral.[42] Richard's son, John, who was recorder of Dublin, entered the monastery of St Thomas in Dublin shortly before his death, intending to take the religious habit of the order. Stanihurst died intestate, having refused to make a will and denying all knowledge of the ownership of the Passavaunt lands. In November 1516 a case was heard before an ecclesiastical court in which the prior and canons of Christ Church attempted to assert their rights to the properties.[43] That the community was successful in this litigation is suggested by the fact that the obit of John Stanihurst (d. 1512), described as a brother of the congregation, was kept on 11 December (3 Id. Dec.), and that he and his parents, Richard Stanyhurst and Agnes Mareward, were commemorated solemnly at a Sunday mass in the cathedral.[44]

The roll of specially-commemorated men and women contains the names of some of the major benefactors of the cathedral. The former mayor and brother of the congregation, John Drake, left the vill of Smothiscourt and Colcot and Lowsill to the cathedral and he and his wife and children were prayed for annually on Whit Sunday. Master Richard Fych, possibly a relative of the compiler of the book down to the 1510s, was remembered with solemn exequies, with bells, in recognition of his generosity in giving £3 3s. 4d. to the prior and convent and ten marks to the works of the cathedral, for having a pulpit made and for giving many of the rest of his goods to the community. John Morwylle, a former mayor and possibly he who donated a house in St Michael's Lane, was accorded the privilege of a solemn mass on the Sunday following his anniversary in gratitude for his donation of a gilt chalice (inscribed with his name) and the funding of the glazing of the great west window, 'called the Westgable'. Almost forty prominent lay people, some of them benefactors and sisters or brothers of the congregation, are listed in the roll of those entitled to special solemnities because of their being buried in the cathedral or its precincts. Most of these had been very prominent in colonial or municipal life.

42 Trinity College, Dublin MS 1207, deeds of the Passavaunt and Stanihurst families, nos 169, 179, 184, 198, 199, 210.
43 Ibid., no. 210.
44 Todd speculates that this solemn commemoration was held on the Sunday after the feast of the conversion of St Paul, though the manuscript is not distinctly legible at that point: Todd, introduction, *Book of obits*, pp xxxviii–xxxix.

Besides the obituarial entries there are a number of entries which chronicle events in the history of the cathedral in the form of memoranda. Two of these relate to religious ceremonies: in 1414 John Cely, the bishop of Down, consecrated an altar to the Blessed Virgin Mary to the north of the choir and those who attended the celebratory mass were granted a ninety days' indulgence (2 Non. Apr.). A notice of the reception of the lady of Killeen into the confraternity of the Holy Trinity with some of her children occurs under the date of 21 August, with no year stated, having the additional information that a gilt image of St Mary worth £10 was donated to the high altar (12 Kal. Sept.).

The two other chronicled entries worth noting relate to Garret More FitzGerald, the eighth earl of Kildare. His obit was entered under 3 September with the extra details recorded that he had been lord deputy in Ireland, that he had in his lifetime given a set of gold-cloth vestments with a floral pattern to the cathedral and that in his last speech had left his purple gown of gold cloth for sacerdotal purposes. The earl also endowed the cathedral with a vill named Great Coporan with its appurtenances for the support of canons who might celebrate mass for his soul and that of Thomas Plunket, onetime chief justice of the common pleas, and for all the faithful departed. This donation takes the form of a chantry. The entry for 1 November 1506 records that the earl had visited the cathedral and on that occasion had offered the vestments of cloth of gold. The obsequious references to the Geraldine earl are a reminder of the ascendancy of the Kildare family in Irish political and social life for much of the period with which this book is concerned. It was in 1487 that Christ Church had staged the coronation of the pretender, Lambert Simnel, under the auspices of Kildare, a zealous Yorkist. He and his son, Garret Oge, bestrode the political scene down to the 1530s, the period during which the bulk of the obits were entered. Many of the clients and connections of the Geraldines are commemorated. It could be argued that the fall of the family from grace after the rebellion of Thomas, Lord Offaly, in 1534, paved the way for the ecclesiastical and administrative changes which challenged the obituarial system of prayer and remembrance in general and the structure of the late medieval cathedral of Christ Church in particular.

The latest entry of an obit is that for Rosina Hollywood for the year 1558 (12 Kal. Jul.). This was also the year of the death of Queen Mary and the accession of her half-sister, Elizabeth. Within two years the Reformation established the moderately-protestant Church of Ireland as the state church and the liturgy as promulgated in the *Book of Common Prayer* was thenceforth officially upheld. The practice of keeping of obits fell into desuetude as the salvation theology of the Reformation discountenanced belief in purgatory. Some of the older religious guilds of Dublin continued to function into the seventeenth century[45] but the confraternity of Christ Church would not have survived the cathedral's transition to place of worship for the new state church.[46] Such an outcome had perhaps been presaged by the destruction of the Baculus Jhesu in 1538 but the reconstituted cathedral community continued for another twenty years to keep the obits of its benefactors and well-wishers the pleas of many of whom for its preservation as a religious institution in 1539 were successful. The reciprocating system of mutual benefits, both spiritual and secular, which characterised the relationship between the cathedral and the community is well captured in the book of obits.

The book of obits is linked to the eighteenth century registers by the proctors' accounts which include payments made for funerals in the cathedral and so allow a partial reconstruction of a burial register for the late sixteenth and seventeenth centuries. This link is graphically illustrated by the first set of accounts to survive, those for 1542. These contain not only entries for funeral payments but also payments for the months mind and the twelve months mind thus clearly illustrating that despite Henry VIII's break with Rome and the subsequent dissolution of the religious houses (or, in the case of Christ Church, the conversion from a priory to a secular cathedral) religious practice continued much as before. Indeed of the eighteen names in the list of the twelve months mind eleven appear in the book of obits, further emphasising the continuity of obituarial practice.

Unfortunately no proctors' accounts survive for the subsequent decades and so they are not a source through which the development of the Reformation in Ireland can be traced. By 1589, when the accounts resume, the order had changed: gone were the months mind and twelve months mind ceremonies and only payments for burials and funerals were recorded. However, the categories of people associated with Christ Church through the proctors' accounts are similar to those which are evident in the book of obits of Holy Trinity, although not always to the same extent: members of the cathedral community, civic officials and prominent Dublin families, government officers, anglo-norman nobility.

Relatively few of the members of the cathedral community, that is the dignitaries and prebendaries, were buried in Christ Church in the late sixteenth and seventeenth centuries. Eight deans served during this period but only three, John Garvey,[47] James Margetson and William Moreton,[48] were

---

45 Colm Lennon, 'The survival of the confraternities in post-Reformation Dublin' in *Confraternitas*, vi, no. 1, (1995), pp 5–12.
46 Cf Gillespie (ed.), *Proctor's accounts of Peter Lewis*, pp 14–16.
47 See *D.N.B.*, *sub nomine.*
48 J.B. Leslie, Fasti of Christ Church cathedral, Dublin, Representative Church Body Library MS 61/2/2, p. 63.

buried in the cathedral and only Margetson appears in the proctors' ac-
counts. Of the remainder, three (Jonas Wheeler, Randolph Barlow and Robert
Mosson) became bishops and were buried in their diocesan cathedrals,[49]
Henry Tilson became bishop of Elphin in 1639 but died in England,[50] while
John Parry was buried with his father in St Audoen's church, Dublin.[51] The
profile is similar for the other members of the chapter: some, like Edward
Wettenhall[52] and William Fuller[53], died in England; others such as Thomas
Ram[54] were buried elsewhere with their families; but most were preferred to
other livings (which they held together with their Christ Church appoint-
ment or which caused them to resign from the Dublin chapter) where they
were buried. Furthermore, many of the prebendaries were buried in their
prebendal churches of St Michael, St Michan or St John. The passing of
the relatively closed world of the priory had produced, as an inevitable consequence, greater clerical mobility and this was bound to reduce the de-
pendence of the cathedral community on its mother church. Nor did Christ
Church develop as the necropolis for the archbishops of Dublin: only
Margetson, a former dean of Christ Church, John Parker and Francis Marsh
were buried in the cathedral. Of the other six archbishops of Dublin in the
late sixteenth and seventeenth centuries five were interred in St Patrick's
cathedral while William King was buried at Donnybrook.[55]

Just as in death the association of the canons with Christ Church had
lessened during the late sixteenth and seventeenth centuries so too the links
with the mayoralty and civic life diminished following the religious reforms
of Elizabeth's reign. Between 1589 and 1710 only four mayors and a few
civic officials were buried in Christ Church[56] which had developed instead
as a place of worship for officers of state and their families. The focus of
civic worship had moved to St Audoen's parish church where the continued
presence of the religious confraternity of the guild of St Anne provided a
sense of continuity which was no longer to be found in Christ Church, and
to where the important station day ceremonies had been transferred from
the cathedral in 1596.[57] Nonetheless some prominent Dublin civic families

49 See J.B. Leslie, *Ossory clergy and parishes* (Enniskillen, 1933), p. 17; ibid., p. 75;
    J.B. Leslie, *Derry clergy and parishes* (Enniskillen, 1937), p. 10.
50 Leslie, Fasti, p. 62.
51 Leslie, *Ossory*, p. 20
52 Precentor, 1675–8.
53 Treasurer, 1661–4.
54 Precentor, 1602–34.
55 *D.N.B*; Leslie, Fasti.
56 Patrick Gough, Richard Barry, Enoch Reader and John Preston, mayors;
    Nehemiah Donnellan and James Barry, recorders; Richard Browne, sheriff.
57 For discussion of civic families and religion see Lennon *The lords of Dublin in the*

remained closely attached to the cathedral. The funeral entries in the proctors' accounts contain frequent references to members of the Reader and Barry families while the presence of names such as Loftus, Ussher and Handcock link the pre and post Reformation polities of Dublin.

As the links between Christ Church and the city declined those with the state increased and from the late sixteenth century the cathedral became a favoured location for the burial of officials of the English government in Ireland. Some were soldiers like Sir Henry Dowcra who became treasurer of war in 1616; Sir Toby Caulfield, who had accompanied the earl of Essex to Ireland as commander of a troop of horse; or Sir Thomas Bodley, brother of the founder of the Bodleian Library in Oxford, who was appointed director general of fortifications and buildings in 1612. Others were civil officials: Christopher Peyton, auditor general in 1585 or Sir Dudley Norton, chancellor of the exchequer in 1613 and 1615. Some, like Dowcra and Caulfield, had come from England to serve the crown in Ireland. They had no family links with the country and so no accustomed place of burial: Christ Church, as the principal church in the principal city of Ireland was, therefore, a logical final resting place. Others, like Charles Coote, created baron Mountrath in 1660, although born in Ireland, had become established as part of the Dublin administration and for such people Christ Church had become the religious counterpoint to Dublin castle. They were, too, often the founders of new dynasties in Ireland and the association of their families with Christ Church continued after their deaths. Not only was Coote buried in the cathedral but his heir, the second baron Mountrath, two other sons, and his daughter, who was the wife of the Revd Moses Viridet, French protestant minister in Dublin, were also interred in Christ Church. Toby Caulfield, who was created baron Charlemont in 1620, had been knighted in Christ Church in 1603 and members of his family continued to be buried in the cathedral for another hundred years.

However, whilst the nature of Christ Church and those who patronised it was changing from the late sixteenth century onwards one constant remained: the FitzGerald family. The association of this, the greatest of the anglo–norman families, evident from their appearance in the book of obits and from the building of a family chantry in 1510, was maintained by a succession of burials in Christ Church. Indeed the proctors' accounts and the register are a roll call of earls of Kildare, dukes of Leinster and their families, immediate and extended, and highlight the complex inter-relationships between the leading Irish families. Marriages to wives from fami-

age of reformation; for details of burials in St Audoen's church see John Crawford *Among the graves. Inscriptions in St Audoen's church, Cornmarket, Dublin* (Dublin, 1990).

lies such as the Clancartys and Inchiquins produced a steady supply of FitzGeralds whose deaths as infants and adults brought the family again and again to Christ Church. Even FitzGerald women who had married were, in death, drawn into the bosom of the family in its Dublin necropolis: Elizabeth, widow of Wentworth FitzGerald, seventeenth earl of Kildare, married John Holles, earl of Clare, but was buried beside her first husband in Christ Church, while the sister of Gerald, sixteenth earl of Kildare, who had married Sir Francis, later the first baron, Aungier, was likewise interred in the cathedral.

Burials took place within the cathedral. The graveyard had been flattened in 1541, a clear indication that Christ Church was not a popular choice of final resting place for the citizens of Dublin, and there was no subsequent attempt to reinstate it. The graveyards of the parish churches which clustered round Christ Church evidently served the needs of the local population leaving the cathedral, as is reflected in the records, as the burial place for those more significant members of society who chose to be associated with it. Indeed in 1627 the chapter moved to emphasise this exclusivity by agreeing that no one would be buried in the cathedral on foot of a claim that their predecessors had been buried there or had been benefactors of Christ Church unless they could produce a sealed deed to confirm such a right.[58]

Within the building there were several places of burial. The area around the altar seems to have been largely the preserve of the archbishops: Donatus, bishop of Dublin and founder, with Sitric, of the cathedral was reputed to be buried to the right of the high altar while John de Paul, archbishop of Dublin who was responsible for the enlargement of the choir in the fourteenth century, was buried at the second step before the high altar. Later archbishops were also interred in the same area: James Margetson was buried in the chancel in 1678 and Francis Marsh near the communion table in 1693. The enlarged choir provided another area for burials and although not as prestigious as the sanctuary was sufficiently attractive to be selected as a final resting place for some of the more important members of the wider cathedral community: Lord Charlemont was buried in the choir in 1627 as was another government official, Lord Dowcra, in 1631. A more varied collection of people, some of whom can be identified while others remain anonymous, were interred in the chapel of the Blessed Virgin Mary which was situated to the north-west of the high altar. Dr John Kerdiffe, who was buried *c.*1671, was a fellow of Trinity College, Dublin while Enoch Reader, whose child's burial is recorded in the 1671–2 accounts, had been lord mayor of

58 Chapter act, 3 December 1627, *The first chapter act book of Christ Church cathedral, Dublin, 1574–1634* (ed.) Raymond Gillespie (Dublin, 1997), p. 150.

Dublin in 1670–1. Less is known, however, of Mrs Brown of Cooke Street whose burial place in St Mary's chapel had been paid for by her son in *c.*1614, or Raymond FitzMorris, the burial of whose three children is referred to in the proctors' accounts for 1671–2. Indeed the frequency in the accounts of general entries such as 'for 2 Burials in the Mary Chappell' or 'for breaking the ground twice in the Mary Chappell' suggests that many of the burials there were of people who were not deemed, at least by the standards of Christ Church, to be especially significant.

The sums of money recorded in the funeral entries in the proctors' accounts also give some impression of the different types of interments which took place in Christ Church and in the second half of the seventeenth century these reflect the scale of fees which the chapter adopted in March 1661.[59] In the 1628–9 account the fee for the burial of Lady Burchenshoe in the choir was £3.0.0 while two burials in St Mary's chapel cost only £1.0.0. but from 1661 a site in any part of the choir 'below ye Railes' cost £5.0.0 while burial in St Mary's chapel was £3.0.0. The most expensive, and therefore the most prestigious part of the cathedral in which to be buried, was near the altar and the fee for 'breaking the Grounde in or neare the Communion Table within the Railes' was £10.0.0. The cheapest site was in the Trinity chapel which cost only £2.0.0. Since many of the entries do not state the place of burial within the cathedral these accounts can be useful in determining where individuals were interred.

From the eighteenth century onwards, although the choir and St Mary's chapel continued to be used, most burials were in the vaults. The first mention in the registers of the vaults is in 1713 when Lady Mary Bellew was 'laide in Ye Vault of Ct Church'. Subsequent entries further defined this location: in 1724 there is a reference to a vault in St Mary's chapel; in 1753 there is the first mention of the royal vault; and in 1767 the first reference to the common vault. As the name implies the royal vault was the preserve of the more important members of the cathedral community: bishops, such as Thomas Fletcher, bishop of Kildare, and Richard Laurence, archbishop of Cashel; cathedral dignitaries like chancellors Oliver Brady and Lambert Hughes; and members of titled families such as Lady Helen McDonnell and Lady Donoughmore. The common vault was the final home for minor clergy like Robert Shelton, a dean's vicar, and servants of the cathedral such as Hester Hewitt, 'sextoness', Abraham McCullagh, verger, and Anne Hewitt 'Pew-opener of this Cathedral'.

The eighteenth century saw the further erosion of the links between Christ Church and civic life and their replacement by a more marked association with the serried ranks of the English administration in Ireland. Apart

59 Chapter act, 19 March 1661, Representative Church Body Library C6/1/7/2.

from the burial of members of the Barry family and of Philip Kinnersley, a freeman of the city, there was little obvious contact with Dublin civic life. In contrast the vaults were groaning with the weight of dead government officials, their families, and their aristocratic friends who formed the core of eighteenth century Dublin society: lord chancellors John Bowes and James Hewitt; Sir Ralph Gore, speaker of the Irish House of Commons; military figures like lieutenant-general Sir Richard Ingoldsby and lieutenant-colonel Edward Hawke; and a host of titled lords and ladies and their extended families – Lady Bellamont and Lady Grace Dillon; the earl of Antrim and the marquis of Euston; the honorable Wentworth Hannon and the honorable Mrs Letitia Rochfort. The FitzGeralds, resplendent in Leinster House, and at the centre of Dublin society, continued to bury their family in Christ Church throughout the eighteenth century although the most celebrated of the clan, Lord Edward FitzGerald who was immortalised for his association with the United Irishmen, was buried in the nearby St Werburgh's parish church after the failure of the 1798 rebellion. Space was also found for the mortal remains of five bishops whose attraction to Dublin may have been more social and political than religious: none of them were archbishops of Dublin, although the sisters of Charles Cobbe[60] were buried in the cathedral, but three had been members of the Dublin chapter.[61]

Although a sense of the social and political importance of Dublin in the eighteenth century is apparent from the Christ Church burial records this is not echoed in the baptismal and marriage records. None of the great families, civil or religious, chose to baptise their children in the cathedral or to marry their sons and daughters there. Few of the names in the eighteenth century baptismal and marriage records are readily identifiable apart from the Mowats and Hewitts who were servants of the cathedral. No addresses are given but it seems likely that the majority of those whose children were baptised or married in Christ Church in the second half of the eighteenth century were residents of the surrounding area who had been drawn to Dublin but who had no existing family links with local parishes.

The profile of the wider cathedral community changed dramatically in the nineteenth century as Christ Church, in common with the city of Dublin, experienced the exodus of the rich and famous following the passing of the Act of Union. The last of the FitzGeralds to be buried in the cathedral

60 Archbishop of Dublin, 1743–65.
61 William Moreton, bishop of Meath and a former dean of Christ Church; St George Ashe, bishop of Derry; Thomas Lindsay, archbishop of Armagh; Welborne Ellis, bishop of Meath and a former dean of Christ Church; Thomas Fletcher, bishop of Kildare and dean of Christ Church.

was Lady Augusta FitzGerald in 1790 while between 1800 and 1866, which was the date of the last burial in Christ Church, there were only eleven burials recorded in the royal vaults. Three were of bishops (Richard Laurence, archbishop of Cashel; Charles Lindsay, bishop of Kildare and dean of Christ Church; and Richard Whately, archbishop of Dublin) while of the remainder only Lady Anastalia Browne represented the titled families who had, in death, crowded the cathedral in the eighteenth century. In contrast, there was a steady stream of burials of the middling sort of people in the common vault: tradesmen like Mr Savage, a jeweller and silversmith from nearby Nicholas Street, and Henry Leaman, an organ builder and former chorister in the cathedral; cathedral servants (vergers, sextons, pew openers) and their families; and vicars choral and their dependents.

This profile is given greater emphasis in the nineteenth century baptismal and marriage records which reveal a community largely based on those who worked in Christ Church, some local people, and others from outside the vicinity of Christ Church, even from outside Ireland, who out of expediency or necessity used the cathedral for particular ceremonies, especially weddings, but did not thereafter become part of its community. The cathedral was a logical place for the christian rites of passage of the residentiary canons, vicars choral and cathedral servants and was more frequently used for such than in the previous century. John Rowley, prebendary of St Michan's, and E.S. Abbot, prebendary of St John's, chose to be married in Christ Church rather than in the parishes of their prospective wives or in their prebendal churches, although perhaps more for social than religious reasons. More obviously the cathedral clergy had their children baptised there, John Finlayson, clerical vicar, Edward Seymour, precentor, and R.A. English, residentiary canon, among others, as did the vicars choral and gentlemen of the choir. Cathedral servants, like the Mowatts and Masons, faithfully brought their children to be baptised in Christ Church: indeed the loyalty to the cathedral of Abraham McCullagh, verger in 1817, was such that he named his son after the dean – Charles Lindsay Kildare McCullagh.

The cathedral also had an attraction for those with no established parish links. Baptisms of the children of soldiers were frequent but these were not the offspring of generals or commanders but of those of more modest rank: John Agar, a sergeant in the Kerry Militia; William Henry Spilter a 'soldier' with the 8th Hussars; or Cooper Penrose, a captain in the Royal Engineers. Such people, by nature of their profession, were birds of passage and the cathedral provided speedy and relatively uninvolved access to the christian rites of passage. There was a similar appeal among the members of the transient civilian population. Henry and Ellen McGurk from London and James and Jane Goldsmith of Tunbridge Wells, Kent had their sons baptized in the cathedral while Christ Church was also a place of resort for the mar-

riages of Irish brides to English husbands before their departure to live in
Britain. Thomas Preston of Moreby Hall, Yorkshire married Georgina
Genevieve Louis Campbell of St Mark's parish; Sir William O'Malley from
London married Caroline Marie Favey of St Peter's parish; and David Basil
Hewitt from Cheshire married Mary Alice Beare of St James's parish. No
doubt the cathedral was more attractive, in social if not in religious terms,
for such events than the humble parish churches. Of particular interest was
the marriage of Lord Gordon of Orton Hall, Peterborough and Charlotte
Roe from Dundrum, Co. Dublin in 1878. Miss Roe was the daughter of the
Dublin distiller, Henry Roe, whose fortune had financed the restoration of
Christ Church in the 1870s. Yet this entry apart, the Roe family does not
appear in the cathedral registers – Henry Roe was not baptised, married or
buried in Christ Church and his daughter, after her marriage, left Ireland –
thus clearly making the important point that while the registers reveal much
about those who were associated with Christ Church they do not necessar-
ily tell the complete story.

   These foreign liaisons introduced a degree of social exotica to the proceedings in Christ Church but the registers do not give any sense of the
cathedral having become a mecca for a new Dublin high society. Events
such as the baptism of the daughter of the lord lieutenant, the duke of Richmond, in 1809, or the marriage of Jane, countess of Belvidere, in 1815, were
exceptional. More representative were the baptisms and marriages of members of the Dublin professional and trading classes, many of whom lived in
the suburbs: barristers like Francis Otway Adam Norwood of Drumcondra,
and professors of music like Charles Wrixen Kelly of Rathmines; wine merchants such as John Harrill of Mountjoy Square and Daniel Lowry of
Terenure, the baptism of whose son, Arnold Findlator Lowry, suggested a
link with the important firm of grocers and wine merchants, Findlaters,
who were pillars of the Dublin presbyterian community; and chemists like
William Greenfield of Ranelagh. Some of the entries in the register suggest
a continued involvement by people who lived locally (the artist Alexander
Williams of Grantham Street or William Booth, a gin maker from Essex
Street) but these were not common and for the most part the needs of the
local population seem to have been met by the parish churches.

   The community of Christ Church at the end of the nineteenth century
was very different from that portrayed in the book of obits. The relatively
closed world of the priory had been replaced by a secular cathedral with its
attendant dimension of clerical mobility and a consequent reduction in de-
pendence on the mother church. Links with the mayoralty and civic life of
Dublin had gradually diminished as Christ Church, from the late sixteenth
century, became the place of worship for state officials and their families
who, during the eighteenth century, came to dominate the life of the cathe-

dral. They, in turn, were swept away by the Act of Union creating the attractive possibility of returning Christ Church to the city but the abolition of the guilds by the Municipal Corporations Reform Act (Ireland) of 1840[62] and the subsequent election of Daniel O'Connell as the first Roman Catholic lord mayor since the reign of James II, ensured not only that the Roman Catholic majority would have an equal place in civic life but also that Christ Church would not become, again, the spiritual home of Dublin corporation. Without any significant place in the life of the state or the city Christ Church by the end of the nineteenth century had become a small, rather close, protestant middle-class community which was dominated by the clergy and laity who worked in the cathedral. Yet it had survived the vagaries of fashion and fortune and following the restoration of the building in the 1870s was well placed to carve out a new role in twentieth century Ireland.

62 For the background to the reform of Dublin corporation see Jacqueline Hill, *From patriots to unionists* (Oxford 1997).

EDITORIAL CONVENTIONS

T he text of the book of obits which is presented here is a photographic representation of the 1844 printed edition of Crossthwaite and Todd; the only difference is that the rubrication has been omitted. In the extracts from the proctors' accounts and in the transcription of the registers the first letters of christian names and surnames have been capitalized where necessary to ensure consistency. Otherwise, the text is reproduced with all the variants of spelling and capitalization which appear in the original sources. Some punctuation has been added from time to time to improve the sense of the text.

The following editorial conventions have been used:–

[ ]	lost text
[blank]	entry which is incomplete
[text]	editorial matter
< >	deleted in the original

THE BOOK OF OBITS

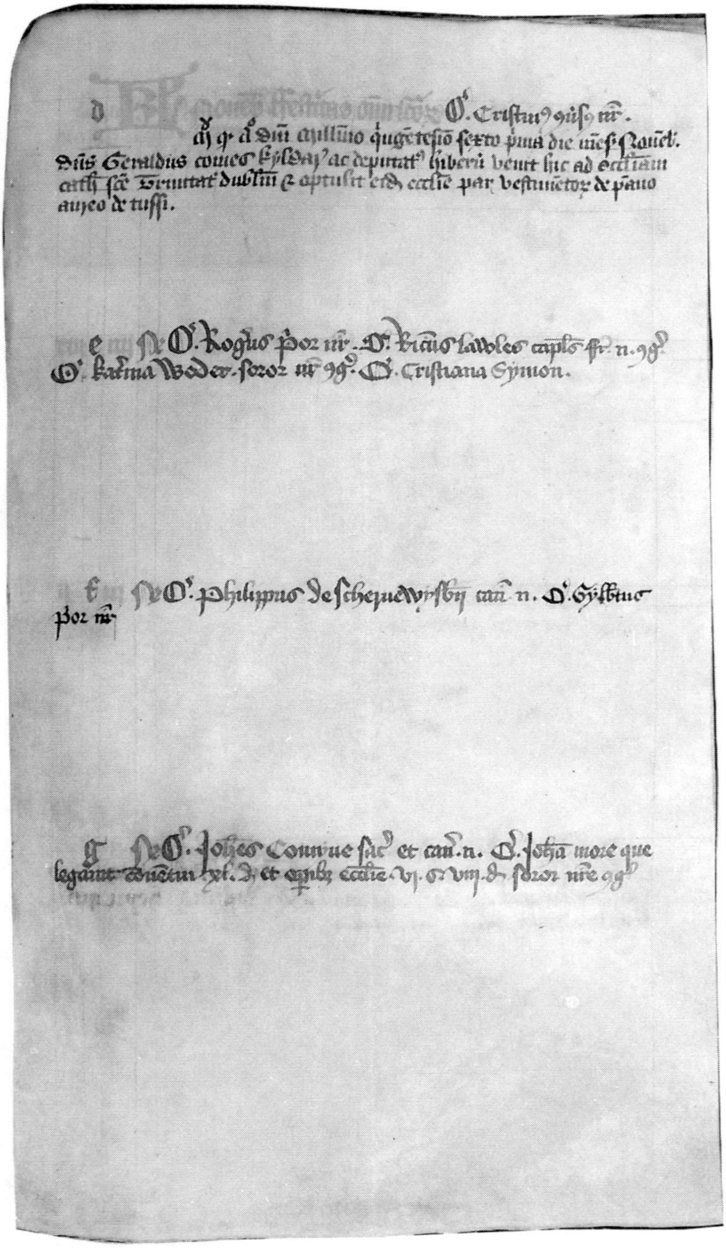

Plate I   Memorandum in the book of obits recording the gift of gold vestments by Gerald
FitzGerald, earl of Kildare, 1 November 1560 (Trinity College, Dublin MS 575,
f. 41).

Hec sunt Reliquie venerabiles et Miraculose Ecclesie Cathedralis Metropolitane Sancte Trinitatis Dubliniensis.

IN primis ymago domini nostri Jhesu Cristi Crucifixi que bis verba sonasse legitur &c.

Item Baculus Jhesu quem angelus beato Patricio conferebat.

Item Superaltare marmoreum sancti Patricij super quo leprosus a Britania ad Hyberniam miraculose natando erat translatus.

Item zona beate Marie virginis. Item de lacte beate Marie virginis.

Item vna spina corone domini nostri Jhesu Cristi. Item de ossibus sanctorum Petri et Andree apostolorum.

Item de reliquijs sancte Katerine virginis et martiris.

Item de reliquijs sancti Clementis martiris.

Item de reliquijs sancti Oswaldi episcopi et de sancta Fide virginis.

Item de reliquijs sancti Brandani abbatis.

Item de reliquijs sancti Wulstani episcopi. Item de reliquijs sancti Thome martiris. Item de reliquijs sancti Edmundi confessoris.

Item de reliquijs sancte Luce virginis. Item de reliquijs sancte Anastasie virginis et martiris. Item de lapide vbi data est lex.

Item de ligno porte auree. Item de sepulcro beate Marie virginis.

Item de osse sancti Blasij. Item de presepe Domini. Item de oleo sancti Nicolai.

Item de panno domini in quo jacebat in presepio. Item os de ossibus sancti Patricij. Item os de ossibus sancti Columbe abbatis. Item os de ossibus sancte Brigide virginis. Item os de ossibus sancti Laurencij martiris.

Item os de ossibus sancti Oswaldi martiris. Item plures reliquie de sancto Laurencio archiepiscopo. Item de relyquijs sancti Siluestri pape.

Item de reliquijs vndecim milia sanctarum virginum.

Item de reliquijs sancte Pinnose virginis et martiris.

Item de reliquijs sancti Herberti episcopi. Item de reliquijs sancti Dauit episcopi.

Item de sepulcro Lazari. Item de reliquijs sancti Audoeni episcopi et confessoris. Item de reliquijs sancti Benedicti abbatis.

Item de reliquijs sancti Basilij episcopi. Et sancti Germani episcopi.
Item de reliquijs sancti Olaui regis.

Item Alie Reliquie Innumerabiles de quibus longum esset Mensionem facere Specialem &c.

| iij | a | KL. Januarius. Circumcisio Domini.

Ob. Johannes Grawyll frater nostre congregacionis. Ob. Agneta
Taylonerus soror nostre congregacionis. Ob. Malachias episcopus
de Kyldar pro quo fiunt ix. lecciones. Obijt Ricardus Hassart frater
nostre congregacionis.

| | b | iiij | No. | Ob. Johanna Whyte soror nostre congregacionis.
Ob. Johannes Aleyn juris canonici bachalarius atque quondam ecclesie
cathedralis sancti Patricij Dublin decanus qui legauit nobis doc-
torem juris canonici vocatum Abbatem alias Panormitanum cum
repertorio super eundem vna cum magno repertorio Petri Brixiensis
episcopi pro quo fiant ix. lecciones anno domini M°. d°. v°. Ob.
Thomas Fwelbert frater nostre congregacionis qui dedit priori et
conuentui et operibus ecclesie x. marcas pro quo fiant ix. lecciones.
Ob. Johannes Walsh de Dondrom frater nostre congregacionis anno
domini M°. d°. xvj°. Ob. Matilda Darcy soror nostre congregacionis
cuius anime propicietur deus amen anno domini M°. d°. xxij°.

| xŗ | c | iij | No. | Ob. Ricardus sacerdos et canonicus noster.

| | d | ij | No. | Ob. dominus Elysander Roche abbas monasterij
sancte Marie de Trym frater nostre congregacionis. Ob. Johannes
Walche.

| rix | e | Nonis. | Ob. Johanna Felde soror nostre congregacionis.
Eodem die Johanna Locum qui dedit priori et conuentui xx^ti. s. Ob.
Wilhelmus Sthowm canonicus noster et frater nostre congregacionis.
Ob. Izabella Clondalwey soror nostre congregacionis.

| biij | f | biij | No. Epiphaniam. Ob. Johannes Toppe prior noster.

Ob. Amy Hw soror nostre congregacionis.

| | g | bij | Id. | Ob. Arlanton Wscher qui dedit operibus ecclesie nostre quinque marcas cuius anime propicietur deus anno domini M°. cccc°. lx°. xix°. Ob. Johannes Walche de Mortowne frater nostre congregacionis anno M°. d°. xj°. Ob. Wilhelmus Hassarde prior noster anno domini millesimo d°. xxxvij°.

| xbj | A | bj | Id. | Ob. Genico Marcus qui dedit operibus ecclesie xlˢ. Eodem die ob. Wilhelmus Godarte frater nostre congregacionis.

| b | b | b | Id. | Ob. Wilhelmus Lokarte qui legauit priori et conuentui xlvj. s. viij. d. Ob. Johanna Baggat soror congregacionis nostre.

| | c | iiij | Id. | Ob. Johannes Blakney frater congregacionis nostre qui legauit operibus ecclesie v. marcas anno domini M°. cccc°. xl°. iiij°. Ob. Thomas Plunket de Dunsoghly quondam capitalis justiciarius domini regis de communi bancho Hibern. qui nobis in vita sua dedit in auro et argento et vestimentis sacerdotalibus et alijs rebus quam plurimis ad summam c. li. pro quo fiant ix. lecciones anno domini M°. ccccc°. xiiij°. Ob. Thomas Stewnys quondam maior ciuitatis Dublin anno domini M°. d°. xlvij°.

| xiiij | d | iij | Id. | Ob. Dauid Wynchestyr prior noster anno domini M°. cccc°. lxxxxviij°.

| ij | c | ij | Id. | Ob. Siluester canonicus noster. Ob. Thomas Ball frater nostre congregacionis anno domini M°. d°. xxix°.

| | f | Idus. | Oct. Epiphanie. Ob. Elizabeth Felde soror nostre congregacionis anno domini M°. d°. xl°.

iiij

| iiij | g | xix | Kl. | februarij Ob. Matilde Rothe soror nostre congregacionis. Ob. Hellena Strangwych soror nostre congregacionis anno domini M°. d°. xij°. Ob. Johannes Dowgan aurifaber frater

nostre congregacionis anno domini M°. d°. l°.

| | 𝕬 | ꭉbiíj | 𝕶l. | Ob. dominus Wilhelmus Archedekyn quondam thesaurarius ecclesie sancti Patricij Dublin qui multa bona nobis contulit et frater nostre congregacionis pro quo fiunt ix. lecciones. Ob. Jacobus Brymgam ortolanus noster.

| ꭉbiíj | b | ꭉbíj | 𝕶l. | Ob. Thomas Scherloke frater nostre congregacionis cuius anime propicietur deus amen.

| bíj | c | ꭉbj | 𝕶l. | Ob. Johanna Desaghth soror nostre congregacionis. Ob. dominus Thomas Fych subprior noster et frater nostre congregacionis cuius anime propicietur deus amen anno domini M. d. xvij.

| | ꝺ | ꭉb | 𝕶l. | Ob. Philippus Deuenyl clericus noster et aduocatus qui legauit operibus ecclesie nostre quatuor libras argenti.

| ꭉb | e | ꭉiíij | 𝕶l. | Ob. Ingrytt soror nostre congregacionis. Ob. Arlandus Vsher quondam maior ciuitatis Dublin anno domini 1557.

| iíij | f | ꭉiíj | 𝕶l. | Ob. Ricardus Bellew de Roche frater nostre congregacionis. Eodem die dominus Wilhelmus Henman capellanus et frater nostre congregacionis.

| | g | ꭉij | 𝕶l. | Ob. Juliana Blake soror nostre congregacionis. Eodem die dominus Wilhelmus Whyt vicarius de Carnalway frater nostre congregacionis.

| ꭉij | 𝕬 | ꭉj | 𝕶l. | Ob. dominus Adam de Staunton qui dedit nobis ecclesiam de Kyldenayl. Ob. Nicholas Menys qui dedit nobis iiij[or]. celdas juxta altam crucem pro quibus fiunt ix. lecciones. Ob. Henricus Calyng frater nostre congregacionis. Ob. Ricardus Calyng frater nostre congregacionis. Ob. Ellena Bergy soror nostre congregacionis.

| i | b | x | 𝕶l. | Ob. Wilhelmus Fyche frater nostre congregacionis

qui dedit priori et conuentui xx^{ti}. s. anno domini M°. cccc°. lxxx°. v°.

| | 𝖈 | i𝖝 | 𝕶𝖑. | Ob. Petrus Heygley mercator et ciuis Dublin qui legauit priori et conuentui xx^{ti}. s. et operibus eiusdem domus xx^{ti}. s. cuius anime propicietur deus. Ob. Gyllece tegulator frater nostre congregacionis.

| i𝖝 | 𝖉 | 𝖇ii𝖏 | 𝕶𝖑. | **𝕮𝖔𝖓𝖚𝖊𝖗𝖘𝖎𝖔 𝕾𝖆𝖓𝖈𝖙𝖎 𝕻𝖆𝖚𝖑𝖎.** Ob. frater Johannes Dalton monachus monasterij beate Marie. Ob Walterus Howthe baro scacarij domini regis anno domini M°. cccc. tercio. Ob. Ricardus Stannys ciuis Dublinie frater nostre congregacionis.

| | 𝖈 | 𝖇ii𝖏 | 𝕶𝖑. | Ob. Adam conuersus noster. Ob. Johanna Stevne soror nostre congregacionis que legauit operibus ecclesie vi. s. viij. d. Ob. frater Willelmus canonicus noster.

| 𝖝𝖇ii𝖏 | 𝖋 | 𝖇𝖏 | 𝕶𝖑. | Ob. Johannes Whyte qui dedit operibus ecclesie xij. s. Ob. Johanna Peparte soror nostre congregacionis.

| 𝖇 | 𝖌 | 𝖇 | 𝕶𝖑. | Ob. dominus Walterus Champflor abbas monasterij beate Marie. Ob. Laurencius Hawkes sacerdos et canonicus noster anno domini M°. d°. xlj°. Ob. Henricus viij. rex Anglycus anno domini M°. d°. xlvij°. xxviij°. die mensis Januarij.

| | 𝕬 | iii𝖏 | 𝕶𝖑. | Ob. frater Bricius canonicus noster ad succurrendum. Ob. Johannes professus noster.

| 𝖝iii𝖏 | 𝖇 | ii𝖏 | 𝕶𝖑. | Obitus Philippi Brmyngham capitalis justiciarij banchi domini regis in Hibernia anno domini M°. cccc°. lxxx°. ix°. Ob. Cristoforus Wscher quondam maior ciuitatis Dublin frater nostre congregacionis anno domini M°. d°. xxv°. qui nobis legauit unum par vestimentorum cum capa de rubro velueto. Ob. Katerina Not quondam vxor Richardi Freman anno domini M°. d°. quinquagesimo septimo cuius anime propicietur deus amen.

| | 𝖈 | i𝖏 | 𝕶𝖑. | Ob. frater Johannes Walche canonicus sancti Thome martyris.

| | ð | **Kl. ffebruarij. Brigide birginis.** Ob. frater Johannes canonicus noster. Ob. Anna Bertylmew soror nostre congregacionis cuius anime propicietur deus amen.

| xj | c | iiij | **No. Purificacio beate birginis.** Ob. Radulphus frater noster ad succurrendum. Ob. frater Adam canonicus noster. Ob. Christiana Bron que legauit operibus ecclesie viij^d. Ob. Millana Frayne vxor Petri Heygley. Ob. Johanna Colyer soror nostre congregacionis anno domini M°. d°. xl°.

| xix | f | iij | **No.** | Ob. Gylbertus de Bedfordia canonicus noster.

| biij | g | ij | **No.** | Ob. Nicholaus Wykeford monachus Wyncestrie.

| | **A** | **Nonas.** | Ob. frater Willelmus Lymryk canonicus sancti Thome martyris. Ob. magister Thomas Walche et Elizabeth Stokys vxor eius qui dederunt nobis vnum ciphum deauratum vocatum allott prec. iiij. marc. Ob. Anna Kent soror nostre congregacionis anno domini M°. d°. xxx°. Ob. Jeneta Stanihurst anno domini M°. d°. xl°.

| ibi | b | uii | **N.** | Ob. dompnus Willelmus Payne abbas monasterij sancte Marie Dublin. Ob. Rogerus Outlawe prior hospitalis de Kylmaynnam. Ob. Johanna Bochone vxor Thome Asch que legauit operibus ecclesie xl^d.

| c | c | bij | **N.** | Ob. Elizabeth Balff soror nostre congregacionis. Ob. Ricardus Weste frater nostre congregacionis.

| | ð | bj | **N.** | Ob. Thomas Sinothe filius Thome Sinothe qui vitriauit de nouo iiij^or. fenistras in capella sancte Marie pro quo fiunt ix. lecciones. Ob. frater Ricardus Tristi supprior eiusdem ecclesie qui tabernacula circa maius altare ac eciam centrum capelle beate Marie et altare ibidem decenter ornauit necnon et ecclesiam de nouo calce dealbari instituit anno domini M°. cccc°. xxx°. Ob. Isota Androwe soror noster.

| xiiȷ | ꜱ | ᵬ | Ꝑꝺ. | Ob. Thomas Darsy decanus ecclesie cathedralis sancti Patricij anno domini M°. d°. xxix°.

| | f | | Ꝑꝺ. | Ob. Herualdus canonicus noster. Ob. Helyas Herforde frater nostre congregacionis. Ob. Willelmus Hassarde frater nostre congregacionis.

| | g | | Ꝑꝺ. | Ob. Galgaclus canonicus noster ad succurren-dum. Ob. Willelmus Bonvile frater nostre congregacionis. Ob. magister Johannes Stanton notarius et ciuis Dublin frater nostre congregacionis.

| x | 𝕬 | iȷ | Ꝑꝺ. | Ob. Galfridus Bynclay conuersus noster. Ob. Jeneta Veysyne soror nostre congregacionis.

| | ᵬ | Ꝋꝺuꜱ. | Ob. Johanna Morwyl soror nostre congregacionis. Ob. Elyzabeth Bukley quondam domina de Malahyd soror nostre congregacionis anno M°. d°. xviiȷ°.

|xᵬiiȷ| ꜱ | xᵬȷ | Ꝛl. ꝳⲙⲁⲣcⲓȷ. Ob. Johannes Kerdy frater nostre congre-gacionis anno domini M°. cccc°. lxxxv°. Ob. frater Paulus canonicus noster. Ob. Willelmus Poswyk frater nostre congregacionis.

| ᵬiȷ | ꝺ | xᵬ | Ꝛl. | Ob. Johannes Pycott canonicus noster. Ob. Johannes de Carleton frater nostre congregacionis. Ob. Willelmus Loghan supprior noster anno domini 1527.

| | ꜱ | xiiiȷ | Ꝛl. | Ob. dominus Willelmus Podyng sacerdos frater nostre congregacionis. Ob. Johannes Ward decretorum doctor atque ecclesie parochialis sancti Patricij de Trym quondam rector qui legauit priori et conuentui in moneta v. marcas cuius anime propicietur deus amen.

| xᵬ | f | xiiȷ | Ꝛl. | Ob. Bonasi mercator frater nostre congregaci-onis. Ob. Ricardus Dowgyn frater nostre congregacionis.

| iiiȷ | g | xiȷ | Ꝛl. | Ob. Laurencius de Clonkene frater noster ad

succurrendum. Ob. Thomas Daw frater nostre congregacionis. Ob. Thomas Meyller quondam maior Dublin frater nostre congregacionis. Ob. Robertus Wscher frater nostre congregacionis.

| | | 𝖆 | xj | 𝖐𝖑. | Ob. frater Willelmus Surreys canonicus de Cartemel. Ob. Patricius Mole quondam ciuis Dubline qui dedit operibus ecclesie xx^{ti}. s. cuius anime propicietur deus amen. Ob. Ricardi Barbi et Arlandi Parkeri. Ob. Jeneta Molle soror nostre congregacionis cuius anime propicietur deus amen.

| xij | b | x | 𝖐𝖑. | Ob. Augustinus canonicus noster et professus. Ob. Willelmus Sutton secundarius baro scaccarij domini regis sue Hibern. qui dedit nobis omnes terras suas ac priori et conuentui ix. libras argenti pro quo fiunt ix. lecciones. Ob. Jeneta Fox soror nostre congregacionis cuius anime propicietur deus amen. Ob. Johannes Loghan quondam maior Dublin frater nostre congregacionis anno domini 1529.

| ʒ | c | ix | 𝖐𝖑. | Ob. Hugo Wogane armiger clericus domini regis et frater nostre congregacionis. Ob. frater Johannes Whyte canonicus et professus cuius anime propicietur deus.

| | | ð | biij | 𝖐𝖑. | 𝕮𝖆𝖙𝖍𝖊𝖉𝖗𝖆 𝖘𝖆𝖓𝖈𝖙𝖎 𝕻𝖊𝖙𝖗𝖎. Ob. Henricus Browne frater nostre congregacionis. Ob. Margarete Bernewall qui dedit priori et conuentui vj. s. viij. d. et ad reparacionem ecclesie iij. s. iiij. d. Ob. Johannes Cantrell sacerdos et canonicus noster anno domini M°. d°. xxx°. vij°.

| ix | e | bij | 𝖐𝖑. | Ob. Johannes Denys frater nostre congregacionis. Ob. Willelmus Tope supprior noster. Ob. Robertus Mansetyr canonicus noster et professus. Ob. Robertus Carpintar frater nostre congregacionis. Ob. Margarete Telyng vxor Ricardi Parkeri. Ob. Radulphus Pembroke qui legauit priori et conuentui duas domos in Vico Rupelli. Ob. Ricardus Corner frater nostre congregacionis. Ob. Alicia Hassard soror nostre congregacionis anno domini M°. d°. xxv°.

| | f | ʋɉ | Ʀl. | Thomas Fytz Symon quondam maior Dubline frater nostre congregacionis. Ob. Margareta Walche soror nostre congregacionis.

| xʋiɉ | g | ʋ | Ʀl. | Ob. Johanna Sentleger que legauit nobis villam que vocatur Blakeston in comitatu Vryell pro qua fiunt ix. lecciones anuatim. Ob. dominus Willelmus Ballilog qui legauit nobis vnam zonam argenti et vnum psalterium glosatum et vnum par vestimentorum.

| ʋɉ | ᴁ | iiiɉ | Ʀl. | Ob. frater Galfridus canonicus omnium sanctorum. Ob. Edmundus Man et Johanna Gret vxor eius qui dederunt nobis vnam ollam eneam. Ob. Thomas Redd et Johanna Hyll vxor eius.

| | ʋ | iiɉ | Ʀl. | Ob. dominus Robertus Mylys frater nostre congregacionis. Ob. Johannes Harroll clericus noster frater nostre congregacionis cuius anime propicietur deus amen anno domini M°. d°. xviij°.

| xiiiɉ | c | iɉ | Ʀl. | Ob. Johannes Cusak filius Thome Cusak frater nostre congregacionis. Ob. Thomas Harrold quondam prior eiusdem ecclesie anno domini M°. cccc°. octogesimo octauo litera dominical. D. cuius anime propicietur deus amen. Ob. Johannes Lamkyn frater nostre congregacionis. Ob. Walterus Fytz Symon quondam maior ciuitatis Dublin anno domini M°. d°. l°.

| ii | ð | Ʀl. ***Marcius***. Ob. Henricus Prowt supprior monasterij sancti Thome martiris. Ob. Robertus Calff canonicus noster anno domini M°. ccccc°. j°. Ob. Wilhelmus canonicus noster. Ob. Rogerus canonicus noster. Ob. Radulfus canonicus noster.

| | c | ʋɉ | ᴘo. | Ob. Johanna Lamkyne soror nostre congregacionis que legauit vnum messuagium in Dunboyng cum pertinentijs et vnam acram terre cum dimidio arabilis anno domini M°. cccc°. xxx°. viij°. Ob. Henricus Adoke frater nostre congregacionis qui legauit . . . .

48

| xɫ | f | ƀ | 𝕹o. | Ob. dominus Thomas Weston rector de Lyenys frater nostre congregacionis. Ob. Nicholaus Seriant quondam maior Dublin frater nostre congregacionis qui legauit operi ecclesie vnam marcam et canonicis dimidiam marcam. Ob. Willelmus Donoghe quondam maior ciuitatis Dublin frater nostre congregacionis qui legauit nobis . . . .

| | g | uuɫ | 𝕹o. | Ob. Gyl sacerdos qui dedit nobis molendinam juxta pontem. Ob. Ammia Fyand soror nostre congregacionis anno domini M°. ccccc°. Ob. Thomas Waters sacerdos et canonicus noster cuius anime propicietur deus amen.

| xıx | 𝕬 | iiɫ | 𝕹o. | Ob. Walterus Karryg qui dedit operi ecclesiæ xvj. s. viij. d. Ob. Henricus Kenwyk frater nostre congregacionis qui dedit operi ecclesie vj. s. viij. d. Ob. Ricardus Skyrrett quondam prior eiusdem ecclesie anno domini M°. d°. xviij. litera dominical. B. cuius anime propicietur deus amen.

| ƀuɫ | ƀ | ıɾ | 𝕹o. | Ob. Malachias canonicus noster. Ob. Robertus Harrolde frater nostre congregacionis. Ob. Thome Montayng qui remisit vnum librum missale qui impugnorabatur cum eo pro xiij. s. iiij. d. ad capellam magnam beate Marie in ecclesia Sancte Trinitatis Dublin. Ob. Hugo Talbott quondam maior ciuitatis Dublin frater nostre congregacionis anno domini M°. d°. xv°.

| | c | 𝕹onas. | 𝕿home ꝺe 𝕬quino. Ob. Johannes Bateman qui legauit operi ecclesie xl. d. Ob. Johannes Rosell frater nostre congregacionis qui dedit operibus ecclesie vj. s. viij. d. anno domini M°. ccccc°. iij°.

| xƀɫ | ꝺ | ƀuɫ | 𝕰. | Ob. Johanna Cusak domina de Kyllene soror nostre congregacionis que multa bona nobis contulit anno domini M°. cccc°. xl°. j°. Ob. Hugo Herdeman frater nostre congregacionis.

| ƀ | c | ƀuɫ | 𝕰. | Ob. Margareta Stanton soror nostre congregacionis. Ob. Margareta Gogane que legauit nobis iij. s. et vj. d. cuius anime propicietur deus. Ob. Patricius Boys quondam maior ciuitatis

Dublin anno domini M°. d°. xx°ix.

| | f | bj | **Ⱨ.** | Ob. Thomas Goldesbrugh qui legauit ecclesie nostre vj. s. viij. d. frater nostre congregacionis. Ob. Johannes England canonicus noster anno domini 1528. Ob. Robertus Styllyngford quondam maior ciuitatis Dublin anno domini M°. d°. l°.

| xiij | g | b | **Ⱨ.** | Ob. Johannes Terrel et Margareta Kylmessan. Ob. Johannes Fyche frater nostre congregacionis. Ob. Jacobus Bygdoume barbitonsor frater nostre congregacionis.

| ij | A | iiij | **Ⱨ.** | **Ⅾregorij pape.** Ob. Gylmore conuersus noster. Eodem die obijt Nicolaus Heynott qui legauit operibus ecclesie x. s. Ob. Rosina Clement vxor Symonis Fox soror nostre congregacionis.

| | b | iij | **Ⱨ.** | Ob. Anna Lynton soror nostre congregacionis anno domini M°. cccc°. xl°. v°. Ob. Edwardus Water frater nostre congregacionis. Ob. Johannes Fytz Robert quondam maior Dublin frater nostre congregacionis pro quo fiunt ix. lecciones.

| x | c | ij | **Ⱨ.** | Ob. Thomas Weste qui dedit operibus ecclesie xx^{ti}. s. Ob. Katerina Preston domina de Tartayne que multa bona nobis contulit pro qua fiunt ix. lecciones.

| | ⱨ | **Ⱨous.** | Ob. frater Thomas Harrold canonicus sancti Thome martiris. Ob. dominus Willelmus Bluet capellanus. Thomas Bluet Agneta vxor eius. Thomas Stephanus et Edita vxor eius. Ob. Robertus Ferebi sacre theologie professor.

| xbiij | c | xbij | **ⱩI. Aprilis.** Ob. Gylbertus Max capellanus. Ob. Johannes Cornys capellanus. Ob. Ricardus Wyntyrborn clericus pro quibus fiunt ix. lecciones. Ob. dominus Thomas Fylpoot capellanus frater nostre congregacionis. Ob. Margareta Gallier soror nostre congregacionis anno domini M°. d°. xix°.

| bij | f | xbj | **ⱩI. | Patricij episcopi.** Ob. dominus Willelmus Waryng capellanus et frater nostre congregacionis. Ob. Willelmus Fyn de Glasnewyn.

| | | g | xb | Kl. | Ob. Robertus canonicus noster. Ob. Johannes Row et Elysabeth Malon vxor eius.

| xb | A | xiiij | Kl. | Ob. Johannes Kerdyff frater nostre congregacionis. Ob. Robertus Blake canonicus omnium sanctorum. Ob. Marcus canonicus noster. Ob. Ricardus Balfe frater nostre congregacionis.

| iiij | b | xiij | Kl. | Ob. Philippi Walche nuper de Dublin clerici et Alicie Rikeman vxoris eius Thome Walche filij eorundem et omnium liberorum eorundem. Ob. Mabilia de Banke soror nostre congregacionis. Ob. domina Matylda abbatissa de Hoggys.

| | | c | xij | Kl. | Ob. Johannes Panton qui dedit operibus ecclesie xij. d.

| xij | d | xj | Kl. | Ob. Katerina Whit soror nostre congregacionis anno domini M°. ccccc°. viij°. Ob. Rosina Walsch soror nostre congregacionis anno domini M°. d°. xv°.

| ı | c | x | Kl. | Ob. Agneta Scorloke qui dedit operibus ecclesie xx. d. Ob. Petrus Tympan et Alicia Walsh vxor eius qui dederunt vnam vaccam cum vitulo operibus ecclesie.

| | f | ix | Kl. | Ob. Wyllelmus canonicus noster. Ob. magister Thomas Wassre frater nostre congregacionis. Ob. Margareta Slogtht soror nostre congregacionis. Ob. Johannes Baythe frater nostre congregacionis. Ob. Ricardus Walsh subprior noster anno domini M°. v. c. xxj°.

| ix | g | biij | Kl. | **Annunciacio Dominica.** Ob. Alicia Passelew soror nostre congregacionis. Ob. Patricius Fylenys frater nostre congregacionis.

| | A | bij | Kl. | Ob. Johannes prior noster. Ob. Agneta Fyn qui dedit operibus ecclesiæ xij. d. Ob. Johannes Ketyng clericus frater nostre congregacionis cuius anime propicietur deus amen.

| xbij | b | bj | Kl. | Ob. Willelmus Symcoke canonicus noster. Ob. Johannes Roche frater nostre congregacionis.

| bj | c | b | Kl. | Ob. Willelmus Swayne qui dedit operibus ecclesie iij. s. iiij. d. Ob. dominus Symon Geffry qui dedit operibus ecclesie x. s. Ob. Robertus Geffry et Anisea Davy vxor eius. Ob. Johannes Dure frater nostre congregacionis. Ob. Anna Orpy soror nostre congregacionis.

| | d | iiij | Kl. | Ob. Juliana Lowyn quondam vxor Galfridi Parker qui legauit priori et conuentui quinque nobilia iij. s. iiij. d. et operibus ecclesie xl. s. Ob. dominus Jacobus Umfrey quondam precentor ecclesie sancti Patricij extra muros ciuitatis Dublin cuius anime propicietur deus amen anno domini M°. d°. l°.

| xiiij | c | iij | Kl. | Ob. Ricardus Balle de Ballischadan qui dedit priori et conuentui xl. s. Ob. Johannes Bryan ciuis Dublin. Ob. magister Henricus Lewet prior ecclesie sancti Johannis de Kilmaynan frater nostre congregacionis.

| iij | f | ij | Kl. | Ob. Thomas Marchale conuersus noster. Ob. Edwardus Cavan frater nostre congregacionis. Ob. Henricus Blunket et Katerina Hore. Ob. Nicholaus Lamkyn et Janeta Jankoc. Ob. Anastasia Kenedyn soror nostre congregacionis.

| | g | Kl. Aprilis. Ob. Geruasius frater noster. Ob. frater Willelmus Wyche sacerdos et canonicus noster. Ob. Johannes Drake qui quondam fuit maior Dublin et frater nostre congregacionis qui dedit nobis willam de Smothiscowrte et Colcot et Lowsill anno domini M°. cccc°. xxxiij°.

| xj | A | iiij | No. | Ob. domini Thome Bayly capellanus de Donboyn qui donauit nobis vj. marcas pro quo fiunt ix. lecciones.

| | b | iij | No. | Ob. domina Johanna Botyler soror nostre [congregacionis]. Ob. Willelmus Lamkyn canonicus noster cuius anime

propicietur deus amen. Ob. Willelmus Newman quondam maior
ciuitatis Dublin anno domini M. d°. xxxix°. Ob. Willelmus Newman
quondam maior Dublin qui dedit operibus ecclesie quadraginta solidos
cuius anime propicietur deus amen anno domini 1539.

| xix | c | ij | ℔o. | Ob. Johanna Fytz Gerott soror nostre congre-
gacionis. Memorandum quod venerabilis in Christo pater et dominus dominus Johannes Cely episcopus Dunencis consecrauit in
honorem beate Marie virginis altare extra hostium ex parte boreali
chori et concessit omnibus celebrantibus ibidem missam ibi audienti-
bus et illuc devote orantibus xl. dies indulg. anno domini M°. cccc°.
xiiij°. et sue consecracionis j°. de permissione et consensu domini
Thome archiepiscopi Dublin. Ob. Alicia Fyche soror nostre congregacionis.

| viij | d | ℔onas. | Ob. Thomas comes Kyldarie. Ob. Johannes
Asche frater nostre congregacionis. Ob. Robertus Sutton decanus
ecclesie sancti Patricij anno M°. d°. xxviii. Eodem die obijt Katerina
Coke soror nostre congregacionis anno ut supra.

| xvj | e | viij | ℔. | Ob. Galfridus canonicus noster. Ob. Johannes
Swetman frater nostre congregacionis.

| v | f | vij | ℔. | Ob. Patricius Harrold frater nostre congregaci-
onis. Obitus Johannis Ryan vnius aldermanorum ciuitatis Dublin
et capitalis grossarij in scacario Hibernie qui obijt septimo die Aprilis
anno domini M°. quingentesimo quinquagesimo quarto cuius anime
propicietur deus amen.

| | g | vj | ℔. | Johannes Haklett cuius anime propicietur deus
amen. Eodem die ob. Johanne Ogane que dedit fratribus pro tri-
gentali x. s. et operibus ecclesie xl. d. Eodem die obitus venerabilis
viri magistri Galfridi Fyche quondam ecclesie cathedralis sancti Patricij
Dublin decani qui dedit huic alme edi ad sustentacionem repara-
cionis eiusdem viginti libras monete necnon et multa alia bona
opera operatus est in eadem dum vixerat ad faciendum obitum suum

imperpetuum qui obijt octavo die mensis Aprilis anno domini milesimo quingentesimo tricesimo septimo cuius anime propicietur deus amen.

| xiij |ℭ| b | Ɩꝺ. | Ob. Patricius canonicus noster. Ob. dominus Robertus Preston miles frater nostre congregacionis anno domini M°. ccccc°. iij°.

| ij | b | iiij | Ɩꝺ. | Ob. Edanus canonicus noster. Ob. frater Adam Rath canonicus sancti Thome martiris.

| | c | iij | Ɩꝺ. | Ob. Henricus Stanyhurste frater nostre congregacionis qui nobis dedit crateram argenteam de pondere xj. unciarum. Ob. frater Willelmus de sancto Patricio canonicus noster.

| x | ꝺ | ij | Ɩꝺ. | Ob. Ricardus Herbert qui dedit operi ecclesie vj. s. viij. d. Ob. Johannes Redenys frater nostre congregacionis. Ob. Anna Byrforde soror nostre congregacionis. Ob. Johannes Corragh prebendarius ecclesie sancti Michaelis in alto ciuitatis Dublin anno domini M°. d°. xlvj°. cuius anime propicietur deus amen.

| | e | Ɩꝺus. | Ob. Cristoforus Heyn cuius anime propicietur deus amen anno domini M°. cccc°. lxxxxvij°. Ob. Johannes Bourke ciuis Dublin frater nostre congregacionis qui legauit nobis duas seldas in parochia sancti Nicholai ex opposito theolonei anno domini M°. d°. xj°.

|xbiij| f | xbiij |Ʞl.| ℳaij. Ob. Laurencius Geffry frater nostre congregacionis. Ob. Margareta Waliford soror nostre congregacionis.

| bij | g | xbij | Ʞl. |

| |ℭ| xbj | Ʞl. | Ob. Michael sacerdos et canonicus noster. Ob. Alanus sacerdos et canonicus noster. Ob. Willelmus Wellys qui multa bona nobis dedit. Ob. Petrus Manne prior de Holmepatryk frater nostre congregacionis anno domini 1537.

| xv | b | xv | Kl. | Ob. Galfridus de Notingam canonicus noster.

| iiij | c | xiiij | Kl. | Ob. Eua conuersa nostra.

| | d | xiij | Kl. |

| xij | c | xij | Kl. | Ob. Ricardus comes qui dedit nobis willam Hamundi.   Ob. Matilda soror.   Ob. Nicholaus de Stakford canonicus noster.   Ob. Adam de Furneys frater nostre congregacionis qui edificauit nobis plures domos pro quibus fiunt ix. lecciones.

| i | f | xj | Kl. | Ob. frater Willelmus Martyn sacerdos et canonicus noster professus.   Ob. Agnes Clynton qui dedit operibus ecclesie iij. s. soror nostre congregacionis.

| | g | x | Kl. | Ob. Walterus Kelly frater nostre congregacionis. Ob. Philippus Eustas de Nywland.   Ob. Edmundus Edwardi frater nostre congregacionis.   Ob. Mauricius Vale frater nostre congregacionis cuius anime propicietur deus amen.

| ix | A | ix | Kl. | Sancti Georgi martiris.   Ob. Ricardus Parker quondam baliuus Dublin.   Ob. Johanna Willpite soror nostre congregacionis.

| | b | biij | Kl. | Ob. Johannes Heyne frater nostre congregacionis cuius anime propicietur deus amen.   Ob. Alicia Wscher soror nostre congregacionis anno domini M°. d°. xxxj°.

| xvij | c | vij | Kl. | Sancti Marce Euangeliste.   Ob. dominus Johannes Walsche sacerdos frater nostre congregacionis qui nobis dedit vnum librum in fine chori catenatum.   Ob. Johannes Waryng quondam ciuis Dublin frater nostre congregacionis qui legauit operibus ecclesiæ x. marcas argenti.   Ob. Cristoferus Loghan frater nostre congregacionis.   Ob. Thomas Brymgam quondam maior ciuitatis Dublin cuius anime propicietur deus amen.

| bj | d | bj | Kl. | Ob. Jacobus Selyman frater nostre congregacionis.

| | | c | v | Kl. | Ob. frater Johannes Hegly canonicus noster.

| xiiij | f | iiij | Kl. | Ob. Ricardus Seggreve. Ob. Willelmus Bathe frater nostre congregacionis cuius anime propicietur deus amen anno domini M°. d°. xxiiij°.

| iiij | g | iij | Kl. | Ob. dominus Robertus Prendergras abbas sancte Marie juxta Dublin. Ob. Johanna de Thurstayn soror nostre congregacionis.

| | A | ij | Kl. | Ob. Johannes Walch quondam maior ciuitatis Dubline frater nostre congregacionis.

| xj | b | Kl. Maius. Apostolorum Philippi & Jacobi. Ob. Alicie Bryne que dedit operibus ecclesie ij. s. Ob. Hugo canonicus noster. Ob. Ricardus canonicus noster. Ob. Elizabeth Haynot que dedit operibus ecclesie x. s. cuius anime propicietur deus. Ob. Margareta Fych. Anno M° . . . .

| | c | bj | No. | Ob. frater Johannes Netyrwyll canonicus noster. Ob. Johanna Sporte soror nostre congregacionis. Ob. dominus Cornelius archideaconus Darensis frater nostre congregacionis qui legauit nobis xiiij. libras argenti ad emendam vnam capam de blodio velueto pro quo fiant ix. lecciones anno domini M°. d°. x°.

| xix | d | b | No. | Inuencio Sancte Crucis. Ob. dominus Johannes archiepiscopus Dublin. Ob. Robertus Stafford frater nostre congregacionis. Ob. Johanna Chamyr soror nostre congregacionis.

| biiij | c | iiij | No. | Ob. Johannes Arsdekyn frater nostre congregacionis. Ob. Edmundus Nangle frater nostre congregacionis. Ob. Robertus Tyw filius Willelmi Tyw frater nostre congregacionis cuius anime propicietur deus amen.

| | | f | iij | No. | Ob. Edwardus quartus rex Anglie anno domini M°. cccc°. lxxx°. iij°.   Ob. Agneta Cantrell soror nostre congregacionis cuius anime propicietur deus amen.

| xbj | g | ij | No. | Sancti Johannis ante Portam Latinam.   Ob. Donatus primus episcopus Dublin et fundator ecclesie nostre pro quo fiunt ix. lecciones.   Ob. Fulco archiepiscopus Dublin.   Ob. Margareta Baronn que dedit vtilitatibus domus nostre xiij. s. iiij. d.

| b | A | Nonas. | Ob. Willelmus Cascell qui legauit conuentui annuatim xx^{ti}. s. in cometatu Vryell pro quo fiunt ix. lecciones. Ob. Johannes Bruton armiger anno M°. d°. xlix°.

| | b | biij | Id. | Ob. Nicholaus Genico frater nostre congregacionis.

| xiij | c | bij | Id. | Ob. Ricardus Morwyle subprior noster.   Ob. Robertus Cusake qui legauit nobis vnum calicem deauratum cum vno psalterio.

| ij | d | bj | Id. | Ob. Robertus Passewant frater nostre congregacionis qui nobis dedit omnes terras suas post decessum hered. anno domini M°. cccc°. xxxix°.   Ob. Marie Notte vxoris Thome Alford.

| | c | b | Id. | Ob. Patricius Blakeney.

| x | f | iiij | Id. | Ob. dominus Henricus Marbrogh. frater nostre congregacionis.   Ob. dominus Henricus Talor capellanus qui dedit priori et conuentui xx^{tj}. s. frater nostre congregacionis.

| | g | iij | Id. | Ob. Jordanus canonicus noster.   Ob. Johannes Wytlyng canonicus noster.   Ob. Thomas Cusake canonicus noster.

| xbiij | A | ij | Id. | Ob. Willelmus Blake frater nostre congregacicnis.   Ob. Anna Lawles soror nostre congregacionis.

| bij | b | Idus. | Ob. Nicholaus Stanton prior noster anno domini

Mᵒ. ccccᵒ. xxx. viijᵒ. Ob. Walterus Fyztsimon archiepiscopus Dublin anno domini Mᵒ. dᵒ. xjᵒ. Ob. Matheus Blake frater nostre congregacionis anno domini Mᵒ. dᵒ. xviijᵒ.

| | c | xbij | Kl. | Junij Sancti Brandani Abbatis. Ob. Robertus Chamyr frater nostre congregacionis.

| xb | d | xbj | Kl. | Ob. Gilbertus Peytin canonicus noster. Ob. Margaria Cruys que dedit conuentui et operibus ecclesie xl. s.

| iiij | e | xb | Kl. | Ob. frater Robertus Walcoun sacerdos et canonicus noster. Ob. Margareta Motyn soror nostre congregacionis. Ob. Thomas Petytt frater nostre congregacionis. Ob. Anna Breccley soror nostre congregacionis.

| | f | xiiij | Kl. | Ob. Cecilia Hegreue soror nostre congregacionis que multa bona nobis contulit pro qua fiunt ix. lecciones anno domini Mᵒ. ccccᵒ. sexto decimo. Ob. Johannes Stratton frater nostre congregacionis.

| xij | g | xiij | Kl. | Ob. Johanna Mems soror Nicholai Mems. Ob. Johannes Tanner rector Noui Castri de Lyonis qui dedit nobis x. libras ad selluram chori.

| i | a | xij | Kl. | Ob. Thomas Roger carpentarius frater nostre congregacionis.

| | b | xj | Kl. | Ob. Cecilia Grawnseter soror nostre congregacionis.

| ix | c | x | Kl. | Ob. Thomas Benett ciuis Dublin frater nostre congregacionis.

| | d | ix | Kl. | Ob. Johanna Hwsse soror nostre congregacionis. Ob. Gylle Granset conuersus noster. Ob. magister Ricardus Englond frater nostre congregacionis anno domini Mᵒ. dᵒ. xiijᵒ.

| xbij | e | biij | Kl. | Ob. venerabilis pater dominus Thomas Crauley archiepiscopus Dublin anno domini M°. cccc°. xvij°. et sue consecracionis xx°.

| bj | f | biij | Kl. | Memorandum quod Alicia Gernonum tradidit maiori altari ecclesie nostre vnam argenteam planetam et deauratam vnam albam cum decenti lintheo.

| | g | bj | Kl. | Ob. dominus Ricardus Conry capellanus sancti Michee qui dedit priori et conuentui iiij°r. marcas et operibus ecclesie xxti. s. et vnum catholicon.

| xiiij | A | b | Kl. | Ob. Thomas Butyller qui legauit nobis vnam ollam eneam frater nostre congregacionis.

| iij | b | iiij | Kl. | Ob. dominus Johannes Shrygley miles et frater nostre congregacionis. Ob. frater Robertus Carmardine sacerdos et canonicus noster.

| | c | iij | Kl. | Memorandum quod Johannes Chyllam smyth dedit priori et conuentui pro salute anime sue vxoris sue et omnium amicorum suorum xxti. iiij. s. iiij. d. Ob. Margareta Edward soror nostre congregacionis que legauit priori et conuentui x. marcas argenti pro qua fiant ix. lecciones.

| xj | d | ij | Kl. | Ob. Johannes Gybe et Joneta Whyte qui legauit operibus ecclesie vnum vas eneam pro quibus fiat ix. lecciones.

| | c | Kal. | Junius.   Ob. Thomas Alford frater nostre congregacionis qui legauit priori et conuentui xl. s. et capelle sancti Edmundi vnum par vestimentorum et vnum calicem.

| xix | f | iiij | No. | Ob. dominus Willelmus Cor vicarius de Athyrde. Ob. dominus Valterus Werdon capellanus eiusdem ecclesie.

| biij | g | iij | No. | Ob. Walterus de Clontarf canonicus noster. Ob. Thomas le Bottry frater nostre congregacionis.

| xbj | a | ij | No. | Ob. Willelmus Grampey ciuis Dublin frater nostre congregacionis qui in vita sua multa bona nobis contulit. Ob. magister Thomas Fwelbret frater nostre congregacionis anno M°. d°. xiij°.   Ob. Jeneta Fynglas soror nostre congregacionis.

| u | b | Nonas. | Ob. Willelmus de Radford canonicus noster. Ob. Cristiana Waleys soror nostre congregacionis.

| | c | viij | Id. | Ob. Alicia Grauncet pro qua fiant ix. lecciones. Ob. Thomas Commyn dominus de Balligryffyn qui dedit nobis duas acras terre cum advocacione ecclesie eiusdem ville pro quo fiunt ix. lecciones.

| xiij | d | vij | Id. | Ob. Patricius conuersus noster.   Ob. Hylarius canonicus noster.   Ob. Cristoforus Fox frater nostre congregacionis. Ob. Thomas prior omnium sanctorum.   Ob. frater Willelmus Fyan canonicus noster et professus.

| ij | c | vj | Id. |

| | f | u | Id. | Ob. Thomas Sporte frater congregacionis.   Et Margareta Hakket soror noster.

| x | g | iiij | Id. | Ob. Dure qui dedit nobis Tyllychkewyn.   Ob. Henricus canonicus noster.   Ob. Johannes Rossel. Willelmus Berld. Johannes Barre. Alicia Lyne.   Ob. Ricardus Dalahyd quondam principalis baro scaccarij domini regis in Hibernia anno domini M°. d°. xxxix°.

| | a | iij | Id. | **Barnabe Apostoli.**   Ob. Duncanus frater nostre congregacionis.   Ob. Henricus Gaydon frater nostre congregacionis anno domini M°. d°. xxx°.

| xbiij | b | ij | Id. | Ob. Walterus conuersus noster.   Ob. Patricius Mulghan frater nostre congregacionis.   Ob. Willelmus Godyng ciuis Dublin frater nostre congregacionis anno M°. d°. xiiij.   Obijt Elinora Barby soror nostre congregacionis anno domini M°. d°. xxviij°.

| ᚢᵻᵻ | ᴄ | Ꙃᵫꙅ. | Ob. Henricus Strangwys et Margareta vxor eius.

| | ᚦ | ᚦᵫᵻᵻᵻ | ᴋᴵ. | **Julij.**   Ob. dominus Patricius Rodnore vicarius
de Laracor qui dedit operibus ecclesie iij. s. iiij. d. frater nostre congregacionis.   Ob. Willelmus Owen sacerdos noster 1547.

| ᚦᵫ | ᴄ | ᚦᵫᵻᵻ | ᴋᴵ. |

| ᵻᵻᵻᵻ | ᵮ | ᚦᵫᵻ | ᴋᴵ. | Ob. Augustinus canonicus noster.   Ob. Willel-
mus Catelyn.   Ob. Johannes Godyng anno domini M°. ccccc°. ij°.

| | ᵷ | ᚦᵫ | ᴋᴵ. | Ob. Thomas Lang frater nostre congregaci-
onis.

| ᚦᵻᵻ | ᴀ | ᚦᵻᵻᵻᵻ | ᴋᴵ. | Ob. Johannes Guth canonicus noster.   Ob. do-
minus Willelmus Hosbern qui dedit nobis . . . . .   Ob. dominus
Robertus Loghan canonicus noster anno domini M°. cccc°. lxxvj°.

| ᵻ | ᵬ | ᚦᵻᵻᵻ | ᴋᴵ. | Ob. frater Adam Payne subprior istius ecclesie
anno domini M°. ccc°. lxxxiij°.

| | ᴄ | ᚦᵻᵻ | ᴋᴵ. | Commemoracio parentum et omnium benefac-
torum nostrorum.   Ob. dominus Willelmus Coke prior domus beate
Marie iuxta Dublin frater nostre congregacionis.   Ob. frater Johannes
Beon canonicus noster anno domini M°. cccc°. lxxxxviij°.   Eodem
die obijt Rosina Holywood quondam vxor Arlandi Vsher que dedit
vnum ciphum argenteum viginti septem vnciarum ad communem
mensam vicariorum cuius anime propicietur deus amen 1558.

| ᵻᵪ | ᚦ | ᵪᵻ | ᴋᴵ. | Ob. Fulco prior noster.

| | ᴄ | ᵪ | ᴋᴵ. | Ob. Nicholaus prior de Drumsalan.   Ob. Alex-
ander canonicus noster.   Ob. Dorotheus conuersus noster.   Ob.
Willelmus Dewgrase frater nostre congregacionis cuius anime propicietur deus amen.

| ᚦᵫᵻᵻᵻ | ᵮ | ᵻᵪ | ᴋᴵ. | Ob. Alanus conuersus noster.   Ob. Ricardus

Daw nouicius noster cuius anime propicietur deus amen.

| bj | g | biij | Kl. |Natiuitas Sancti Johannis Baptiste. Ob. Ricardus episcopus Darencis frater capituli nostri. Obijt magister Ricardus Fyche qui dedit priori et conuentui tres libras iij. s. et iiij^or. d. et operibus ecclesie x. marcas et pulpitum fecit et multa alia bona nobis fecit pro quo fiant ix. lecciones anno domini M°. cccc°. lxxxij.

| | | A | bij | Kl. |

|xiiij | b | bj | Kl. | Ob. Johannes Gaydon qui dedit operibus ecclesie vj. s. viij. d. frater nostre congregacionis.

| iij | c | b | Kl. | Ob. Keuinus canonicus noster ad succurrendum. Ob. frater Johannes Schyrborn sancti Thome martiris.

| | d | iiij | Kl. | Ob. Ricardus Whytt frater nostre congregacionis. Margeria Dauys soror nostre congregacionis.

| xj | e | iij | Kl. |Apostolorum Petri & Pauli. Ob. Jeneta Fytzwillam pro qua fiunt ix. lecciones.

| | f | ij | Kl. | Ob. Anna Dyllon soror nostre congregacionis anno domini M°. d°. xix°.

| xix | g | Kal. |Julius. Ob. Willelmus Stratyn de Glassnewyn frater nostre congregacionis. Ob. Rogerus de Bedford canonicus noster.

| biij | A | bj | No. | Visitacio Beate Marie. Ob. Rogerus Mersch qui multa bona nobis contulit. Ob. Johannes Veer ciuis Dublin. frater nostre congregacionis. Ob. Thomas Burnell frater nostre congregacionis anno domini M°. d°. xvij°. Ob. Thomas Asche frater nostre congregacionis.

| | b | b | No. | Ob. Stephanus archiepiscopus Tuamencis et frater nostre congregacionis. Ob. Stephanus Walch frater nostre

congregacionis.   Ob. Rosina Schortal.   Ob. Nicolaus Cashelle frater
nostre congregacionis anno M°. ccccc. viij°.

| xbj | c | iiij | ℈o. | Ob. Samuel episcopus quartus Dublin.   Ob.
Alexander de Rascy conuersus noster.   Ob. Edwardus rex Anglie
filius Henrici.

| b | d | iij | ℈o. | Ob. Alanus canonicus noster.

| | c | ii | ℈o. | Ob. Margareta Rochford soror nostre congrega-
cionis.

| xiij | f | Nonas. | Ob. Jacobus Mulchan frater nostre congregaci-
onis.   Ob. Ricardus Symcok canonicus sancti Thome martiris.

| ij | g | biij | Id. | Ob. Ricardi Talor ciuis Dublin et fratris nostre
congregacionis qui legauit operi ecclesie xx. s.

| | A | bij | Id. | Ob. Johanna Androwe soror nostre congregacionis
que legauit priori et conuentui tres marcas viij. s. iiij. d. et coclearia
argentea anno domini M°. cccc°. xl.vij°.   Ob. Johannes Russell
frater nostre congregacionis.   Ob. Katerina Boyse soror nostre congregacionis anno domini M°. d°. xlj°.   Obijt Wyllelmus Brabson miles
et subthezaurarius domini regis in Hybernia cuius anime propicietur
deus amen anno domini M°. d°. lij°. et anno regis Edwardi sexti
sexto.

| x | b | bj | Id. | Ob. Thomas Mynott archiepiscopus Dublin
frater nostre congregacionis.   Ob. Juliana Pascenante soror nostre
congregacionis.   Ob. Johannes Nangylle frater nostre congregacionis
cuius anime propicietur deus amen.

| | c | b | Id. | Ob. Thomas de sancto Patricio canonicus noster.
Ob. Johannes Taylwr et Alicia Celi vxor eius pro quibus fiunt ix.
lecciones.

| xbiij | d | iiij | Id. | Ob. Johanna Whytt soror nostre congregacionis.

Ob. Ricardus Heyne canonicus noster.

| ʋıȷ | ꞇ | ııȷ | Ꞛ. | Ob. Katerina Alexander soror nostre congrega-
cionis.

| | f | ıȷ | Ꞛ. | Ob. Willelmus canonicus noster.   Ob. Patricius
Naangyl frater nostre congregacionis.

| ꭗʋ | ꞡ | Ꞛus. | Ob. Rogerus Queytrot canonicus domus sancte
Marie virginis de Trym.   Ob. frater Johannes Hassard sacerdos et
canonicus cuius anime propicietur deus amen anno domini M°. d°.
xvj°. litera dominical. E.

| ııı | Ꜳ | ꭗʋıȷ | Ꞣl. | Ꜳuꞡustı.   Ob. Willelmus Twe quondam maior ci-
uitatis Dublin frater nostre congregacionis.   Eodem die Robertus
Blangwyle frater nostre congregacionis.   Eodem die Martinus Lang
anno domini M°. cccc°. nonagesimo iij°. litera dominical. F.   Ob.
Jsota Wytloke soror nostre congregacionis.   Ob. Johannes Chyllam
fratre nostre congregacionis.

| | ꜟ | ꭗʋȷ | Ꞣl. | Ob. Gelalius canonicus noster.   Ob. Jacobus
Forster frater nostre congregacionis.   Ob. Margeria Byrford soror
nostre congregacionis.

| ꭗıȷ | ꞓ | ꭗʋ | Ꞣl. | Ob. Margaret Bronne soror nostre congregaci-
onis.

| ı | ꝺ | ꭗııı | Ꞣl. | Ob. Petrus Blake et Rosina uxor eius.   Eodem
die Nicolaus Blake.   Ob. Brene Kele.

| | ꞓ | ꭗııȷ | Ꞣl. | Sancte Margarete.

| ıꭗ | f | ꭗıȷ | Ꞣl. | Ob. Willelmus Brune frater noster ad succur-
rendum.   Ob. magister Robertus Skyrret rector de Castroknoke
qui legauit nobis xl. s. anno domini M°. d°. xix°.   Ob. Johannes
Sauage de Balroddry anno domini M°. d°. l°.

| | g | xj |𝕶𝕷.| 𝕾𝖆𝖓𝖈𝖙𝖊 𝕸𝖆𝖗𝖎𝖊 𝕸𝖆𝖌𝖉𝖊𝖑𝖊𝖓𝖊. Ob. Thomas Schortall quondam maior Dublin qui legauit priori et conuentui xvj. s. viij. d. et operibus ecclesie x. marcas anno domini M°. cccc°. xl°. v°. Ob. Willelmus canonicus noster. Ob. Gormanus conuersus noster. Ob. Ricardus Sawage de Chapelyssor anno domini M°. d°. l°.

| xvij |𝕬| x |𝕶𝕷.| Ob. Thomas canonicus noster. Ob. Willelmus Barnwode frater nostre congregacionis. Ob. Johannes Whytt quondam maior Dublin frater nostre congregacionis qui legauit vnam zonam ymagini sancte Marie albe precio. xx. s.
Ob. Johanna Roche vxor eius que legauit priori et conuentui vnum ciphum vocatum lenott precio iiij^{or}. marcas et vnam crateram argenteam precio xx^{ti}. s. pro quibus fiant ix. lecciones. Ob. Ysmay Saryant.

| bj | b | ix |𝕶𝕷.| Ob. Willelmus Depyng canonicus noster. Ob. Alicia Bossard soror nostre congregacionis. Ob. . . . .

| | c | biij |𝕶𝕷.| 𝕾𝖆𝖓𝖈𝖙𝖎 𝕵𝖆𝖈𝖔𝖇𝖎 𝕬𝖕𝖔𝖘𝖙𝖔𝖑𝖎. Ob. Johannes Whyte cocus noster et frater nostre congregacionis. Ob. Mauricius Eustas frater nostre congregacionis. Ob. Hugo de Stadford canonicus. Ob. Robertus Rathe frater nostre congregacionis. Ob. Cristoforus Byrforde qui legauit priori et conuentui x. marcas argenti cuius anime propicietur deus amen anno domini M°. d°. xxj°.

|xiiij | d | bij |𝕶𝕷.|𝕾𝖆𝖓𝖈𝖙𝖊 𝕬𝖓𝖓𝖊 𝖒𝖆𝖙𝖗𝖎𝖘 𝕸𝖆𝖗𝖎𝖊. Ob. Alicia Wodlok soror nostre congregacionis. Ob. Margareta Lawles soror nostre congregacionis. Ob. Johannes Osadwyn cuius anime propicietur deus. Ob. Thomas Lewet et Richardus Stanyhurst canonici nostri quorum animabus propicietur deus amen anno domini M°. d°. xxviij°.

| iij | c | bj |𝕶𝕷.| Ob. frater Stephanus le Derby prior noster. Obijt Alicia Schortals soror nostre congregacionis dominus Johannes Champnes capellanus qui legauit priori et conuentui vij. marcas et operibus ecclesie vnam marcam.

| | f | ʋ | 𝕂l. | Ob. Nicholaus Loghan canonicus noster anno domini M°. cccc°. lxxx°. v°. Ob. Willelmus Talbot quondam maior ciuitatis Dublin anno domini M°. d°. xxviij°.

| xj | g | iiij | 𝕂l. | Ob. Johannes Foster qui dedit priori et conuentui et operibus ecclesie xl. s. pro quo fiant ix. lecciones. Ob. Thomas Corteys.

| xix | 𝔄 | iij | 𝕂l. | Ob. frater Robertus Stanton prior ecclesie sancti Thome martiris iuxta Dublin. Ob. dominus Robertus Water frater nostre congregacionis.

| | ʋ | ij | 𝕂l. | Ob. Johannes Morwyle quondam ciuis Dublin qui donauit nobis vnam domum in venella sancti Michaelis et frater nostre congregacionis anno domini M°. cccc°. xxx°. viij°. Ob. Hubertus canonicus noster.

| ʋiij | c | 𝕶al. |𝔄ugustus. 𝔄ouincula 𝔖ancti 𝔓etri. Ob. Margareta Power. Ob. Edmundus Sex frater nostre congregacionis cuius anime propicietur deus amen.

| xʋj | ð | iiij | 𝔑o. | Ob. Agnes Stokys soror nostre congregacionis. Ob. Margareta Bellew soror nostre congregacionis. Ob. dominus Ricardus Herford qui dedit operibus ecclesie xl. s. et frater nostre congregacionis.

| ʋ | e | iij | 𝔑o. | Ob. Thomas Madoke frater nostre congregacionis. Ob. Hugo Yng archiepiscopus Dublin anno domini M°. d°. xxviij°. Ob. Agneta West soror nostre congregacionis anno domini M°. d°. xxix. Ob. magister Thomas Walsh notarius frater nostre congregacionis qui legauit canonicis dicte cathedralis iij. s. iiij. d. ad orandum pro anima sua. Ob. Ricardus Forster frater nostre congregacionis anno domini M°. d°. xlviij°.

| | f | ij | 𝔑o. | Ob. Margareta Holywood que dedit maiori altari vnum bonum linteum. Ob. Rogerus Goyowne prior noster.

| xiij | g | Nonas. | Ob. Johannes Bretayne frater nostre congregacionis.   Ob. Thomas Schortals frater nostre congregacionis.

| ij | A | viij | Id. | Ob. Elizabeth Fytz Gerot comitissa de Ormond soror nostre congregacionis anno domini M°. cccc°. quinquagesimo ij°.

| | b | vij | Id. | Ob. dominus Willelmus Norragh rector ecclesie de Ballygfyn.   Ob. Jeneta Petyte soror nostre congregacionis.   Ob. Willelmus Axon.   Ob. Johannes Cantwell soror nostre congregacionis.

| ? | c | bj | Id. | Ob. dominus Johannes Wodoloke sacerdos qui dedit operibus ecclesie xl. s.   Ob. Elisia Abbay anno domini M°. cccc°. lxxxxv°.   Ob. Jeneta Thurstayn que dedit operibus ecclesie vi. s. viij. d. cuius anime propicietur deus anno domini M°. d°. xvij°.

| | d | b | Id. | Ob. dominus Rogerus Darcy miles qui legauit x. li. ad edificandum claustri.   Ob. frater Robertus Lokynton prior noster anno domini M°. ccc°. nonagesimo vij°.   Ob. Johanna Schortals soror nostre congregacionis.

| xviij | e | iiij | Id. | **Sancti Laurencij Martiris.**   Ob. Willelmus de Grangia conuersus noster.   Ob. Willelmus Walch frater nostre congregacionis.   Ob. frater Thomas le Bottyller prior Hospitalis sancti Johannis Ierusalem in Hibernia.   Ob. Nicholaus Bourke quondam maior Dublin anno domini M°. cccc°. lxxxiiij°.   Ob. Agnes Hount soror nostre congregacionis cuius anime propicietur deus amen.

| vij | f | iij | Id. | Ob. Ricardus sacerdos et canonicus noster.   Ob. frater Nicholaus Rustbery canonicus noster.

| | g | ij | Id. | Ob. Geruasius prior noster.   Ob. Johannes Lyne canonicus noster.   Ob. frater Adam Delamore prior noster. Ob. Johannes Kyrcham frater nostre congregacionis artifex campanarum nostrarum.

| xv | A | Idus. | Ob. frater Thomas de Hakwell prior de Kylmay-

nan confrater noster. Ob. domina Margareta Holywod soror nostre congregacionis. Ob. Johannes Kenan alias Talower frater nostre congregacionis qui dedit operibus ecclesie xx^{ti}. s.

| iiij | b | xix | Kl. | Septembris. Ob. Walterus de Ley aurifaber qui multa bona nobis contulit. Ob. frater Ricardus de Bedford canonicus noster. Ob. Millana Roleg que multa bona nobis contulit. Ob. Willelmus Kelly quondam ciuis Dublin anno domini [M°] d°. xxxvj°.

| | c | xviij | Kl. | Assumpcio beate Marie Virginis. Ob. Mauricius Fytz Thomas comes Kyldare anno domini M°. ccc°. nonagesimo. Ob. Hubertus canonicus noster. Ob. Johannes Talmer quondam maior Dubline. Ob. Ricardus Talbot quondam archiepiscopus Dubline anno domini M°. cccc°. xl.ix°. pro quo fiant ix. lecciones. Eodem die obijt domina Margareta Holywood soror nostre congregacionis.

| xij | d | xvij | Kl. | Ob. Samson Dartas frater nostre congregacionis. Ob. Paulus Hore clericus noster. Ob. dominus Johannes Younge capellanus frater nostre congregacionis.

| i | e | xvj | Kl. | Ob. Willelmus de Schrewysbery canonicus noster.

| | f | xv | Kl. |

| ix | g | xiiij | Kl. | Ob. frater Johannes Row canonicus sancti Thome martiris. Agnes Mareward cuius anime propicietur deus anno M°. d°. xx°.

| | A | xiij | Kl. | Ob. Katerina Drake soror nostre congregacionis. Ob. Lucia Talbott soror nostre congregacionis qui dedit operibus ecclesie iij. s. iiij. d. Ob. dominus Johannes Sprott capellanus frater nostre congregacionis. Ob. Katerina Dyllon soror nostre congregacionis.

| xbiȷ | b | xlȷ |Kl.| Memorandum quod domina de Kyllen recepta fuit in confraternitate nostra et in forma sancte Trinitatis cum quibusdam filiorum suorum et dedit maiori altari ymaginem sancte Marie de auratam ad valorem x. librarum.

| bȷ | c | xȷ |Kl.| Ob. Johannes Fytz Robert frater nostre congregacionis. Ob. Katerina Dalahyde soror nostre congregacionis.

| | d | x |Kl.| Ob. Rogerus Marys frater nostre congregacionis. Ob. Nicholaus Coke qui legauit priori et conuentui iij. s. Ob. Jacobus le Bottyler comes Ormonie apud Arde anno domini M°. cccc°. quinquagessimo ij°.

| xiiiȷ | e | ix |Kl.|Sancti Bartholemei Apostoli. Ob. Ricardus episcopus Da. Ob. Walterus Wesyn canonicus noster et professus. Ob. Walter Donoch. Margareta Rath. Anna Roche et Johanna Beg. Thomasina Row. Thomas Donoch qui multa bona nobis contulerunt. Ob. Johannes Colman frater nostre congregacionis.

| iiȷ | f | biiȷ |Kl.| Ob. Patricius Honylow frater nostre congregacionis cuius anime propicietur deus amen. Ob. Johanna Lawles soror nostre congregacionis.

| | g | biȷ |Kl.| Ob. Thomas Bennet ciuis ciuitatis Dublin et Elizabeth vxor eius qui dederunt nobis omnes terras et tenementa sua de Ballymore ad sustendendum iiij^or. paraphonistas ad laudem et honorem sancte trinitatis et beate virginis Marie pro quibus fiunt ix. lectiones.

| xȷ | A | bȷ |Kl.| Ob. Johannes Rochford frater nostre congregacionis.

| xix | b | v |Kl.|

| | c | iiiȷ |Kl.| Decollacio Sancti Johannis Baptiste. Ob. pie memorie Robertus de Wykeforde archiepiscopus Dublin qui condo-

nauit nobis et ecclesie nostre annatim imperpetuum quinque marcas de procuracionibus archiepiscopalibus. Ob. Ricardus Gomy anno domini M°. ccc°. nonagesimo pro quo fiunt ix. lecciones. Et Juliana vxor eius.

| biij | ð | iij | Kl. | Ob. Johannes Burnell apud Ballybogan anno domini M°. cccc°. lx°. frater nostre congregacionis. Ob. Elysabeth Barnuall soror nostre congregacionis anno domini M°. d°. xviij°.

| | e | ij | Kl. | Ob. Rodulphi Row.

| xbj | f | Kl. September. Ob. Johannes Beline frater nostre congregacionis. Obijt Elyzabeth Holywod soror nostre congregacionis. Ob. Nicholaus Holywod frater nostre [congregacionis].

| b | g | iiij | No. | Ob. Elysabeth Cusake soror nostre congregacionis que legauit operibus ecclesie iij. s. iiij. d. Ob. Katerina Tyw soror nostre congregacionis anno domini M°. cccc°. xi°. Ob. Jeneta Cantrell soror nostre congregacionis anno domini M°. d°. xxxviij°.

| | A | iij | No. | Ob. Robertus canonicus noster. Ob. Johannes Pocot prior noster. Ob. Johannes Wallche frater nostre congregacionis. Eodem die ob. Geraldus Fyzt Moryce quondam comes Kyldarie et deputatus seu locum tenens domini regis in terra Hiberni qui nobis in vita sua dedit vnum par vestimentorum de panno aureo tussy et in ultimo suo eulogio nobis legauit togam suam meliorem de panno aureo purpuretto pro indumentis sacerdotalibus faciendis eciam nobis dedit villam nuncupatam magnum Coporan cum suis pertinentiis ad sustentacionem canonici qui celebrabit pro anima sua et anima Thome Plunket quondam capitalis justiciarij domini regis de communi bancho Hibernie et pro animabus omnium fidelium defunctorum pro quo fiant ix. lecciones anno domini M°. d°. xiij°.

| xiij | b | ij | No. | Ob. Nicholaus Remond conuersus noster. Ob. Johanna Fynglas soror nostre congregacionis. Ob. Johannes Sawage quondam maior ciuitatis Dublin anno domini M°. cccc°. nonagesimo ix°. Ob. Nicholaus Fagan frater nostre congregacionis. Ob. Marga-

reta Flemyng soror nostre congregacionis anno domini M°. d°. xxxv°.

| ij | c | **Nonas.** | Ob. Ricardus de Radforde canonicus noster. Ob. Robertus de Meonis frater nostre congregacionis.

| | d | biij| Id. | Ob. Robertus Cadwell canonicus noster. Ob. Symon de Ludgatt prior noster. Ob. frater Ricardus Stanton canonicus noster. Ob. Thomas Holywod frater nostre congregacionis. Ob. Stephanus Holywod frater nostre congregacionis.

| x | e | bij| Id. | Ob. Nicholaus Esyden sacerdos et canonicus noster. Ob. Millana Harrold soror nostre congregacionis. Ob. Tadeus Stanton frater nostre congregacionis. Ob. Robertus Bornel frater nostre congregacionis. Ob. Walterus Stanyhurst frater nostre congregacionis.

| | f | bj | Id. | **Natiuitas beate Marie.** Ob. frater Johannes Whyte prior sancti Wulstani et canonicus noster. Eodem die ob. dominus Robertus Holywood frater nostre congregacionis. Ob. Jeneta Skerrett soror nostre congregacionis. Obijt frater nostre Thomas Whyte monacus sancte monasterij Marie virginis frater nostre congregacionis. Ob. Thomas Collyer quondam maior ciuitatis Dublin frater nostre congregacionis.

|xbiij| g | b | Id. | Ob. pie memorie Johannes de Sancto Paulo archiepiscopus Dublin qui multa bona nobis contulit et chorum nostrum de nouo edificauit pro quo fiunt ix. lecciones. Ob. frater Willelmus Byssett canonicus sancti Thome martiris frater nostre congregacionis.

| bij |A| iiij | Id. | Ob. Thomas de Dryfeyld canonicus noster. Ob. Gyl Escoppe canonicus noster. Ob. frater Thomas Bonewyll canonicus noster.

| | b | iij | Id. | Ob. Rogerus canonicus noster. Ob. Thomas Seriant dominus de Castrocnoke qui legauit nobis vnam seldam in alto vico iuxta crucem et aliam celdam in vico Estemanorum iuxta

semiterium ecclesie sancti Michee pro quo fiunt ix. lecciones.

| xb | c | ii | Id. | Ob. Robertus Pernus canonicus noster.

| iiij | d | Idus. | Ob. Keninus canonicus noster. Ob. Stephanus Rendwylde frater nostre congregacionis. Ob. Thomas Byrfforde qui dedit operibus ecclesie vi. s. viij. d.

| c | xbiij | Kl. | (October). Exaltacio Sancte Crucis. Ob. dominus Johannes Venor rector Noui Castri frater nostre congregacionis qui nobis dedit vnum ciphum coopertum ad valorem v. marcarum pro quo fiunt ix. lecciones. Ob. Rosina Hassard soror nostre congregacionis que legauit nobis xx. s. anno domini M°. d°. xix°. Ob. Thomas Messyngam frater nostre congregacionis anno domini M°. d°. xxxij.

| xij | f | xbij | Kl. | Ob. Stephanus Harrold frater nostre congregacionis. Ob. Regenaldus conuersus noster. Ob. Willelmus canonicus noster. Ob. domina Katerina Hakkett priorissa de Gratia Dei soror nostre congregacionis.

| i | g | xbj | Kl. | Ob. Edanus canonicus noster. Ob. Johannes Crux frater nostre congregacionis qui nobis legauit vnam ollam eneam et operibus ecclesie xx^{ti}. d. Ob. Wyllelmus Barrett qui legauit nobis vnam ollam eneam cuius anime propicietur deus amen.

| | A | xb | Kl. | Ob. Ricardus Passelew frater nostre congregacionis. Ob. Katerina Whytt soror nostre congregacionis.

| ix | b | xiiij | Kl. | Ob. Robertus Henkeston canonicus noster. Ob. Johannes canonicus noster. Obijt Johannes West quondam maior ciuitatis Dublin et frater nostre congregacionis. Ob. Johannes Phylyp alyas Iunower frater nostre congregacionis.

| | c | xiij | Kl. | Ob. Katerina Weer soror nostre congregacionis. Ob. Macrobius Glyn Dalasencis episcopus et canonicus noster. Ob. Johannes Forster frater nostre congregacionis.

| xƀiÿ | ꝺ | xiÿ | Ᵽᴸ. | Ob. Oliue Whyte que legauit nobis vnum calicem capelle beate Marie ponderis xi. vnciarum et operibus dicte capelle iij. s. iiij. d. pro qua fiunt ix. lecciones.   Ob. Margareta Madok soror nostre congregacionis.   Ob. Johannes Kynedy capellanus frater nostre congregacionis.

| ƀÿ | ℯ | xÿ | Ᵽᴸ. | **𝖘ancti 𝕸atͪei apostoli 𝕮 euangeliste.**   Ob. Philippus prior noster.   Ob. Ricardus de Glasnevyn canonicus noster.   Ob. Willelmus Fynglas frater nostre congregacionis.

| | f | x | Ᵽᴸ. | Ob. Hugo canonicus noster.   Ob. Margareta Morwyll soror nostre congregacionis que multa bona nobis contulit. Ob. Nicholaus Skelry capellanus frater nostre congregacionis.   Ob. Johannes Forster et Molyna Long vxor eius qui legauerunt priori et conuentui et operibus ecclesie xvi. s. viij. d. quorum animabus propicietur deus amen.

| xiiiÿ | ᵷ | ix | Ᵽᴸ. | Ob. Nicholaus Scorlagͪ qui legauit operi ecclesie xiij. s. iiij. d.   Ob. Patricius Pers frater nostre congregacionis anno domini M°. d°. xvij°.

| iiÿ | Ᵽ | ƀiiÿ | Ᵽᴸ. | Ob. Thomas de Netilton canonicus noster.   Ob Johanna Whyte soror nostre congregacionis anno domini M°. d°. xx°.

| | ƀ | ƀiÿ | Ᵽᴸ. | Ob. Robertus West frater nostre congregacionis.

| xÿ | ℯ | ƀÿ | Ᵽᴸ. | Ob. magister Hugo frater nostre congregacionis.

| xix | ꝺ | ƀ | Ᵽᴸ. | Ob. Johannes Monteyn canonicus noster.   Ob. Jeneta Philipp anno domini Mᵛ. cccc°. lxxxx°. v°. que plura bona reliquit nobis pro qua fiant ix. lecciones.   Ob. Johannes Kendyll sacerdos et canonicus noster anno domini 1529.

| | ℯ | iiiÿ | Ᵽᴸ. | Ob. dominus Ricardus Loughth qui dedit nobis viij. li. argent.   Ob. Margareta Trewes soror nostre congregacionis.

| ƀⁱⁱⁱ | f | ⁱⁱⱼ | Ƙl. | **Sancti Michaelis Archangeli.** Ob. domina Agneta Darsy comitissa de Kyldar soror nostre congregacionis anno domini M°. cccc°. xxx°. Ob. Adam Schypman. Ob. frater Johannes Melton canonicus noster. Ob. Isabella Walche. Ob. Rosina Feypo soror nostre congregacionis que operibus ecclesie dedit iij. s. iiij. d.

| | g | ⁱⱼ | Ƙl. | Ob. Johanna Renduyl soror nostre congregacionis. Ob. Richardus Bothy notarius frater nostre congregacionis qui dedit nobis xxx. solid. pro salute anime sue anno domini 1524.

| xƀⱼ | A | Ƙl. **October.** Ob. Rogerus sacerdos et canonicus noster. Ob. Johannes Coulok sacerdos et canonicus noster. Ob. domina Anna Castelmartyn soror nostre congregacionis. Ob. Johanna Wogan soror nostre congregacionis. Ob. Johannes de Sampford archiepiscopus Dublin. Ob. Nicholaus Woder ciuis Dublin. Ob. Rogerus Wakefyld frater nostre congregacionis. Ob. Henricus de Drumsallan canonicus noster.

| ƀ | ƀ | ƀⱼ | No. | Ob. Patricius canonicus noster. Ob. Jacobus canonicus noster. Ob. Gylbertus conuersus noster.

| xⁱⁱⱼ | c | ƀ | No. | Ob. Robertus Eustas frater nostre congregacionis. Ob. dominus Thomas Leynaght vicarius de Balliscaddan.

| ⁱⱼ | d | ⁱⁱⁱⱼ | No. | **Sancti Francisci confessoris.** Ob. Thomas Smoch qui dedit fabrice capelle beate Marie x. marcas pro quo fiant ix. lecciones. Ob. Claricia Maunsel soror nostre congregacionis. Ob. Johannes Nangyll frater nostre congregacionis. Ob. Johannes Grauill canonicus noster.

| | e | ⁱⁱⁱ | No. | Ob. Thomas Lynton frater nostre congregacionis. Ob. Willelmus Lynton prior noster anno domini M°. cccc°. lxxx°. Ob. Anna Cusake vxor Patricij Burnell soror nostre congregacionis.

| x | f | ⁱⱼ | No. | Ob. Willelmus Hygley canonicus noster. Ob. Robertus Whyte frater nostre congregacionis.

| | | g | **Ʂonas.** | Ob. Bernardus conuersus noster.   Ob. Cristoforus Holywod frater nostre congregacionis anno domini M°. cccc°. x°. vi°.   Ob. Robertus Cadell frater nostre congregacionis.

| xbiij | **A** | biij | **ꟙ.** | Ob. Gregorius archiepiscopus Dublin.   Ob. Dauid Walche frater nostre congregacionis.

| biꞇ | b | biꞇ | **ꟙ.** | Audoenus canonicus noster.

| | c | bꞇ | **ꟙ.** | Ob. Ricardus Schelyngford frater nostre congregacionis.   Ob. Robertus Mestal.   Ob. Edmundus Bodnam frater nostre congregacionis.   Ob. Nicholaus Dalaharne frater nostre congregacionis.

| xb | d | b | **ꟙ.** | Ob. dominus Walterus Dallahyd qui dedit priori et conuentui vaccam et porcum.   Ob. Petrus Fytz Jon cuius anime propicietur deus amen.   Ob. obijt Nicholaus Hancok quondam maior ciuitatis Dublin anno domini M°. d°. xlvij.

| iiiꞇ | c | iiiꞇ | **ꟙ.** | Ob. Elyzabeth Veer soror nostre congregacionis. Ob. frater Willelmus Denys prior noster anno domini M°. cccc°. lix°. Ob. Ricardus de Grangia canonicus noster.   Ob. Johannes Byrtt frater nostre congregacionis qui legauit priori et conuentui xl. s.

| | f | iiꞇ | **ꟙ.** | Ob. Thomas Edward frater nostre congregacionis qui legauit priori et conuentui iiij^or. marcas ii. s. et operi ecclesie xx^ti. s.   Ob. Helyas Hyll canonicus noster.

| xiꞇ | g | iꞇ | **ꟙ.** | Ob. Johannes Morwyl frater nostre congregacionis.   Ob. Johannes Foster frater nostre congregacionis.   Ob. Henricus Loke qui dedit operibus ecclesie vnam vaccam.

| i | **A** | **ꟗbus.** | Ob. Philippus Whytt frater nostre congregacionis.   Ob. Anna Colton soror nostre congregacionis.   Ob. Patricius Felle quondam maior ciuitatis Dublin. Eodem die obijt Eua Morown soror nostre congregacionis que dedit nobis vnam crateram argen-

team. Ob. Walterus Hankoc quondam prior ecclesie omnium sanctorum anno domini M°. d°. xlviij°. cuius anime propicietur deus.

| | b | xbij | Kl. **Nouemb.** Ob. Geraldus (Fytzmoris) comes Kyldar pro quo fiunt ix. lecciones. Ob. frater (Walterus) Bennet sacerdos et canonicus noster. Ob. dominus Cristoforus Bretnagh frater nostre congregacionis.

| ix | c | xbj | Kl. | Ob. frater Jacobus de Redenesse prior noster anno domini M°. cccc°. ix°. Ob. Nicholaus Whyte qui nobis legauit vnum cyphum frater nostre congregacionis.

| | d | xb | Kl. | **Sancti Luce Euangeliste.** Ob. Ricardus Barret ciuis Dublin qui legauit nobis quinque seldas in vico Ostimanorum ex parte boriali cimiterij sancti Michee pro quo fiunt ix. lecciones. Ob. Johannes Vodorne subprior domus omnium sanctorum frater nostre congregacionis anno domini M°. d°. xxxi°.

| xbij | e | xiiij | Kl. | Cb. Johannes Darsey sacerdos et canonicus noster. Ob. Johannes Netyrvile canonicus noster. Ob. Katerina Whyt soror nostre congregacionis cuius anime propicietur deus amen.

| bj | f | xiij | Kl. | Ob. Willelmus Ster sacerdos et canonicus noster. Ob. Alicia Rawlyn soror nostre congregacionis cuius anime propicietur deus amen.

| | g | xij | Kl. | Ob. Robertus Herforde prior noster. Ob. frater Hugo Herford canonicus noster. Ob. Philippus Bellewe quondam maior ciuitatis Dublin qui nobis legauit vnam capam et duas casulas de panno auri anno domini M°. cccc°. lxvi°.

| xiiij | A | xj | Kl. | Ob. Johannes Wsser frater nostre congregacionis. Ob. Henricus Stanyhurst frater nostre congregacionis anno domini M°. ccccc. iij°.

| iij | b | x | Kl. | Ob. Ricardus de Stafford canonicus noster. Ob.

Johannes Whyt canonicus sancti Thome martiris. Eodem die Eadmunda Fox soror nostre congregacionis que legauit priori et conuentui et operibus ecclesie xx. s.

| | c | ix | Kl. | Ob. frater Willelmus Ytell canonicus noster. Ob. Anastasia Nangyll soror nostre congregacionis.

| xi | d | biij | Kl. | Ob. Johannes Dublin archiepiscopus. Ob. Johannes Lokynton frater nostre congregacionis. Ob. Ricardus Sckyrrett cuius anime propicietur deus.

| xix | e | bij | Kl. | Thomas Cradok frater nostre congregacionis.

| | f | bi | Kl. | Ob. Thomas Newman quondam maior ciuitatis Dublin frater nostre congregacionis anno domini M°. d°. xv°. Ob. Johannes Yong frater nostre congregacionis qui dedit operibus ecclesie xx^{ti}. s. anno domini M°. d°. xvi°.

| biij | g | b | Kl. | **Apostolorum Symonis & Iude.** Ob. Johanna Rowe soror nostre congregacionis. Ob. dominus Ricardus Hector capellanus frater nostre congregacionis. Ob. Walterus Pyppart quondam maior ciuitatis Dublin frater nostre congregacionis anno domini M°. ccccc°. xvi°.

| | A | iiij | Kl. | Ob. Anna Flemyng vxor Johannis Bedlewe, soror nostre congregacionis anno domini M°. cccc°. lxi°. litera dominical. D. pro qua fiunt ix. lecciones.

| bi | b | iij | Kl. | Robertus Ywyr frater nostre congregacionis. Ob. Patricius Whyte canonicus noster cuius anime propicietur deus amen.

| b | c | ij | Kl. | Ob. dominus Ricardus Berwayl frater nostre congregacionis qui dedit nobis par vestimentorum precio xx^{ti}. ij. marcarum. Ob. Cristiana Gylagh que legauit vnum lyntheum capelle sancti Eadmundi regis soror nostre congregacionis. Ob. Robertus

Walsch frater nostre congregacionis. Ob. dominus Patricius Law capellanus de Glasnevyng qui nobis dedit omnia bona sua cuius anime propicietur deus amen anno domini M°. d°. xiiij°.

| | ꝺ |ᴪl. ꝓouemb. ffestiuitas ⦵mnium ᱂anctorum. Ob. Cristinus conuersus noster. Memorandum quod anno domini millesimo quingentesimo sexto prima die mense Nouembris dominus Geraldus comes Kyldarie ac deputatus Hybernie venit hic ad ecclesiam cathedralem sancte Trinitatis Dublin et optulit eidem ecclesie par vestimentorum de panno aureo de tussi.

| xiij | e | iiij |ꝓo.| Ob. Rogerus prior noster. Ob. Ricardus Lawles capellanus frater nostre congregacionis. Ob. Katerina Woder soror nostre congregacionis. Ob. Cristiana Symon.

| ij | f | iij |ꝓo.| Ob. Philippus de Scheruewysberij canonicus noster. Ob. Gylbertus prior noster.

| | g | ij |ꝓo.| Ob. Johannes Comyne sacerdos et canonicus noster. Ob. Johanna More que legauit conuentui xl. d. et operibus ecclesie vi. s. viij. d. soror nostre congregacionis.

| x |ᴀ| ꝓonas. | Ob. Robertus (de sancto Neoto) canonicus noster. Ob. Johannes Nugent. Ob. apud nos obijt Johannes Harsfeld canonicus de Lantonia in Angliam iuxta Gloucestriam anno domini 1537.

| | b |biij | ꝓꝺ. |

|xbiij | c | bij | ꝓꝺ. |

| bij | ꝺ | bj | ꝓꝺ. | Ob. Kellagh conuersus noster. Ob. frater Johannes Stele canonicus sancti Thome martiris. Ob. frater Simon Tany prior ecclesie conuentualis de Kylmaynan. Ob. Willelmus Heyn qui legauit operibus ecclesie xij. oues.

| | **e** | **b** | **Nͦ.** | Ob. Johannes Dolfyn sacerdos et canonicus noster.   Ob. Thomas Cusak qui quondam fuit maior Dublin frater nostre congregacionis.   Ob. obijt Katerina Alen 1547.

| **xb** | **f** | **iiij** | **Nͦ.** | Ob. Johanna Dardys soror nostre congregacionis.

| **iiij** | **g** | **iij** | **Nͦ.** | **Martini Episcopi.**   Ob. Nicolaus Walsche frater nostre congregacionis anno M°. d°. x°.

| | **A** | **ij** | **Nͦ.** | **Sancte Begnete Virginis.**   Ob. Petrus Morwyle frater nostre congregacionis qui legauit ecclesie nostre xl. s.   Ob. Mariona Hakket qui legauit nobis vnum cyphum.   Ob. Patricius Debarton canonicus noster.   Ob. Walterus Money frater nostre congregacionis.

| **xij** | **b** | **Ious.** | Ob. Alicia Cruce soror nostre congregacionis anno domini M°. d°. li°.   Ob. Patricius Barnuell de Gratia Dei frater nostre congregacionis anno domini M°. d°. lij°.

| **i** | **c** | **xbiij** | **Kl.** | **Decemb.   Sancti Laurencij Archiepiscopi Dublin.** Ob. Johannes Dowgan mercator quondam ciuis Dublin et frater nostre congregacionis qui legauit nobis craterem argenteum ponderis viginti duarum vnciarum ad fabricandum calicem maiori altari ecclesie nostre et plura alia bona eidem ecclesie fecit in vita sua cuius anime propicietur deus amen.

| | **d** | **xbij** | **Kl.** | Ob. Willelmus Kerny canonicus noster.

| **ix** | **e** | **xbj** | **Kl.** | Ob. Walterus sacerdos et canonicus noster.   Ob. Thomas Fytz Ede frater nostre congregacionis.   Ob. Robertus Sariaunt filius Johannis Seriaunt Baro de Castrokaok frater nostre congregacionis.   Ob. Lauglyn Olaghrow et Johanna Doyn qui dederunt nobis v. s. et duo modia frumenti et macety.   Ob. Alicia Byrssall soror nostre congregacionis anno domini M°. d°. li°.

| | **f** | **xb** | **Kl.** | Ob. Johannes sacerdos et canonicus noster.   Ob.

Petrus Woder quondam maior ciuitatis Dublin frater nostre congregacionis. Ob. Johannis Whytt frater nostre congregacionis. Ob. Philippus Fyzt Symon frater nostre congregacionis.

| xbij | g | xiiij | Kl. | Ob. Cristinus sacerdos et canonicus noster.

| bj | A | xiij | Kl. | Ob. Thomas Baly et Margareta Kelly et pueri eorum pro quibus fiet commemoracio. Ob. Willelmus Kelly et Anna Whetall et omnium amicorum eorundem. Ob. Ricardus Wydown carpentarius noster cuius anime propicietur deus amen.

| | b | xij | Kl. | Rogerus de Mancestria canonicus nostre. Ob. dominus Rogerus Fulthrop miles qui legauit conuentui vi. marcas et dimidiam. Ob. Janico Dartays armiger frater nostre congregacionis.

| xiiij | c | xj | Kl. | Ob. frater Thwrstan canonicus noster. Ob. Johannes Herdman canonicus noster.

| iiij | d | x | Kl. | Ob. Walterus Rous sacerdos et canonicus noster.

| | e | ix | Kl. | **Sancti Clementis Pape.** Ob. Donatus episcopus primus Dublin. Ob. frater Walterus Bul canonicus noster.

| xj | f | biij | Kl. | Ob. Gylmor conuersus noster. Ob. Philippus Braybrok canonicus noster. Ob. frater Nicholaus Hylle subprior domus omnium sanctorum.

| xix | g | bij | Kl. | **Sancte Katerine Virginis.** Ob. Andreas conuersus noster. Ob. Willelmus Gey canonicus noster. Ob. Willelmus Wyll frater nostre congregacionis. Ob. Elysabeth Wellys soror nostre congregacionis.

| | A | bj | Kl. | Ob. frater Henricus de Ocham canonicus noster. Ob. Willelmus Symon.

| 𝖛𝖎𝖎𝖏 | 𝖇 | 𝖇 | 𝕶𝖑. | Ob. frater Robertus canonicus noster ad succur-
rendum.

| | 𝖈 | 𝖎𝖎𝖎𝖏 | 𝕶𝖑. | Ob. Johanna Bem soror nostre congregacionis.
Ob. Johannes Fyan (quondam) maior ciuitatis Dublin frater nostre
congregacionis.   Ob. Johannes Barret capellanus qui dedit nobis
librum epistolarem cuius anime propicietur deus amen 1557.

| 𝖝𝖇𝖏 | 𝖉 | 𝖎𝖎𝖏 | 𝕶𝖑. | Ob. Galfidus canonicus noster.   Ob. Nicholaus
Gadyn de Clyfford canonicus noster.   Ob Johannes Walche frater
nostre congregacionis.   Ob. Johannes Hunnylowe canonicus noster
cuius anime propicietur deus amen anno Mᵒ. dᵒ. xiij.

| 𝖛 | 𝖊 | 𝖎𝖏 | 𝕶𝖑. | **𝖘𝖆𝖓𝖈𝖙𝖎 𝕬𝖓𝖉𝖗𝖊𝖊 𝕬𝖕𝖔𝖘𝖙𝖔𝖑𝖎.**   Ob. Willelmus canon-
icus noster.   Ob. Ricardus Whyte frater nostre congregacionis.   Ob.
Thomas Parker frater nostre congregacionis.   Ob. Galfridus Parker
frater nostre congregacionis.

| 𝖝𝖎𝖎𝖏 | 𝖋 | **𝕶𝖆𝖑.** |**𝕯𝖊𝖈𝖊𝖒𝖇.**   Ob. Aldelmus canonicus noster.   Ob.
Willelmus de Ballymor canonicus noster.   Ob. Thomas Dowdall qui
dedit operibus ecclesie xl. s. frater nostre congregacionis.

| 𝖎𝖏 | 𝖌 | 𝖎𝖎𝖎𝖏 | 𝕹𝖔. | Ob. Walterus de Bellycampo canonicus noster.

| | 𝕬 | 𝖎𝖎𝖏 | 𝕹𝖔. | Ob. Johannes Walche frater nostre congrega-
cionis.   Ob. Willelmus Butler Fyzthomas Fytzclement Burg de Nouo
Rosponte frater nostre congregacionis.

| 𝖝 | 𝖇 | 𝖎𝖏 | 𝕹𝖔. | Ob. Alicia Comyn soror nostre congregacionis.
Ob. Thomas Wynchestre frater nostre congregacionis.

| | 𝖈 | 𝕹𝖔𝖓𝖆𝖘. | Ob. Moroc conuersa nostra.   Ob. Willelmus
Walterus frater nostre congregacionis.

| 𝖝𝖛𝖎𝖎𝖏 | 𝖉 | 𝖛𝖎𝖎𝖏 | 𝕱𝖉. | **𝖘𝖆𝖓𝖈𝖙𝖎 𝕹𝖎𝖈𝖍𝖔𝖑𝖆𝖎 𝕰𝖕𝖎𝖘𝖈𝖔𝖕𝖎.**   Ob. Gigred qui dedit
nobis Tylach.   Ob. Odmellus frater nostre ad succurrendum.   Ob.

Johannes Kelly frater nostre congregacionis.   Ob. Agneta Walche soror nostre congregacionis.

| bij | ɛ | bij | Ið. | Ob. dominus Nicholaus Plunket miles frater nostre congregacionis anno domini M°. cccc°. xxix.   Ob. Thomas Walleys armiger frater nostre congregacionis.   Ob. Katerina Dwff soror nostre congregacionis anno domini M°. d°. xxxi°.

| | f | bj | Ið. | **Concepcio beate Marie.**   Ob. Mabilia mater domini Luce erchiepiscopi Dublin.   Ob. frater Johannes Fox canonicus noster.   Ob. Henricus Lawles frater nostre congregacionis.

| xb | ɡ | b | Ið. | Ob. frater Johannes de Gronia prior noster. Ob. Robertus Fytz Symon frater nostre congregacionis.

| iiij | A | iiij | Ið. | Ob. Willelmus Benett canonicus noster ad succurrendum.   Ob. dominus Ricardus Gilldisley monachus monasterij sancte Warburge de Westchestria cuius anime propicietur deus amen anno domini M°. d°. xxvi°.

| | b | iij | Ið. | Ob. Roginaldus de Barnuylle canonicus noster. Ob. Robertus Lynton frater nostre congregacionis.   Ob. Johannes Stanyhurst frater nostre congregacionis anno M°. d°. xij°.   Ob. Johannes Mosse thesaurarius istius ecclesie 1556.

| xij | ɛ | ij | Ið. | Ob. pie memorie Lucas archiepiscopus Dublin. Ob. Willelmus Braddesforde sacerdos et canonicus noster.   Ob. Johanna Whytt.   Eodem die obijt Richardus Freman 1534.

| j | ð | Iðus. | **Sancte Lucie Virginis.**   Ob. Rogerus Walche frater nostre congregacionis.

| | ɛ | xix | Kl. | **Januarij.**   Ob. Johannes Brytayne frater nostre congregacionis.   Ob. Henricus de Brystol prior noster.

| ix | f | xbiij | Kl. | Ob. Katerina Walche soror nostre congregacionis anno domini M°. d°. ix°.   Ob. Jeneta Whyte soror nostre con-

gregacionis anno domini M°. d°. xix°.

| | g | xbiȝ | Kl. | Ob. Crispinus conuersus noster.   Ob. domina Alicia Bron monialis de Hoggys soror nostre congregacionis.   Ob. Johannes Glowceter sacerdos et canonicus noster.

| xbiȝ | A | xbȝ | Kl. | Ob. Isolda Mestayll soror nostre congregacionis.

| bȝ | b | xb | Kl. | Ob. Mariona Flemyng qui dedit operi ecclesie vi. d.

| | c | xiiiȝ | Kl. | Ob. Rawlandus Fytz Eustas miles.   Ob. Robertus Netervyl Elysabeth Brytt et Agneta Whytt uxores eius.

| xiiiȝ | d | xiiȝ | Kl. | Ob. Gyllemorus conuersus noster. Ob. Katerina Gallan.

| iiȝ | e | xiȝ | Kl. | **Sancti Thome Apostoli.**   Ob. Johannes Passelew frater nostre congregacionis.   Ob. Jeneta Petyte quondam vxor Philippi Bellew soror nostre congregacionis.   Ob. Michael Tregorre archiepiscopus Dubline anno domini M°. cccc°. lxxi°.

| | f | xȝ | Kl. | Ob. Robertus canonicus noster et professus.   Ob. dominus Johannes Wolfe capellanus de Glasnewyn.

| xȝ | g | x | Kl. | Ob. Col Wogane frater nostre congregacionis. Ob. Johannes Walch frater nostre congregacionis qui legauit operibus ecclesie xx^{ti}. s. priori et conuentui xx^{ti}. s.   Ob. Johannes Bellew frater nostre congregacionis anno domini M°. cccc°. lxxxj°.

| xix | A | ix | Kl. | Ob. frater Hugo Marchal canonicus noster et professus.   Ob. Willelmus Petytt qui dedit operibus ecclesie vi. s. viij. d. Ob. magister Johannes Scherlok canonicus noster et bachalarius in decretis. Ob. Elias Ward frater nostre congregacionis anno M°. d°. iiij°. Ob. Walterus Sennot cocus noster et frater nostre congregacionis.

| | b | biiȝ | Kl. | **Natiuitas Domini.**   Ob. Mariona Lerpoll soror

nostre congregacionis que dedit operibus ecclesie xij. s. pro qua fiunt ix. lecciones.

| biij | c | bij | ☖l. | 𝕾ancti 𝕾tephani. Ob. Matylda Wynter soror nostre congregacionis que legauit operibus ecclesie vi. s. viij. d. Ob. Robertus Norreys frater nostre congregacionis. Ob. Johannes Lenaght cocus noster. Ob. Johannes Rendyll syssor frater nostre congregacionis.

| | d | bj | ☖l. | 𝕾ancti 𝕵ohannis. Ob. Ricardus Forstere qui quondam fuit abbas monasterij sancti Thome martiris frater nostre congregacionis.

| xbj | e | b | ☖l. | 𝕾anctorum 𝕴nnocencium. Ob. Juliana Kyldnore que legauit nobis vnam ollam eneam.

| b | f | iiij | ☖l. | 𝕾ancti 𝕿home. Ob. Thomas conuersus noster. Ob. Elena Clerke que legauit operibus ecclesie x. marc. Ob. Margareta Morsse que legauit operibus ecclesie vi. s. viij. d.

| | g | iij | ☖l. | Ob. Katerina Talbotte soror nostre congregacionis.

| xiij | 𝕬 | ij | ☖l. | 𝕾ancti 𝕾iluestri 𝕸artiris.

$$\text{ihc}$$

Hec sunt nomina illorum mortuorum quorum corpora in ecclesia
Cathedrali Sancte Trinitatis et precinctu eiusdem in pulvere
requiescunt, quorum animabus propicietur deus amen. Pro quibus
prior et canonici eiusdem loci tenentur orare, et specialiter semel
in anno exequias et missas solemniter pro eis selebrare cum campanis pulsatis et luminibus circa eos luminatis &c.

In primis pro animabus Thome Smoth, Johannis Drake, vxorum et
liberorum suorum, Johannis Gramcett, Johannis Morvyll, vxorum
et liberorum suorum. Die dominica que dicitur dominica in
albis semper celebratur.

Item pro animabus Johannis Estrete, Willelmi Caschell, Thome
Feyll. Die veneris ebdomade Pentecosten.

Item pro animabus Johannes Fanyne, Matilde Talbot vxoris eius, et
Walteri Pers, Jenete Fanyn vxoris eius, et Simonis Tempernes,
Ricardi Rosell, Matilde Rosell cum liberis eorum, ac eciam
domini Simonis Dufe capellani. Die dominica proxime post festum sancti Johannis Baptiste.

Item pro animabus Ricardi Strangewyll comitis. Willelmi Marschall
comitis, ac Thome filij Johannis comitis Kyldarie, Johanneque de
Burgo comitisse vxoris eius, necnon aliorumque comitum succes-
sorum prefati Thome progenitorum et liberorum suorum. Die
Dominica proxime post festum sancti Petri quod dicitur advincula,
nec non et domini Rogeri Dersi militis.

Item pro animabus Thome Suetyrby, Johannis Benett, Thome Benett,
Jonete Suetyrby, Elizabeth Bellewe, Nicholai Bourke. Die dominica proxime post festum assumpcionis beate Marie virginis.

Item pro animabus Johannis Savage, Jonete Philipp vxoris eius, et magistri Ricardi Fyche. Die dominica proxime post festum nati-uitatis beate Marie virginis. Nec non et Alicie Hazhan.

Item pro animabus domini Raulandi Fytz Eustace militis, Roberti Netyrwyle, Elizabeth Brytte et Agnetis White, ultima dominica de aduentu domini.

Item pro animabus Jenete Fyzt Wyllam, Ricardi Stanyhurst, et Agnetis Mawreward vxoris eius, nec non et Johannis Stanyhurst, die dominica post festum . . . . .

Item pro anima Willelmi Sutton quondam baronis Scaccarij domini regis, die dominica post festum sancti Valentini martiris.

Memorandum quod Edwardus Somerton seruiens domini regis ad legem infra terram Hibernie et Jacobus Dowdall ciuis et mercator Dublin executores Johannis Morwylle quondam ciuis Dublin dederunt nobis priori et conuentui domus siue ecclesie sancte Trinitatis Dublin unum bonum calicem deauratum et nomine predicti Johannis in pede eiusdem calicis script. ad usum magni altaris ac eciam vitreauerunt magnam Gabulam vocatam Westgabyll eiusdem domus siue ecclesie et ideo nos predicti prior et conuentus et successores nostri racione premissorum tenemur obitum predicti Johannis semel annuatim inperpetuum sumptibus nostris solempniter celebrare dominica die proxima post diem obitus sui ac assidue alijs temporibus congruis pro anima predicti Johannis et antecessorum suorum attendissime orare quorum animabus propicietur deus amen.

Memorandum quod anno domini M°. cccc°. nonagessimo octauo in dominica die 𝕷𝖊𝖙𝖆𝖗𝖊 𝕴𝖊𝖗𝖚𝖘𝖆𝖑𝖊𝖒 litera dominicali 𝕲. recepti fuerunt in confraternitatem nostram hij sequentes sc. Nicolaus Scherreff, et Margareta Lawrans vxor eius, et Patricius Lawrans, et Patricius Chamyrlayn.

Anno domini millesimo cccclxxxxix°. obijt Johannes Sauage quondam maior ciuitatis Dublin v. Idus Septembris qui legauit ecclesie sancte Trinitatis Dublin par vestimentorum de blodia velvet vna cum capa eisdem vestimentis concordanti pro quibus prior et conuentus concesserunt custodire obitum eius et vxoris sue Jenete Phillip, ac eciam obitum magistri Ricardi Fyche cum campanis pulsatis exequijs et missa solemne imperpetuum quorum animabus propicietur deus amen.

$$\overset{1}{\text{Rex}}\ \overset{2}{\text{fit}}\ \overset{3}{\text{egens}}\ \overset{4}{\text{ope}}\ \overset{5}{\text{clam}}\ \overset{6}{\text{bis}}\ \overset{7}{\text{lora}}\ \overset{8}{\text{kalans}}\ \overset{9}{\text{tenet}}\ \overset{10}{\text{hora.}}$$

$$\overset{11}{\text{Candens}}\ \overset{12}{\text{querit}}\ \overset{13}{\text{equm}}\ \overset{14}{\text{dans}}\ \overset{15}{\text{nil}}\ \overset{16}{\text{beat}}\ \overset{17}{\text{ars}}\ \overset{18}{\text{kalat}}\ \overset{19}{\text{iras.}}$$

FUNERAL ENTRIES FROM THE PROCTORS' ACCOUNTS, 1542–1735

Plate 2   The account of Randolph Barlow, proctor, 1627-8, listing under the heading of
'Extraordinary Receipts' fees received for burials (Representative Church Body
Library C6/1/26/3).

1542 Twelve months mind

Edmonde Korkinn o.1.6.
Walter Kelly[1] o.o.6.
Eliz ffield[2] o.o.6.
Sir Laurence Hancock o.o.6.
Mr Usher o.o.6.
Johan[na] Colier[3] o.1.4.
Jenet Stanyhurst[4] o.1.6.
Mr Newman o.o.6.
Dean [Geoffrey] Fitch.[5]
John Newman o.o.6.
The Chantor of St Patricks [Robert Fitz Simons][6] o.1.6.
Elinor Barby[7] o.o.6.
Henry Gaydon[8] o.o.6.
Mortimer Baker o.1.6.
Cate Boys[9] o.1.4.
Robt Casy o.o.6.
Jn Cantrell[10] o.1.0.
My lord of Kildare.[11]

1542 Months mind

Walter Golding o.1.6.
Mr Benetts wife o.1.6.
Hugh Nugent[12] o.1.6.
Sir John White o.1.6.
Sir John Brase.

1542

Funeralls
John Newmans[13] daughter o.1.0.
Walter Golding o.6.8.
Rich Taylor o.1.4.
John Talbots[14] child o.1.0.
Sir John White[15] o.5.0.
John Owen.

1589–1590

Burialls
Rec for Mr James his child o.2.8.
Rec for the Buraill of Mr Hopwood o.17.4.

For the Buraill of [blank] 0.6.8.
For the Buraill of Mr Kenwelmsh 0.6.8.
For the Buraill of Mr Vaughan 0.2.0.

1594–1595
Received of Mr ffisher for the buriall of Captaine Piers 1.0.0.

1597–1598
Rec of Mr Long for his Childs grave 0.5.0.
Mrs Millichaps childs grave.
Rec for Mr Hewets mothers grave 1.0.0.
Recd for Doctor Joyners grave 0.5.0.
Rec of Wm Kelly[16] for his childs grave 0.3.0.
Rec of Mr Hancock for his childs grave 0.5.0.
Rec for Wm Newmans[17] grave 0.10.0.
Rec for Mrs Deanes grave 0.13.4.
Mr Deanes grave.
Rec for Mrs Millichaps mans[18] mothers grave 0.6.6.
Rec for Mr Kithins grave 3.0.0.
Rec for Dr ffords wives grave 1.0.0.
Rec for Mrs W[illia]ms grave 0.11.8.
Rec for Edw. Papens grave 0.10.0.
Recd for Mr Harrolds Childs grave 0.2.6.

1612–1614
Burialls
Rec of Mr Blondall for Mr Auditor Payetons[19] Burial place in the Chancell 2.10 wch x[s] was given to the church officer, the masons & labourers that helped to take up the great stone 2.0.0.
For Captaine [blank] that lay in Winetavern Street 1.5.0.
Of Mr Brown of Cooke Street for his mothers burial place in the Mary Chappell 0.7.6.

1616–1617
Burialls
Mrs Grace Manning vi[s] viii[d].
Mr Muncke vi[s] viii[d].
S[i]r John Beare vi[s] viii[d].
Mrs Gough vi[s] viii[d].
Mr Carew vi[s] viii[d].
S[i]r Josias Bodley[20] xi[s].

1625–1626

ffor Burial of a Child of Lady Blundalls[21] 3.0.0.
ffor the Burial of Mr Collman 0.10.0.

1626–1627

ffor the Burial of my Lo[rd] Caulfielde[22] in ye quire 3.0.0.
ffor 3 Burials in the Mary Chappell viz.
Tho ffields wife 0.6.8.
Patr Roes[23] wife 0.6.8.
Mich Cullens wife 0.6.8.

1627–1628

ffor breaking the grounde in the Quire for Sir Roger Hope 1.10.0.
ffor breaking the ground in the Mary Chappell 0.10.0.
ffor Mr Patricke Goughes[24] buriall place 3.0.0.
Of John Seele for Lo[rd] Ropers cheild 0.6.8.
ffor my Lo[rd] Docwrass childs[25] Buriall 3.0.0.
Of Mr Lowe for Roes wifes Burial place 0.5.0.

1628–1629

ffor the Buriall of my Lady Burchenshoe[26] in the quire 3.0.0.
ffor two Burials in the Mary Chappell 1.0.0.

1629–1630

Of my Lord Roper for breaking the ground in the Mary Chappell 1.0.0.
ffor breaking the ground in the Mary Chappell for Mr Miles 0.10.0.
ffor breaking the ground twice in the Mary Chappell 0.16.0.

1630–1631

For breaking the ground for the Lord Docwra[27] in the Quire 3.0.0.
ffor breaking the ground in the Quire for Mr Gough 3.0.0.

1632–1633

Item for 2 Burialls in the Mary Chappell 1.0.0.
ffor breaking of the ground in the Mary Chappell for Captaine Lanpock
3.0.0.

1633–1634

Sir Dudley Nortons[28] buriall 3.0.0.
ffor Rich Cooks child buriall 0.10.0.
Another buriall 0.10.0.

1641–1642

In June 1642 for ye Buriall of an Ensigne 0.10.0.
ffor ye Buriall of Captenie flood 0.15.0.
Aug 28 for ye Buriall of Serjant Major Willoughby in ye Quire 3.0.0.
Sept 2 for ye buriall of Liuetenant Colonell Kirke 1.10.0.
ffor ye buriall of Colonells Monke his kinsman 0.15.0.
Sept 12 for ye Burial of Ensigne Rich.

1661–1662

Burialls
Earle of Mountrath[29] 5.0.0.
Lt Col[onel] Warrens child 2.0.0.
Mr Hodges child 1.0.0.
Mr Riders[30] 2 children 2.0.0.
Mr Bollard[31] 3.0.0.

1662–1663

Funeralls
Earle of Mountraths child[32] 2.0.0.
The Offeringe at ye Earles funerall 15.16.0.

PROCTORS' ACCOUNTS, 1665–1702

1664–1665

ffuneralls   Recd for Mr Henry Witherell 3.0.0.
Recd for the Lord Donellan[33] 3.0.0.
Recd for Alderman Rider's wife[34] 3.0.0.
Recd for Mr Cardogan's burial place[35] 3.0.0.

1665–1666

Mrs Barryes funerall 3.0.0.
The Countesse of Kildares[36] funerall 5.0.0.

1666–1667

ffuneralls   ffor Sergt Griffins' funerall 5.0.0.
ffor Mr Jeffrey's funerall 5.0.0.
ffor ye Child of S[i]r Jo Stephens 2.10.0.
ffor ye Comptroller's buriall 3.0.0.

1667–1668

ffuneralls   S[i]r Tho Harman 3.0.0.

A Child of Ald[e]rm[an] Readers 1.0.0.
Mr [Tho] Springham[37] 3.0.0.
Mr Richd Barry's Child 1.10.0.
Another Child of Ald[e]rman Readers 1.0.0.
A Child of Col[one]l Jeffrey's 3.0.0.
A Child of S[i]r Tho Bramhalls[38] 6.13.4.
S[i]r Tho Humes 3.0.0

1668–1669

ffuneralls   ffor a Child of the Earle of Ossorye's[39] 3.0.0.
ffor the Lady Angier[40] 5.0.0.
ffor Mrs Springham 3.0.0.
ffor another Child of the Earle of Ossoryes 3.0.0.

1670–1671

ffunerall of Dr John Kerdiffe[41] in St Mary's Chappell 3.0.0.

1671–1672

ffunerall ffees   ffor Col[one]l Tho Coote in the Quire[42] 5.0.0.
for the Lady Blundell in the Quire 5.0.0.
for a Child of Alderman Reader's in St Mary Chapppll
    1.0.0 – the rest remitted.
for three Children of Raymond ffitz Morris Esqr in St
    Mary's Chappell 3.0.0 (part fees remitted).
for Charles Earle of Montrath[43] in the Quire 5.0.0.

1672–1673

ffunerall ffes   Breaking ground for Mad[am] Caufield[44] 5.0.0.
for Madam Hamond 5.0.0.
for Mr Rich Barryes[45] Child 1.0.0.
for the Lord Baron of Santry[46] 3.0.0.
for Jane Ellis 1.10.0.

1673–1674

ffunerall fees   for Breaking ground for Ald[e]r[man] Readers Child
    1.0.0.
for 2 Children of Jo Lindon Esqr 1.10.0.
for a Grand Child of Ald[e]r[man] Prestons 1.10.0.
for A Son of Capt[ai]n Mansell 1.10.0.

1674–1675

ffunerall fees   ffor a Child of the Earl of Clincarty[47] 3.0.0.

ffor the Lady Dillon 3.0.0.
ffor a Child of Ald[e]r[man] Readers 1.0.0.

1675–1676
Ground fees from Mrs Barry 3.0.0.
ffrom ye Earl of Clanbrazill[48] 5.0.0.
Ground fees from L[or]d Clancartys son 3.0.0.
Christopher Kerdiffe[49] 3.0.0.

1676–1677
Ground fees for Mr fforths Childe 1.10.0.
Earle of Clancarty[50] 5.0.0.

1677–1678
ffor Col[one]l Willoughby 6.13.4.
ffor Mr Barnardiston 3.0.0.
ffor a Child of Mr Donnelans 1.0.0.

1678–1679
Ground ffees of ye Lord Primate[51] 10.0.0.
Ground ffees for Mr Bowyer 3.0.0.
Ground ffees Mad[am] Talbot 3.0.0.
Exe[cuto]rs of John Lord Bishop of Ossory[52] 6.0.0.
Ground ffees of Mr Knight 3.0.0.
Of Patrick Hanrahan Augm Lamas 1.0.0.

1679–1680
Bur

Mrs Warren 10 Aug [16]79 3.0.0.
Mrs Springham 18 Dec [16]79 3.0.0.
Col[one]l Talbots son 12 May [16]79 1.10.0.
Mr Lyndons Child 3 May 1680 1.10.0.

1680–1681
Ground fees

for the Lo[r]d Visc[oun]t Tullagh[53] 3.0.0.

1681–1682
Ground fees

for Madam Preston[54] 3.0.0.
for the Lord Archb[isho]p of Dublin[55] 10.0.0.
for Madam ffitz Morris 3.0.0.

1682–1683
Ground fees

For Madam Dorithy Coot al[ia]s Viridet[56] 6.13.4.

for the Lady Harman 3.0.0.
for the Lord Vic[o]unt Collyng 5.0.0.
for a Grand Child of Mr Matthew Barry 1.10.0.

1683–1684

Ground Fees   For Mrs MacCarntney[57] 3.0.0.
For a Child of Nehemiah Donnellan Esqr[58] 1.10.0.
For a Child of Collonell Richard Talbotts 1.10.0.
For the Corps of Madam Clotworthy 5.0.0.
For another Child of Collonell Talbotts 1.10.0.
Mary wife to Nehemiah Donnellan 3.0.0.

1684–1685

Ground fees   for Archdeac[on] Wilson[59] 1.10.0.
for the Countess of Ossory[60] 3.0.0.
for a Child of the L[or]d Charlemounte[61] 3.0.0.
for one Jon Barber 0.5.0.
for a Child of Justice Lyndons[62] 1.10.0.
for the Lady Athenree[63] 3.0.0.
for Madam Margetson 10.0.0.
for a Child of Counsell[o]r Donellan's 1.10.0.
for the Lady Ward 5.0.0.
for Alderman Preston[64] 3.0.0.

1688–1690

from Mr Nicholson for ground fees 11.0.0.
Item for ground fees 1.10.0.
Item for ground fees for Mrs Anderton 3.0.0.
from Mr Michelburne for ground fees for Mr Spring-
   ham 1.10.0.
Ground fees for Dr Mercer[65] 3.0.0.

1690–1692

Ground fees 10.10.0.

1692–1693

Ground fees   Of Mrs Jane Wallis 10.0.0.
of Mr Maynard Christian[66] 2.0.0.
of Mr [Ambrose] Cadogan[67] 3.0.0.

1693–1694

ffor ye late Ld Arch-Bishopp of Dublin[68] 10.0.0.

ffor Deane Jephson[69] 5.0.0.
ffor Capt[ain] Marsh Child[70] being a grand Child
   of ye late L[or]d Arch Bishopp 3.0.0.
ffor Capt[ain] Chantrells Child[71] being a Grand
   Child to ye late L[or]d Arch-B[isho]pp 3.0.0.

1694–1695
Ground ffees for the Buriall of Mrs Barry 3.0.0.

1696–1697
from Thomas Harrison for burials 12.0.0.

1697–1698
ffrom the virger for Burialls 6.10.0.

1698–1699
Mr Barrys funerall fees 3.0.0.
Mrs Barrys funerall fees 3.0.0.

1699–1700
Ms Gascoins Child funeral fees 3.0.0.
Mr ftz Gerald funerall ffees 6.10.0.
ffor the Lady Keryons funeralls 6.10.0.
ffor Ms Gascions funerall 3.0.0.
ffor Ms Reads funerall 3.0.0.

1700–1701
ffor six Burials 21.10.0.

PROCTORS' ACCOUNTS, 1667–1738

1702–1703
For Baron Donelans Childs burial 3.0.0.

1703–1704
Dean Readers[72] Child buryed 3.0.0.

1708–1709
Recd for funeral of Mrs Boyle 10.0.0.

1709–1710
By interm[en]t of Mrs Pollard in the Choir 10.0.0.

1710–1711
By interment of Mrs Hawkshaw in ye chappel 3.0.0.

1713–1714
By Mr Prestons interment 3.0.0.
By Col[onel] Harmons interme[n]t 3.0.0.

1714–1715
by ye interme[n]t of Mr Heath 2.0.0.
by ye interme[n]t of Mr Cadogan 3.0.0.
by ye interm[en]t of Mrs Harrison in ye Choir 10.0.0.

1719–1720
for the Funeral of Mrs St George 10.0.0.
for the Funeral of Mr Engoldsbys son 10.0.0.

1723–1724
interment of the late L[or]d Primate[73] 10.0.0.

1734–1735
To Interment of Mrs St George 10.0.0.

THE FIRST REGISTER OF CHRIST CHURCH, 1710–1848

Dec 2 1777 Mrs Mathews in the Common Vaults

April 23 1778 Honble Henrietta Hewitt Wife of the Honble & Revd Mr Hewitt in the Royal Vault

July 25 1778 Honble Anne Maria Calendar Daughter of the Earl of Antrim in the Royal Vault

Feb 18 1780 Rt Honble Countess Dowager of Kildare in the Choir

Richd Son of Thos Mathews & his Wife buried in the common Vaults July 1780

Richd Son of Richd Woodward & Arabella Susan his Wife buried in the common Vaults Nov 23 1780

Mr John Butler buried in the common Vaults Apr 9 1781

A Son of the Duke and Dutchess of Leinster buried in the Choir Oct 31 1781

Daughter of — Sandford buried in the Royal Vault March 31 1782

Lord George Fitzgerald Brother to the Duke of Leinster buried in the Choir May 1st 1783

Mrs Anne Richardson Mervyn buried in the Royal Vault May 6 1783

Mrs Elizth Edwards Daughter of Mrs Anne Richardson Mervyn buried in the Royal Vault May 27 1783

Lady Helen McDonnell buried in the Royal Vault June 11 1783

Marquess of Kildare buried in the Choir Feb 17 1784

Lady Donoghmore buried in the Royal Vault June 27 1788

Mrs Anne Cuffe buried in the Royal Vault Nov 28 1788

Lord Chancellor Hewitt buried in the Royal Vault May 7 1789

Lady Augusta Fitzgerald buried in the Choir Mar 11 1790

Miss Margt Brown buried in the Royal Vault Feb 25 1791

Plate 3   Burials, 1777–91, from the Christ Church register, 1710–1848 (Representative Church Body Library, C6/1/19/1, p. 15).

[Page 1]
Grace Pollard Widow In[terred] in ye Quire of C[hris]t Church
[below] ye South-Gallary above ye Arch B[isho]p Throne May 7th 1710.

[Page 2]
Rt Honble Lieut[enant] Gen[era]ll Ingoldsby Interred in ye Quire on ye
North side of ye Altar wth out ye Railes ffeb 9th 1712.[74]

[Page 3]
Phineas Pr[ ] St Mary's Chappel on ye North [side?] of ye Altar Sunday-
Night Jan [10] 1713.
Lady Mary Bellew[75] laide in ye Vault of C[hris]t Church January 15th 1713.
ffeb 18th Tho: Phipps son of S[i]r Constantine Phipps ye Rt Honble L[or]d
High Chancelloer of Ireland laide in ye Vaults of C[hris]t-Church.
May 5th 1714 The Honble Wentworth Hannon Interrd in St Marys Chappel
on ye south side of ye Altar.

[Page 4]
[ ] 10 1714 [ ]n Cadogan interrd in St Mary's Chappel under ye Monu-
ment erected to his ffamily.
June 3d 1715 Harrisson Widow interr[e]d in ye Quire on ye south side near
ye steps of ye Altar.
Novr 24th 1715 Wm late L[or]d B[isho]p of Meath laide in ye Vaults.[76]
Decemr 19th 1715 The Honble The Marquis of Hewston son to His Grace
Char L[or]d Duke & Dutchesse of Grafton laid in ye Vaults.[77]

[Page 5]
ffeb 18th 1716 John Edwards laide [in ye] Vaults.
June 8th 1717 Audley Marvin laide in ye Vaults.[78]

[Page 6]
Feb 26th 1717 Lady Mary Daughter of Earle of Killdare interrd in ye Quire
on ye North side.[79]
28th [Feb] Dr St George Ashe late L[or]d B[isho]p of Derry laide in ye
Vaults.[80]
March 4th Lady Elizabeth Daughter of Earle of Killdare interrd in ye Quire.[81]
Feb 1718 a Daughter of ye Rt Revd Father in God Wellbore L[or]d B[isho]p
of Kildare laide in ye Vaults.[82]
Feby 27th 1740 Edward McGowan was Baptised by me Mr John Worrell in
the Chapter house of Christ Church.

April 10th 1719 Lady Ballimont Laide in ye Vaults.[83]
May 16th [?1719] Philip Kinnersley[84] of St Warburghs Parish
Goldsmith & Jane Throp of Liberties of C[hris]t Church were jon'd to-
gether in holy Matrimony.

[Page 7]
Augt 28th The Hon [   ] Late Wife of Jon Tisdal Esqr interrd in ye North
side of ye Quire among ye Family of ye E[arl] of K[ildare].[85]
May 30th 1720 Col[one]l Rich Bourk Laid in ye Vaults .

[Page 8]
Oct 21 [Me]rvyn laid in the Vaults.
[Oct 21] Earl of Antrim Laid in the Vaults.[86]
Septr 16th 1723 Late Lady Grace Dillon laid in the Vaults.
June 29th 1724 Jeremiah Harrisson Esqr laid in a Vault in the midle of St
Maries Chappel under a large-stone.
July 27th Thomas late L[or]d Primate of Ardmagh interrd in the Quire un-
der the Black & White marble stones, toward the North side.[87]

[Page 9]
April 19th 1725 James Barry Esq interrd [in] St Maries Chappel near the
back-passage to the Choir.[88]
July 4th Caulfeild sister to the present L[or]d Charlemont laid in the Vaults.[89]
[July] 5th Francis Harrisson Esqr laid in the Vault in St Maries-Chappel,
wth his Mother and Brother.
Jan 17th 1726 Anne Barry late wife of Paul Barry Esqr interrd in St Mary's
Chappel.[90]
Novr 13th 1758 Mrs Barry interrd in St Marys Chaple.
Aug 13 1759 Lord Fornam interrd in St Marys Chaple.[91]
Decr 27th 1769 Mrs Elizth Barry was intered in the Middle of the ile of St
Marrys Chapple near the pasage going into the Choir.

[Page 10]
May 16th 1727 Marsh Harrisson Esqr laid in the Vault in St Maries Chappel
wth his Mother and Brothers.
Augt 2d 1727 Lady [blank] Daughter of the Rt Honble the Earle and
Countesse of Kildare laid wthin the Choir, in their Burial place.[92]
Jan 4th 1728 Paul Barry Esqr interrd in St Mary's Chappel C[hris]t
Church.[93]
1750 Mrs Elizabeth Cobbe in the Vaults.[94]
Apr 11 1753 James Mervyn Esq in the Royal Vault.

April 25th Bridget Hewitt the Wife of Jas Hewitt Verger of this Church was interred in St Marry Chapple in the Ile.

[Page 11]
From March 25th 1732
L[or]d Ophelia ... in the Quire.[95]
Lady Francis Fitzgerald in the Quire.[96]
Jan 1733 Dr Ellis B[isho]p of Meyth in the Vault.[97]
Jan 1739 Mrs Ellis his Wife in the Vault.[98]
[n.d.] Honble Mr Charles Fitzgerald ... in the Quire.[99]
Mrs Ashe Aug 7th 1741 in St Marys Chappel.[100]
[n.d.] S[i]r Ralph Gore Bart in St Marys Chapel.[101]
Lady Gore Decr 1741 in St Mary's Chappel.[102]
[n.d.] Mrs Mercer ... in St Mary's Chappel.
[n.d.] Lady Antrim ... in the Vault.[103]
[n.d.] Lady McDonnald ... in the Vault.[104]
Mrs Hon Cobbe Novr 29th 1738 in the Vault.[105]
[n.d.] Mrs St George ... in the Quire.
Mrs Lyndon Feb 11th 1741 ... in the Vault.
Mr George Lyndon Decr 26 1742 in the Vault.
Mr John Lyndon Aug 25th 1741 in the Vault.
Lady Charlotte Fitzgerald 1743 in the Quire.[106]
Rt Hon Robert Earle of Kildare March 1743/4 in the Quire.[107]
[Blank] Barry Esq October 1747 in St Mary's Chappel.[108]
A Female Child of L[or]d Antrims, 1751 in the Vault.[109]
Miss Eliz Daly an Infant daughter of James Daly Esq March 23d 1752 in St Mary's Chappel.[110]
[Blank] Mervyn Esq Jan 14th 1747 in the Vault.
Charles Cobbe Esq Son of His Grace Charles Lord Archbishop of Dublin May 27th 1752 in the vault.
Lady Caroline Fitzgerald Daughter of the Rt Hon L[or]d Kildare in the Choir April 15th 1754.[111]

[Page 12 Blank]

[Page 13]
Burials

1758
Novr 13 Mrs Mary Barry in St Marys Chapel under the South Wall on the left hand side of the old Passage.

1759
August 13 The Right Hon Lord Farnham.[112]
1761
March 12 Right Reverend Thomas Lord Bishop of Kildare & Dean of Christ Church in the Royal Vault.[113]
1762
Feby 1 Reverend Dr Oliver Bradey Chancellor of Christ Church in the Royal Vault.[114]
1765
Jan 25 Lady Louisa Fitzgerald Daughter of the most Honble James Marquess of Kildare in the Choir.[115]
April 17 Mrs Dunbar Wife of Major Dunbar and Daughter of the late Bishop Ellis in the Royal Vault.[116]
1767
July 25 His Excellency John Baron Bowes Lord High Chancellor of Ireland and one of the Lords Justices in the Royal Vault.[117]
Aug 11 Thos Jones Virger of Christ Church in ye Com[mon] Vault.
Aug 12 Mrs Irwin Relict of [Blank] Irwin Esq and Daughter of [Blank] Mervyn Esq in the Royal Vault.

[Page 14]
Burials

March 11 1769 Miss Elizabeth Stone Sister to the late Lord Primate in the Royal Vault.[118]
April 25th 1769 Bridget Hewitt Wife of James Hewitt Verger of the Church Buryed in St Marys Chapple in the Middle Ile.
Mrs Mary Barry in St Marys Chapple in the Centre of the Isle Decr 27 1769.
Jan 12 1771 Revd Dr Lambert Hughes Chancellor of Christ Church in the Royal Vault.[119]
Apr 9 1771 Lady Dowager Farnham in St Mary's Chapel near the South Wall on the left hand side of the Old Passage.[120]
June 24 1771 The Right Hon Lord Augustus Joseph Fitzgerald Son of the Duke of Leinster.[121]
Oct 28 1773 Lieutenant Colonel Hawke Son of Sir Edward Hawke on the South side of the Choir near the Rails of the Altar.[122]
Nov 22 1773 His Grace James Duke of Leinster in the Choir.[123]
July 29 1775 Mrs Margaretta Jackson Wife of the Right Revd the Lord Bishop of Kildare on the South side of the Communion Rails under the Monument of Bishop Fletcher.[124]
June 14 1776 The Honble Mrs Letitia Rochfort in the Royal Vault.

Octr 18 1777 [Blank] Robinson Esq in the Royal Vault.
Novr 25 1777 Dr Richard Woodward in the Royal Vault.[125]

[Page 15]

Decr 2d 1777 Mrs Mathews in the Common Vaults.
April 25 1778 Honble Henrietta Hewitt Wife of the Honble and Revd Mr Hewitt in the Royal Vault.[126]
July 25 1778 Honble Anne Maria Calendar Daughter of Col[one]l Calendar in the Royal Vault.[127]
Feb 18 1780 Rt Hon Countess Dowager of Kildare in the Choir.[128]
Richd Son of Thos Mathews and [Blank] his Wife buried in the com[m]on Vaults July 1780.
Richd Son of Richd Woodward and Arabella Susan his Wife buried in the common Vaults Novr 23 1780.
Mr John Butler buried in the common Vaults Apr 9 1781.
A Son of the Duke and Dutchess of Leinster buried in the Choir Octr 31 1781.[129]
[Blank] Daughter of [Blank] Sandford buried in the Royal Vault March 31 1782.
Lord George Fitzgerald Brother to the Duke of Leinster buried in the Choir May 1st 1783.[130]
Mrs Anne Richardson Mervyn buried in the Royal Vault May 6 1783.
Mrs Elizth Edwards Daughter of Mrs Anne Richardson Mervyn buried in the Royal Vault May 27 1783.
Lady Helen McDonnell buried in the Royal Vault June 11 1783.[131]
Marquess of Kildare buried in the Choir Feb 17 1784.[132]
Lady Donoghmore buried in the Royal Vault June 27 1788.[133]
Mrs Anne Cuffe buried in the Royal Vault Novr 28 1788.
Lord Chancellor Hewitt buried in the Royal Vault May 7 1789.[134]
Lady Augusta Fitzgerald buried in the Choir Mar 11 1790.
Miss Margt Brown buried in the Royal Vault Feb 25 1791.

[Page 16]

William Mowat Sexton of this Church buried in the Common Vaults Decr 7 1793.
Lady Anne Daly buried in the Royal Vault Jun 13 1794.[135]
Rt Hon John Hely Hutchinson Provost of Trinity College buried in the Royal Vault Sept 15 1794.[136]
Miss Hutchinson buried in the Royal Vault Feb 27 1796.
Mrs Eliz Hutchinson Mother of the above Miss Hutchinson buried in the Royal Vault Mar 13 1796.
Mrs Cullen buried in St Mary's Chapel Decr 8 1796.

John Thornley buried in the Common Vault Jan 15 1798.

The Revd Robert Shenton buried in the Common Vault Nov 13 1798.[137]

Hester Hewitt Sextoness of Christ Church and Wife of James Hewitt Verger of said Church buried in the Common Vault June 13th 1785.

Margretta Hewitt Sextoness of Christ Church and Daughter of James and Hester Hewitt, Buried in the Common Vault under the south Cross Nave by the side of her Mother and Sister Octr 29th 1793.

Robert Bevan Sexton of this Church Buried in the Common Vaults December 4th 1784.

January 21 1800 Mrs Anne Shenton Widow of the late Revd Robert Shenton was buried in the Common Vault.

April 30 1806 Mr James Hewitt Verger of this Cathedral was buried in the Common Vault.

[Page 17]

March 29th

1810 Jen [Blank] Miss [Blank] Mervyn in the Royal Vault

Charles Graydon Osborne, Dean's Vicar.

Mr James Hewett Virger of Christ Church was Buried in the Common Vault 9 April 1810

McC[ulloch, Verger].

November 20 1811

Mrs Else Wife Mr Else, Ironmonger, Kennedy's lane in the Royal Vault

Charles Graydon Osborne, Dean's Vicar.

1811

November 21 Mr Sawyer of Nicholas Street, Working Jeweller & Silversmith, in the Common Vaults

McCulloch, Virger.

1814

Mrs Fryer Wife of Capt[ain] Fryers 4th Dragoons was Interrd in the Common Vaults The 4th November 1814 Right hand side near the Entrance.[138]

[Page 18]

1815

16 January was Interred in the Common Vaults Lieutenant Geo Goodmin 4th Dragoon Guards.[139]

February the 18th 1815 Mrs McCulloch Wife of Mr McCulloch, Virger of Christ Church, was Interred in the Vaults aged 64.

September 18th 1815

Mr James McCulloch son of the above Mr McCulloch Interred in the Vault with His Mother aged 37.

Decr 22d 1817

Mr Abraham McCulloch, Verger of this Cathedral, was interred in the Vaults.
February 17th 1818
Elizabeth Stackdal was Interred in the Common Vault aged 49
M.G. Hall , Virger.

[Page 19]
18th Janry 1819
Patrick Foster was interred in the Common Vault Aged 41 years
M.G. Hall, Verger.
April 27th 1822
Interred in the Common Vault William Gilbert of the 29th Regt.
April 11th 1828
Interred in the common vault Sarah Hickman a Pensioner of the Cath[edra]l
Henry LeFanu, Dean's Vicar.
July 15th 1828
William Mason interred in the Common Vault
W.J. Henry LeFanu, Dean's Vicar.
Feb 24th 1830
Mr Thomas Mathews, Vicar choral of this Cathedral, was interred in the
Common Vault[140]
W.J. Henry LeFanu, Dean's Vicar.
Decr 27th 1830
Mrs Mathews Widow of the above Mr Thomas Mathews was interred in
the common vault
W.J. Henry LeFanu, Dean's Vicar.

[Page 20]
June 5th 1831
Maryanne Mayston Wife of Robt Mayston, Verger of this Cathedral, was
buried in the common vault
W.J. Henry LeFanu, Dean's Vicar.
July 19th 1831
Eleanor Leaman Wife of Henry Leaman was buried in the common vault
W.J. Henry LeFanu, Dean's Vicar.
September 12th 1831
Martha Harris, daughter of John and Margaret Harris, was buried in the
common vault
W.J.Henry LeFanu, Dean's Vicar.
Octr 31 1831
Mr Henry Leaman, Organ builder, was buried in the common vault[141]
W.J. Henry LeFanu, Dean's Vicar.
6th Jany 1833

Mr Wm Stockham was buried in common vault
W.J.H. Le Fanu, Dean's Vicar.
25th Jany 1833
Mr James McCulloch was buried in the common vault
W.J.H. Le Fanu, Dean's Vicar.
10th July 1833
Catherine Robinson was buried in the common vault
W.J.H. Le Fanu, Dean's Vicar.
William Elmes Buried in the common vault 14 day of Novr 1834
Richd Barton, D[ean's] V[icar].

See page 45

[Page 21]
Burials
1836
May 31st Mary Michell aged sixty nine was buried this day in the Common vault
Richd Barton, D[ean's] V[icar].
1836
Novr 28 Anne McManus widow of Capt[ai]n Patrick T McManus aged 68 was this day interred in the common vault
Richard Barton, D[ean's]V[icar].
[Blank] William Bradchford of No. 26 New St aged 38 was this [ ] interred in the Common Vault
Richard Barton, Dean's V[icar].
Robert Mayston, Verger of this Cathedral, aged 83 years buried by me in the common Vault March 5th 1838
John Clarke Crosthwaite, Deans Vicar.
1831
Thomas Bowdler departed this the 4th November 1831 & was interred in the vaults of this Church Nov 6 1831.
1836
Also his relict Mrs Anne Bowdler who died June 19 1836 and was interred the 21st of the same month
John C. Crosthwaite, Deans Vicar.
The Rigt Honble and most Revd Father in God Richard Laurence, Lord Archbishop of Cashel, Bishop of Waterford and Lismore was Buried in the Royal Vaults 2nd of January 1839[142]
John Clarke Crosthwaite, Dean's Vicar
James Elliott, Virger.
Wm Mason, sexton of this Cathedral, buried in the Common Vaults

July 20 1840
John Clarke Crosthwaite, Dean's Vicar.

[Page 22]
Mrs Blake Interrd in the Royal Vaults the 27th of November 1840
John Clarke Crosthwaite, Dean's Vicar.
Rebecca, infant daughter of Richard Hewett, Solicitor, of 139 Leeson Street
Dublin & Matilda Elenor his wife, aged ten months 28 days, buried in the
vaults of Christ Church Dec 24th 1841 by Mr George DeButts, Precentors
vicar.
[n.d.] Ann, wife of Wm Mason Buried in the Vaults of Christ Church.
Daughter of T. Magrath Esq buried in the Vaults of Christ Church 21 May
1842.
Mr William Mason Jr Sexton of this Cathedral was interred in the vaults on
Monday 12 Sep 1842
John Finlayson, Assistant Reader.
Isaac Mills, aged eight years, was interred in the vaults on Thursday 1 June
1843
John Finlayson, Assistant Reader.
Anne Hewitt, Pew-opener of this Cathedral, was interred in the common
vault on Sunday 5 Novr 1843
John Finlayson, Assistant Reader.
Anne Hart was interrd in the common vault on Thursday 9th Nov 1843
John Finlayson, Assistant Reader.
Mr William Geary was interred in the common vault on Thursday 23d Novr
1843
John Finlayson, Assistant Reader.

[Page 23]
Wilhelmina Jones Hewitt, fifth daughter of Richard Hewitt and Matilda
Eleanor Hewitt, of Leeson Street Dublin, Aged seven months, was interred
in the Common Vault on Tuesday 17th December 1844
John Finlayson, Vicar Choral.
Francis Sawyer Hewitt, fifth son of Richard and Matilda Hewitt, Aged 5
years and 4 months, was interred in the Common Vault on Thursday 9th
January 1845
John Finlayson, Vicar Choral.
Mrs Anne Hankin was interred in the Common Vault, on [blank]
John Finlayson, Vicar.
Mary Elms was interred in the Common Vault on Saturday 8 Nov 1845
John Finlayson, Vicar.
The Hon and Rt Rev Charles Dalrymple Lindsay, Lord Bishop of Kildare,

and Dean of this Cathedral, was interred in the Royal Vault on Friday 14
Augt 1846 [143]

John Finlayson, Vicar

James Elliott, Verger.

Margaret Mowatt, aged fifty years, was interred in the common vault of this
Cathedral on Saturday 12th September 1846

John Finlayson, Vicar.

John Bowdler, aged twenty two years, was interred in the common vault of
this Cathedral, on 4th Feb 1848

John Finlayson, Vicar.

Continued in a New Registry Book. E.S. Abbott, Prebendary of St John.

[Page 24 Blank]

[Page 25]
Burials continued from the Reverse side of this Book.

1822

Wednesday August 21st 1822 Sir Samuel Ahmuty, Commander of the Forces
buried in the Royal Vault. [144]

Wednesday 18th Septr 1822 Anastalia Lady Browne buried in the Royal
Vault.

6th December 1823 Christopher Beatty Buried in the vault of this Church
Richard Barton.

Mrs J Mowet buried in the common vaults Decr 19th 1824
Richd Barton.

Isaac Evans buried in the vaults of this church Feby 4th 1825.

Tuesday July 25th 1826.

The Honble Samuel Trench Hanley Ongley, Ensign and Lieut[enant] of his
Majestys Grenadier Guards, buried in the Royal vault [145]

Henry LeFanu, Dean's Vicar.

Wednesday March 5th 1828

John Mason interred in the common Vaults, signed Richd Barton
Henry LeFanu, Dean's Vicar.

Esther Bergin, a near Relative of Mrs Hewitt of this Cathedral, buried in
the Common vault

Henry LeFanu, Dean's Vicar.

[Page 26]
Tuesday Novr 3d 1829

Lieutenant General William Fyers commanding Royal Engineers Irela[nd]
buried in the Royal Vault

W.J.H. LeFanu, Dean's Vicar.

Monday 8th March 1830
Alfred Hankin, formerly Probationer in this Cathedral, aged 20 years buried in the Common vault
W.J.H. Le Fanu, Dean's Vicar.
June 15th 1831
Mary Anna Mayston, wife of Robert Mayston, Virger, (aged 50) buried in the common vaults
W.J.H. Le Fanu, Dean's Vicar.
1835
April 13th George Fred[er]ick Brown Magrath, son of Mr Magrath, vicar choral of Christchurch Cathedral, interred in the common vault
Richd Barton, D[ean's] V[icar].
June 7th Whitsunday
Honble Joshua Vannack Buried in the Royal vault[146]
Richard Barton, Dean's Vicar.
June 20th Esther Bowdler wife of Thomas Bowdler buried in the Common vault
R. Barton, D[ean's] V[icar].
June 21st William Hart aged 63 buried in the common vault
R. Barton, D[ean's] V[icar].

[Page 27]

Baptisms 1752
Edward Dixie, son of William and Jane Northwood Nov 27th.
William Son of Christopher and Bridget Nowlan Decr 19th.

[Page 28]
Baptisms 1753
[Blank]

[Page 29]

Baptisms 1754
John Son of James and Margarett Kelly March 5th.

[Page 30]
Baptisms 1755
Elizabeth Daughter of Nicholas and Jane Keating July 2d.

[Page 31]
Baptisms 1756
Sarah D[aughte]r of Richard and Jane Lawrence March 11.
Hester Daughter of Lewis and Honour Copson April 24th.

John Son of Daniel and Hanah Lenihan May 13.

[Page 32 Blank]

[Page 33]

Baptisms 1758
Jane Daughter of Isaac and Hannah Eades Octr 24.

[Page 34]

Baptisms 1759
Mary Ann Daughter of Lewis Ward and Mary his Wife October 9th.

[Page 35]
Baptisms

1766

Jane Daughter of Thomas Coles and Elizabeth his Wife baptized July 26 1766.
Henry Son of Philip Cooley and Mary his Wife baptized July 29 1766.
Richard Chaloner Son of Luke Hacket and Elinor his Wife baptized March 5 1767.
Mary Daughter of Rob Bevan and Ann his Wife baptized Aug 19 1767.
John Son of Will Mowat and Sarah his Wife baptized Oct 18 1767.
Andrew Son of Wm Stedman and Elizth his Wife baptized Novr 20 1768.
Willm Son of Wm Mowat and Sarah his Wife baptized 6 Decr 1768.
John Chaloner Son of Luke Hacket and Elinor his Wife baptized Feb 2 1769.
David Son of David Peters and Elizabeth his Wife baptized March 12th 1769.
Elinor Daughter of Will Stone and Catherine his Wife baptized March 14 1769.
Mary the Daughter of Will McKlain and Ann his Wife baptized May 27th 1770.
Lettice and Jane, Twin Daughters of John and Elizabth Lewis Septr 16 1770.
William Son of John and Ann Cherry July 22 1771.
Mary Daughter of Charles and Ann Cathery July 29 1771.

[Page 36]
Baptisms
Elizabeth and Anne, Twin Daughters of John Lewis and Elizth his Wife baptized Aug 14 1771.

1772   Jane Daughter of Philip Cooley and Mary his Wife baptized Decr 15 1772.

Elizabeth Daughter of John Lewis and Elizabeth his Wife baptized Decr 27 1772.

1773   Elizabeth Daughter of Robert Wilson Esq and Elizabeth his Wife baptized July 7th 1773.

1774   Joseph Son of John Lewis and Elizabeth his Wife baptized Feb 25 1774.

Anne Daughter of James Bradshaw and Bridget his Wife baptized June 16 1774.

Robert Son of William Mowat and Sarah his Wife baptized July 24 1774.

Charles Son of James Hewitt and Esther his Wife baptized Septr 18 1774.

1775   Anne Daughter of John and Hannah Stockdale baptized March 5th 1775.

Anne Daughter of John Bates and [Blank] his Wife baptized June 28th 1775.

1776   George Son of Willm Mowatt and Sarah his Wife baptized June 30th.

Samuel Son of Richd Coffey and Mary his Wife baptized July 9th 1776.

1777   Richard Son of Richard Barnett and Rebecca his Wife baptized January 21st.

[Blank] Son of Oliver Turkinton and Elizth his Wife baptized Oct 15th 1777.

1778   John Son of John Allen and Margaret his wife baptized Oct 30 1778.

Elinor Daughter of Robt Wilson Esq and Elizth his Wife baptized Oct 16 1778.

1779   Judith Daughter of Willm Mowat and Sarah his Wife baptized Septr 26 1779.

[Page 37]

1779   Frances Daughter of George Ireland and Mary his Wife baptized July 16 1779.

Daniel Son of John Kent and Elizabeth his Wife baptized Novr 21 1779.

1780   James Son of John Scanlan and Anne his Wife baptized Septr 27 1780.

Mary Daughtr of George Ireland and Mary his Wife baptized Novr 1780.

1781   Richd Son of George Read and Dorinda his Wife baptized Jany 14 1781.

Sarah Daughter of Willm Mowat and Sarah his Wife baptized Mar 11 1781.

Mary Anne Daughter of James Brady and Margaret his Wife baptized Mar 11 1781.

Charity Daughter of John Bates and Anne his Wife baptized May 9 1781.

1782   Henry Theodore Son of Timothy Garry and Bridget his Wife baptized Aug 6 1782.

Mary Anne Daughter of Richard Meech and Mary his Wife baptized Aug 11 1782.

1783   George Son of James Masterson and Anne his Wife baptized July 6 1783.

1787   Edwd Son of Daniel O'Brien and Elinor his Wife Baptized July 6 1783.

Elizth Daughter of Thomas Dawson and Anne his Wife Baptized May 20 1787.

Thos Son of James Wall and Mary his Wife Baptized Septr 23 1787.

1792   Edward Son of Joseph Walker and Catherine his Wife baptized Mar 4 1792.

Anne Daughter of Michael Byrne and Anne his Wife baptized July 16 1792.

Isabella Daughter of George Rourke and Bridget his Wife baptized Octr 28 1792.

1793   Anne Daughter of Francis Lord and Mary his Wife baptized Oct 20 1793.

Magnus Son of John Mowat and Judith his Wife baptized Oct 22 1793.

[Page 38]

1795   James Son of James Whitehead and Monica his Wife baptized Jan 25 1795.

1797   John Son of John [Blank] and Anne his Wife.

1798   Esther Maria Daughter of James Hewitt and Jane his Wife baptized Apr 8 1798.

1799   Henrietta, Daughter of Mr John Spray and Mary his Wife, baptized May 10 1799.

Sarah, Daughter of Michael Byrne and Anne his Wife baptized May 21.

1800   William, Son of Robert Jones and Catharine his Wife baptized July 17 1800.

Anne, daughter of John Johnson and Mary his Wife baptized July 20 1800.

1800   Sarah daughter of John and Judith Mowatt 26th Decr.

1802   Elinor Daughter of John and Hannah Knaggs 15th August.

1803   James the son of Thos and Elizth Morrison June 11th.

1803   Catherine, daughter of John and Hannah Knaggs Octr 8th.

[Page 39]

1803   Oct 23 Richard, son of William and Mary Shitler, Christ Church yard.

1804   Sarah, Daughter of John and Judith Mowatt Jany 23d.

1804   Octr 19th Jane daughter of Richard and Judith Reed.

1805   Elizabeth, daughter of William and Anne Mason March 19th.

Apl 8 Maria, Dau[ghte]r of Wm and Ann Birch.

1805   June 29 Susannah, daughter of John and Hannah Knaggs.

1805   August 27th Theresa, daughter of Anthony and Ann Ashmore.

Novr 23d William Son of Hosea and Mary Melton.

1806   May 23d Benjamin, son of John and Ellen Correll.

October 16th Humphrey, the Son of Humphrey and Mary Jones.

[Page 40]

1806   June 25th Hannah daughter of William and Anne Mason.

June 25th George the son of Ebenezer and Susan Reed.

1807   March 24th Mary, Dau[ghte]r of Ben and Mary Connor.

June 6th Richd Son of Hosea and Mary Melton.

[June] 30th George Thos the son of Thoms and Ann Newman of the 7th Regt of ffoot or Royal Fuziliers.

Oct 24th Wm the Son of Wm and Ann Mason.

30th [Oct] Elizth Dau[ghte]r of John and Hannah Knaggs.

1808   March 6th William, the son of James and Elinor Butler.

[March] 13th Elizabeth Dau[ghte]r of Wm and Elizth White.

May 1st Jane, Dau[ghte]r of James and Elizth Wickham.

[May] 15th Robt, the son of Wm and Phoebe Bayly.

June 10th Henry, the son of John and Mary Montgomery.

1809   June 16th Sarah, Dau[ghte]r of John and Mary Barton.

[Page 41]

1809   June 25th John, the son of Wm and Ann Mason.

July 4th George, the Son of John and Hannah Knaggs.

Novr 26th John, the son of Wm and Elizth White.

1810   Jany 7th Francis, the son of Sergeant George Agar, of the Kerry
        Militia and Elizth his Wife.
        Sophia Georgiana, Daughter of Charles Duke of Richmond, Lord
        Lieutenant of Ireland,[147] and Charlotte his Duchess,[148] born 21 of
        July 1809 and privately baptized by me the 22d of August 1809 at
        the Lord Lieutenants Residence in the Parish of Castle Knock
        Richd Graves, DD, Chaplain to his Grace the Lord Lieutenant.

1810   Jan 11th The same Sophia Georgiana publickly received into the
        Congregation at the Castle in Dublin by me E[useby Cleaver, Arch-
        bishop of] Dublin.
        Jany 28 Nancy Daughter of John Agar, Serjeant in the Kerry Mili-
        tia, and Deborah Agar his Wife, born on the 20 Jany, R. Graves.

1811   August 13th Thomas, son of Saml & Sarah Johnson of Christ
        Church Yard Baptized by me Tho Palmer, Reader.

[Page 42]

Septr 8th 1811
Swithin, son of Thomas & Elizabeth Shannon of St John's Parish Baptized
Tho Palmer.
Septr 23
Joseph, son of Joseph and Sarah Dudgeon of the Liecestershire Militia Bap-
tized
Tho Palmer.
Decr 22d 1811
Thomas, the son of John and Mary Burgess, Coal Quay, Baptized by me
Chars G. Osborne.
Decr 22d 1811
John, the son of George and Matty Magrath, Winetavern St, Baptized by
me Chars G. Osborne.
April 26 1812
James the Son of James and Rebecca Mason baptized by me Charles G
Osborne, Deans Vicar.
Sunday 19th April
Henry, son of William and Anne Mason baptized
Tho Palmer.

[Page 43]

Sunday Eveng 7th Feby 1813
Hannah daughter of John and Hannah Knaggs of Christ Church Yard bap-
tized by Thomas Palmer.
Sunday 14
Elizabeth daughter of Michael & Judith Hassett of Skinner Row baptized
by Dr Robt Handcock

Chars G. Osborne, Deans Vicar.

24 Feb

Anne Grace Daughter of John and Margret Gilchrist Baptized by Robt Handcock, D.D.

<February 7th 1813

Hannah Daughter of John & Hannah Knaggs of Christ Church Y[ar]d Baptized by Thomas Palmer>.

1813

14 March John, the Son of John & Elizabeth Farrell, Sargeant of the Kilkeny Militia, Baptized by Mr Palmer, Mc Culloch, Verger.

26 Decr 1817

Baptized Letitia the Daughter of James and Letitia Bryan.

[Page 44]

Charles Lindsay Kildare son of McCulloch, virger of this church, and Maria his wife Born 20 October and Baptized the 11th of November by the Revd Mr Rowley, Prebendary of St Michans 1816.

May 4th 1817

Baptized George Augustus son of Abraham Boyd Esqr and Jane, Countess Dowager of Belvidere, his Wife by me Charles [Lindsay, Bishop of] Kildare. N.B. this entry was wrong made on page twenty one of this book.

Thomas son of James and Rebecca Mason Christened May 28th 1818 by the Revd Dr [Thomas] Smyth, Preb[endar]y of St John

M.G. Hall, Virger.

Georgina Jane Daughter of Henry & Eliza Ensor baptized by me this 10th day of July 1822

Wm Josh Heny Lefanu.

Mark, son of Edward & Anne Noble Baptized by me this 2nd Day of Jany 1826

Wm Joseph Henry LeFanu, Dean's Vicar.

Joseph, son of Joseph and Margaret Birch baptized by the Revd Richd Barton, July 31st 1826.

Feby 5th 1829

Margaret Walsh, baptized by the Revd Richard Barton.

[Page 45]

Susan Harris daughter of John and Margaret Harris was baptized in this Cathedral on thursday 21st August 1834 by Revd Mr Crosthwaithe, P[recentor's] V[icar]

Richard Barton, D[ean's] V[icar].

William Henry Spilter, son of William and Anne Spilter was baptized in this Cathedral on tuesday February 21st 1837

His father is a soldier 8th Hussers
Richard Barton, D[ean's] V[icar].
George Harris was baptized in this Cathedral on Wednesday [blank] February 1838 eight by Revd John Finlayson, Reader
John Clarke Crosthwaite, D[ean's] V[icar].

[Page 46 Blank]

[Page 47]
MARRIAGES

William Mowat & Sarah Scott married Decr 7 1776.
Arthur Brock & Catherine McGoraugh married January 24th 1778.
William McCormick & Margaret Bevan Septr 5th 1778.
Philip Butler and Mary Gregory married June 11 1780.
John McHugh and Joanne McCulloch married August 1st 1811
Tho Palmer
Witness present: McCulloch, John Green.
<November the 6th 1814
Margaret the daughter of Isaac & Judith Evans>.
Married 26th of September 1815
By the Revd John Rowley Prebendary of St Michan
John Hall Esqr to Mary Anne Dempsy of Bolton Street
McCulloch, Virger, Christ Church.

[Page 48]
Tuesday the 5th December 1815
By the Revd John Rowley M.A. Prebendary of St Michans
Major Hamlet Obins to Anne Keogh
Chars Graydon Osborne, Dean's Vicar
Present: McCulloch, Virger.
Tuesday 12th December
By the Right Honble and Rt Revd The Bishop of Kildare, Dean of Christ Church
Abraham Boyd Esqr Barrister at Law to Jane Countess of Belvidere
Charles Graydon Osborne, Dean's Vicar
The Ceremony was performed by Special Licence.

[Page 49]

Monday January 1st 1816

Mr Abraham McCulloch, Virger of the Cathedral of Christ Church to Miss Maria Cecil by Charles Graydon Osborne, Dean's Vicar.

Monday 29th of Jan 1816

Mr Alexander Richardson of Summer hill Dublin to Miss Lucinda Siree of Gloster St by the Revd J.A. Coghlan.

Licence directed to the Revd Arthure McGwire Rector of St Thomas's and permission to execute same in the Cathedral of Christ Church by the Rt Honble and Rt Revd The Lord Bishop of Kildare, Dean of Christ Church.

Tuesday 21st May 1816

Rachel, the Daughter of John and Patty Ponder baptized by me Cs G. Osborne, Deans Vicar.

May 4th 1817

George Augustus son of Abraham Boyd Esqr and Jane his Wife Countess Dowager of Belvidere by me Charles [Lindsay, Bishop of] Kildare.

[Page 50]

July 11th 1817

William Warren[149] of Graften Street in the City of Dublin, Organist and Bachelor of the Church, was married by Licence to Anne Mallet spinster of the Parish of St Mary in the same this eleventh day of July in the year of our Lord one thousand eight hundred and seventeen by me Charles [Lindsay, Bishop of] Kildare, Dean.

December the 27th 1820

Simeon Pinto Buggins of Merrion Avenue in the City of Dublin, was married by Licenses to Frances Carolino Blood of the Parish of St Paul in the same, this Twenty Seventh day of December One Thousand Eight Hundred & Twenty by me Charles Graydon Osborne, Dean's Vicar

Present: Jno Wilkinson, M. Geo Hall, Virger.

The Reverend John Rowley,[150] Prebendary of St Michans in this Church, and of Lurgan Glebe in the County of Cavan, A.M., Clark a Bachelor was this day thirtieth of September one Thousand eight hundred and twenty six married in this Church by Special Licence to Catherine Clarke[151] of Goswell Street in the City of London Spinster by me Charles [Lindsay, Bishop of] Kildare, Dean.

Jemima Matilda Hudson daughter of James Lamphier Hudson & Anna Maria Hudson, his wife was baptized in this Church July 30th 1834 By Revd Mr Crosthwaite, Chantors vicar

Richard Barton, D[ean's] V[icar].

BURIALS IN CHRIST CHURCH CATHEDRAL NOT RECORDED
IN THE FOREGOING REGISTER

1073   Donat, Bishop of Dublin.[152]
1176/7 Richard, Earl of Strigut (Strongbow).[153]
1212   Comyn, John, Archbishop of Dublin.[154]
1219   Marschall, Earl William.[155]
1228   Loundres, H[enr]y de, Archb[ishop] of Dublin.[156]
1255   Luke, Archbishop of Dublin.[157]
1288   Fulburn, Stephen of, Archb[isho]p of Tuam.[158]
13--   Lumbard, Jno and Dame Rame, his Wife.[159]
1328   Kildare, Thos [FitzJohn], 2nd Earl of (son of Jno, 1st Earl).[160]
1359   Kildare, Joan de Burgo, Countess of (Wife of Thomas, 2d Earl).[161]
1362   St Paul, John de, Archbishop of Dublin.[162]
1390   Kildare, Maurice, 4th Earl of.[163]
1397   Northalis, Richd, Archb[isho]p of Dublin.[164]
1433   Drake, John, Mayor of Dublin.[165]
1438   Morvylle, John, Citizen of Dublin.[166]
1449   Morris, Sir Wm, Knt.
1482   Fyche, Richard.[167]
1495   Philipp, Jenit (Wife of Jno Savage 1499).[168]
1499   Savage, John, Mayor of Dublin.[169]
1512   Stanyhurst, Jno, Br[other] of the Congregation.[170]
1513   Kildare, Gerald FitzMaurice, 8th Earl (Built St Mary's Chapel).[171]
1528   Stanyhurst, Rd, Canon of Ch[rist] Ch[urch].[172]
1577   Agard, Fras, Sec[retary] to Sir Hy Sidney, L[ord] D[eputy].[173]
1577   Jacoba de la Brett; his wife; & Thomas, their son.[174]
1584   Harrington, Lady Cecilia, D[aughter] of Fras Agard (above).[175]
1582   2 & 3d sons of Sir Arthur Grey.[176]
1594/5 Garvey, John, Archb[ishop] of Armagh.[177]
1597   Ussher, Lady Isabella, D[aughter] of Archb[ishop] Loftus.[178]
16--   Moore, Lady Margery. Widow of Sir Ed Moore.[179]
1605   Sheriff Rd Browne & Wife (A.D. 1615).[180]
1607   [Edward Gough]. Merchant and Wife [Margery].[181]
1619   Methwold, Sir Wm, C. Justice K[ing's] Bench.[182]
1627   Charlemont, Sir Toby (1st Lord).[183]
1632   Griffith, Sir Edward, of Penrin, Co. of Carnarvon.[184]
1637   Barry, Rd (Mayor of Dublin AD 1610) in St Mary's Chapel.[185]
1643   Butler, Lord Walter, 6 son of Jas., 1st D[uke] of Ormond.[186]

1655   Butler, Lord Jas., 4 son of Jas., 1st Duke of Ormond.[187]
1659   Ussher, Arland. Grandson of Primate Henry Ussher.[188]
1660   Loftus, Geo, Esq. Son of Sir Adam Loftus.[189]
1660   Cadogan, Wm, Esq.[190]
1661   Leslie, Hy. L[or]d Bishop of Meath.[191]
1662   Mountrath (Sir Chas Coote) 1st Earl of.[192]
1663   Bramhall, John, Archb[isho]p of Armagh.[193]
1663/4 Kildare, Wentworth, 17th Earl of.[194]
1665   Wilde, George, L[or]d Bishop of Derry.[195]
1665   Fitz Gerald, Lady Eleanor, D[aughter] of Wentworth, 17th E[arl] of Kildare.[196]
1666   Kildare, Elizabeth, Countess of, Wife of Wentworth, 17th E. of Kildare (See 1663/4).[197]
1667/8 Neyland, Dan, Dean of Elphin.[198]
1669   Barry, Mary (Hon), D[aughter] of L[or]d Santry (St Mary's Chapel).[199]
1670   Barry, Hon. Catherine (do).[200]
1671   Coote, Col[onel] Thos (Son of Sir Chas Coote 1st Bt).[201]
1672   Santry, Lord (Sir Jas Barry) St Mary's Chap[el].[202]
1672   Mountrath, Charles, 2d Earl of.[203]
1672   Caulfield, Lady Anne, D[aughter] of Charles, 2d Viscount Drogheda.[204]
1674   Barry, Hon. Jas., S[on] of James, L[or]d Santry (St Mary's Chapel).[205]
1675   Barry, Richd, S[on] of Rd Barry, Mayor of Dublin (see 1637).[206]
1675   Clanbrassill, Henry, 2d Earl of.[207]
1677   Veredet, Lady Dorothy, D[aughter] of Coote, 1st Earl of Mountrath.[208]
1678   Margetson, Jas., Archbishop of Armagh.[209]
1681   Parker, John, Archbishop of Dublin.[210]
1681   Barry, Lady Anne, D[aughter] of 1st Lord Santry. Married to Reymond, 3d son of Patk, 19 Lord of Kerry. (In St Mary's Chapel).[211]
1681   Butler, Hon. Thos, Eldest son of Rd, E[arl] of Arran[212]
1683   Coloney, Richd Coote, 1st Lord.[213]
1684   Caulfield, Hon. Toby, 3d son of William, 2d Visc[oun]t Charlemont.[214]
1684   Ossory, Lady Amelia Nassau, Countess of. Wife of Thomas, Earl of Ossory.[215]
1684   Ormond, Lady Anne, Duchess of. First wife of James, 2d Duke.[216]
1684   MacCartney, Mrs Frances. Wife of James MacCartney Eqr, Ancestor of Lord MacCartney.[217]
1685   Athenry, Lady Mary. Wife of Ed, 20th Baron (St Mary's Chapel).[218]
1686   Preston, John, Esq. His tomb stone with inscription and arms, no

longer to be seen; that of the Earl of Kildare being immediately over it.[219]

1693	Marsh, Fras, Archb[isho]p of Dublin.[220]
1693	Cadogan, Ambrose, E[s]q.[221]
1695	Wilson, Nathaniel, Bishop of Limerick.[222]
1709	Nicholson, Lieut[enant] Gilbart, and Wife.[223]
17--	FitzGerald, Geo.[224]
17--	FitzGerald, Lady Henrietta.[225]
17--	FitzGerald, Lady Anne.[226]
	[Three entries above] Children of Robert 19th Earl of Kildare
1710	Antrim, Helena Countess of, wife of Alex, 3 Earl.[227]
1711	Ellis, John (Son of B[isho]p Ellis.[228]
1711	Ellis, Mr (do).[229]
1712	Ellis, John (do).[230]
1716	Ellis, Charles (do).[231]
1721	Skerrin, James, 7th Visc[oun]t. Removed, some time afterward, to Hampstead Ch[urch], Middlesex.[232]
1727	Altham, Arthur, 4th Lord.[233]
1765	Ellis, Philip, son of B[isho]p Ellis.[234]
1823	Osborne, Rev. Chas Graydon, Dean's Vicar, Ch[rist] Ch[urch].[235]

BURIALS IN CHRIST CHURCH CATHEDRAL THE DATES OF WHICH HAVE NOT BEEN ASCERTAINED[236]

Page	
57	Thome Smoth.[237]
57	Johannis Gramcett.[238]
57	Johannis Estrate.[239]
57	Wellehmi Caschell.[240]
57	Thome Feyll.
57	Johannis Fanyne & Matilde Talbot, his wife.[241]
57	Walteri Pers & Jenete Fanyn, his wife.[242]
57	Simonis Tempernes.
57	Richardi Rosell & Matilde Rosell & children.
57	Simonis Dufe, capellani.[243]
57	Rogeri Dersi, militis.[244]
58	Thome Suetyrby.[245]
58	Johannis Benett.[246]
58	Thomas Benett.[247]
58	Jonete Suetyrby.[248]
58	Elizabeth Bellewe.[249]

58 Nicholai Bourke.[250]
58 Alicie Hazhan.
58 Raulandi Fytz Eustace, militis.[251]
58 Roberti Netyrwyle, Elizabeth Brytte & Agnetis White, his wives.[252]
58 Jenete Fyst Wyllam.[253]
58 Ricardi Stanyhurst & Agnetis Mawreward, his wife.[254]
58 Willelmi Sutton, baron of the exchequer.[255]

ANNALS

1038 The Cathedral of the Holy Trinity, commonly called Christ Church, founded by Sitric, King of the Ostmen of Dublin, and Donat, Bishop of Dublin.

1074 Donat buried in the Choir, at the right hand side of the altar, where his body was found some years since.

1162 Lorcan O'Tuachal (Laurence O'Toole) consecrated in Christ Church by Gelarius, Archbishop of Armagh, being the first who received consecration from an Irish Archbishop.

1163 The Cathedral changed into a Priory of Aroasian Canons by Archbishop Lau[rence] O'Toole (See A.D. 1538).

117- The choir, steeple and two chapels, the one dedicated to St Edmund, King and Martyr, & to St Mary the White, the other to St Laud, all built by Archb[isho]p Laurence O'Toole, Earl Strongbow, Robert Fitzstephens, and Raymond Le Gros.

1176 Strongbow interred in sight of the Holy Cross to provide lights for which he bequeathed the lands of Kinsale. His obsequies performed by Archb[isho]p Lau[rence] O'Toole.

1180 The "Baculum Jesu" or "Staff of Jesus" transferred from Armagh to this Convent.

1186 Provincial Synod held in Christ Church by Archb[isho]p Comyn.

1190 Christ Church repaired by Archb[isho]p Comyn.

1194 2 lbs of wax given, at Easter, to each of the two Cathedrals, by Theobald, 1st Butler of Ireland.

1212 Archb[isho]p Comyn interred in Ch[rist] Ch[urch] on S[outh] side of the altar under a marble monument.

1214 See of Glendalough united to that of Dublin.

1216 Patronage of the Deanery of Penkridge, in Staffordshire, granted by King John to the Prior & Convent.

1217 Synod held here by Archb[isho]p Henri de Londres.

1225 St Lau[rence] O'Toole canonised & the Chapel of the Holy Ghost, in the Choir in the South Aisle, dedicated to him.

1228   Henri de Londres buried in a wooden tomb opposite to that of John Comyn.

1255   Archbishop Luke buried in Archbishop Comyn's Tomb.

1262   Contention between the Priory & the Corporation of Dublin about the tithe fish of the River Liffey.

1283   Steeple, Dormitory and Chapter House injured by fire.

1300   Controversy for precedency between the Prior & Convent, & the Dean & Chapter of St Patrick's, determined in favour of the former.

1303   Friar Henry de Cook licenced to travel through the kingdom to collect alms for the restoration of the Cathedral.

1308   The Prior presented by Jean le Decer, Mayor of Dublin, with 20 barrels of corn, there being a great dearth this year.

1316   The steeple blown down.

1317   Papal Bull read for the election of Alexander de Bicknor to the See of Dublin.

[1317]   Papal Bull read proposing a truce between the King of England & Robert le Brus.

1358   Choir built by John de St Paul, Archb[isho]p of Dublin, at his own expense.

1380   A law passed by the Colonial Parliament that no native should be suffered to profess himself in this Convent.

1395   Four Irish Princes knighted here by King Richd 2d.

1404   The Shrine of St Cubius carried hither from Wales.

1417   St Michael's (built by Donat & attached to the Cathedral) converted into a parish church by Richd Talbot, Archb[isho]p of Dublin.

1430   The Chapel of Santa Maria Alba & also the Cathedral, ornamented by Rd Tristo, Sub Prior.

1449   The Archbishop's Crozier (deposited in Ch[rist] Church) pledged for 5 marks by John Stregucken to Rd White, a tailor, & not released for 80 years.

1450   A Parliament held here by King Henry 6th.

1461   Thomas, 7th Earl of Kildare, sworn in here, Lord Justice of Ireland.

[1461]   East Window blown down by a violent storm, destroying many relics, but leaving the "Baculum Jesu" uninjured.

1471   £100 bequeathed to the Church by Sir Thos. Plunket Kt, Chief Justice of the King's Bench.

1487   Lambert Simnel crowned here by the title of Ed 6th & acknowledged by Gerald, the 8th ("the Great") Earl of Kildare.

1488   Pope's Bull read granting pardon to those of Simnel's Confederates who might be perpared to return to their allegiance.

1493   A Parliament held here to restrain those who prevented pilgrims visiting the relics preserved in Christ Church.

1496   Enactment of the Mayor & Citizens of Dublin to the same purpose.

1506   "Two vestments of cloth of gold tissued" given by Gerald, 8th Earl of Kildare, ("The Great Earl").

1510   14 lbs of silver bequeathed by Cornelius, [Conyll] Archdeacon of Kildare, to buy a cape of blood-coloured velvet.

1512   St Mary's Chapel built by Gerald, 8th Earl of Kildare, (called "my Lord of Kildare's Chapel" to distinguish it from that of "St Mary the White's". See A.D. 117–).

1513   Gerald Fitz Gerald, 8th Earl of Kildare, Ld Deputy of Ireland, buried near the high altar. His arms were defaced by Dr Moreton, Dean of Christ Church, when the Church was undergoing repair, A.D. 1677.

1524   Enquiry into accusations against Gerald, 9th Earl of Kildare, ("Gerald the Younger").

1538   "The Staff of Jesus" (called also "St Patrick's Staff") publickly burnt by Dr George Browne, Archbishop of Down. Images and relics removed and in their place The Creed, The Lord's Prayer & The Ten Commandments, in gilded frames, substituted,

[1538]   This church restored to its ancient state of a Dean & Chapter of Secular Canons (See A.D. 1163).

1539   Christ Church acknowledged by the King (Henry 8th) to be the Archiepiscopal seat or See, and the 2d Metropolitan Church in Ireland.

1540   Sir Anthony St Leger sworn in Lord Deputy.

1541   Robert Castele (alias Paynswick) the Prior of Christ Church appointed the first Dean.

1544   Three Prebends created by Archbishop Browne (St Michael's, St Michan's & St John's). From this period the Church, instead of the "Cathedral of the Holy Trinity", has been commonly called "Christ Church".

1545   A stone coffin discovered containing the body of a bishop in episcopal dress. Said to be that of Donat.

1547   Additions made to the establishment by King Ed. 6th for which "Homage" was to be performed. Note. This custom was continued until the Disestablishment & Disendowment of the Cathedral A.D. 1871.

1548   Sir Frans Bryan in Council here assembled elected Justice & Governor.

1551   On Easter Day the Liturgy in English read for the first time.

1553   Sir Anthony St Leger again sworn Lord Deputy.

1557   An agreement for the payment of a sum of money at the "Fount Stone" in Christ Church.

1559   Sir Wm FitzWilliam sworn Lord Deputy.

[1559] The Litany sung in English, Romish Ceremonies being suppressed by Elizabeth.

[1559] A Parliament held here & "Act of Uniformity" passed.

[1559] Large Bible sent to the Dean & Chapter, by Dr Heath, Archbishop of York, to be placed in the middle of the "Quier".

[1559] A Parliament held here, in a room called the "Commons House", by Thomas, Earl of Sussex.

1562   Strongbow's monument broken by the fall of the South Wall.

1570   Strongbow's monument repaired by Sir Hy Sydney.

[1570] Penance performed here by Rd Dixon, Bishop of Cork, who was deprived of his See for adultery.

1576   Sir Henry Colley knighted.

1583   Lord Cahier (Sir Theobald Butler) 3d Baron. The solemnity of his creation performed here.

[1583] Peter Calf (substitute for James Walsh the Precentor) appointed to collect subscriptions for the restoration of the Cathedral.

1585   Moiety of 200 heeves (a mulet) granted by the Lord Deputy, Sir John Perrot, towards rebuilding the walls of the Cathedral.

1595   Sir Richd Wingfield (afterwards 1st Lord Powerscourt) knighted.

1600   James Ussher appointed to preach before the Chief Governor (Raised to the Primacy A.D. 1624).

1604   Constitution of the Church changed by King Jas. 1st under whose Charter the Cathedral continued to be governed until Disestablishment A.D. 1871.

1615   Committee of the House of Commons appointed to meet in Christ Church to take into consideration the repairs of the Cathedral.

1619   Part of the Church rebuilt by Arch[bishop] Thos. Jones.

1620   £500 given by Henry Southey, Serg[ean]t at Arms, for repairs of the Cathedral.

1622   Lord Visc[oun]t Falkland sworn in L[ord] Dep[uty] of Ireland.

1626   Sermon preached by Dr Geo. Downham, B[isho]p of Derry, against the free exercise of their religion by R[oman] Cathol[ic]s.

1633   Letter from Lord Dep[uty] Wentworth to the Archb[isho]p of Canterbury relative to the prevention of the vaults under the Church being used for ale and tobacco shops.

1638   The erection of a new Cathedral contemplated.

1639   A new Charter petitioned for.

1642   Course of sermons delivered by Dr Stephen Jerome a Puritan.

1647   The Liturgy suppressed.

1652   Sermons preached by Thomas Patience, an Anabaptist, Fleetwood's Chaplain.

[1652] Sermon, twice every Sunday, By Dr Saml Winter, Provost, T[rinity] C[ollege] D[ublin].

1659 A Funeral Sermon on the Death of the Protector, (the "Josiah of England, Ireland & Scotland") preached by Dr Thos. Harrison, Chaplain to Henry Cromwell.

1661 Divine Service attended by Chas. 2d's first Parliament.

1670 A peal of six bells hung in Ch[rist] Ch[urch] (See next date).

1671 A parcel of "useless and unserviceable metal towards the making & setting up of a ring of bells" presented to the Cathedral by King Chas 2d (? those of 1670).

1672 Christ Church styled "Royall Chapell" by King Chas. 2d in a letter to Arthur, Earl of Essex, Lord Lieutenant.

1677 Cathedral repaired by Wm Moreton, Dean of Ch[rist] Ch[urch] (See A.D. 1573).

1678 Ordinance against the Vaults being used as a tavern.

1679 £100 granted by the King (Chas. 2d) towards repairing & adorning the Choir.

[1679] Ordinance against "Nuisances or making disturbances in the Cathedral".

1689 The Cathedral closed for a fortnight in consequence of arms being discovered therein.

1690 The silver Verge presented to the Cathedral by Captain Cottingham, one of the tenants of the church lands.

[1690] Dr Michl Moor preached & incurred the displeasure of the King (William 3d).

1691 Sermon preached before the Lords Justices by Anty Dopping, Bishop of Meath, arguing that the Treaty of Limerick should not be observed. The reverse maintained on the following Sunday by the Dean of Ch[rist] Church (Dr Moreton).

17-- Books and writings belonging to King James 2d and his Secretaries secured in the vaults for King William by Thomas Carter Esq of Robertstown, Co. of Meath.

1703 Convocation of the Irish Clergy held in St Mary's Chapel.

1705 From this year to the death of Bishop Lindsay (A.D. 1846) the Deanery of Christ Church held in commemdam by the Bishop of Kildare; subsequently until disestablishment (A.D. 1871) by the Dean of St Patrick's.

1711 Lieut[enant] General Ingoldsby, L[ord] J[ustice] of Ireland, buried here.

1738 The present peal of bells erected.

1759 A stone coffin found, supposed to be that of Archb[ishop] Comyn.

1788 Concerts in "Commemoration of Handel" performed here.

1821   Cathedral Service attended by King George 4th.

1831   Cathedral repaired by Dean & Chapter. St Mary's Chapel converted into a dwelling house for the servants of the Cathedral.

1846   Death of Bishop Lindsay & union of the Deanery with that of St Patrick's.

1868   Cathedral Service attended by the Prince and Princess of Wales.

1871   Cathedral disestablished.

[1871] Restoration of Cathedral by Henry Roe Esq commenced. Same to be completed at his sole expense.

1872   Act of Synod appointing the Archbishop of Dublin Dean of Christ Church (Archbishop Trench 1st Dean under said Act).

1874   A stone coffin found in sinking the foundations for rebuilding St Laurence O'Toole's Chapel.

THE SECOND REGISTER OF CHRIST CHURCH, 1847–1900

BAPTISMS solemnized in the ~~Parish of~~ Cathedral of Christ Church
in the County of *the City of Dublin* in the Year 18*87*

When Baptised.	When Born.	Child's Christian Name.	Parents' Name.		Abode.	Quality, Trade, or Profession.	By whom the Ceremony was performed.
			Christian.	Surname.			
18*87* Aug. 4 No.25	Sept 28 1887	George Russell	Edward x Sarah	Broadberry	12 Killen Rd Rathmine Dublin	Alto in C.C.C. Choir	J.H. Miles Per Canon McElheran Dean
1889 March 26 No.26	1889 Feb 15	Constance Monica	Cooper & Sylvia Alice	Penrose	49 St Stephens Green	Captain R.E.	William Greene
1889 Nov 8th No.27	1889 Oct 20th	Gladys Daisy	John Harris & Hannah	Harris	39 Mount-Joy St Dublin	Wine Merchant	William Henry Lang
1889 20 Feb No.28	1889 13 Oct	Cecil James	Joseph John Francis Archibald	Miles	8 Devon Street	Residentiary Canon in Christ Church	William C. Greene Dean
1891 Jan 9 No.29	1890 Dec 13	Georgina Olive	Charles William Vernon Georgina Annie	Kelly	30 Mt Pleasant Square	Professor of Music	William C. Greene Dean
1891 Jan 10 No.30	1890 Nov 28	Philip Vivian	Joseph Henry & Adelaide L.H.	Miles	8 Devon St	Residentiary Canon in Christ Church	William C. Greene Dean
1891 Sept 23rd No.31	1891 Sept 12	William Edith	Daniel C. & Edith May	Lacey	Solent Villa Terenure Co. Dublin	Wine Merchant	D.H. Lang
1892 Dec 2 No.32	1892 Sept 25	Cecil Grattan	Tyrrell Grattan & Clara Josephine	Kelly	17 Bagot St	Diocesan Secretary	William C. Greene

Plate 4   Baptisms, 1887–92, from the Christ Church register, 1847–1994 (Representative Church Body Library, C6/1/19/2, p. 4).

Page One
1847

Octr 15   Frances Adelaide, born 13 Aug, daughter of Robert Prescott Stewart[256], gent, & Marianne Emily, 37 Upper Baggot St, Chas Stuart Stanford, Preb[endary of] St Michan's.

Dec 26   Janet Elizabeth, born 13 Nov, daughter of John Finlayson[257], clerical vicar, and Elizabeth, 60 Lower Baggot Street
John Finlayson, Christ Church Cathedral.
(Mem. Confirmed in Ch[rist] Ch[urch] Cathedral, 31 Mar. [18]65, by His Grace Rd Chenevix, L[or]d Archb[isho]p of Dublin).

1848

Nov 12   Francis Joseph, born 27 Aug, son of Samuel Steele, gentleman, and Margaret, 72 Lower Baggot Street
John Finlayson, Christ Church Cathedral.

1849

April 11   Charlotte Helen, born 8 August 1848, daughter of Robert Prescott Stewart, gent[leman], and Marianne Emily, 37 Upper Baggot Street
George De Butts, Cl[er]k, Christ Church Cathedral.

1850

Sep 20   Thomas Terence, born 16 February 1847, son of Henry Fournier Magrath, gent[leman], and Ellen, Islington, London
John Finlayson, (Cl[er]k), Vicar Choral.

1851

June 2   Charles Henry, born 16 March, son of Richard Wellesley Smith[258], gent[lema]n, and Clara, No. 1 Horne Terrace
E.S. Abbott, Prebendary of St John's.

1852

Decr 14   Sydney Wellelsey, born 24 Augt, son of Richard Smith gentleman, and Clara, No. 1 Horne Terrace, Haddington Road
E.S. Abbott, [Prebendary of] St John's.

1855

Feb 9   Clara Frances Melian, born 23 Oct 1854, daughter of Richard
          Smith, gentleman, and Clara, 14 Holles Street
          E.S. Abbott, [Prebendary of] St John's.

Page two
1860

Septr 22 Adelaide Jane Frances, born 21 August, daughter of George Arthur
          Hastings[259] and Jane Colclough Forbes,[260] Earl and Countess of
          Granard, Castle Forbes, Co. Longford
          Henry Pakenham, Dean of St Patrick's & Christ Church.

1865

June 29   Elizabeth, born 24 June, daughter of William Booth, gin maker,
          and Harriet, 1 Essex Street
          John Finlayson, Vicar Choral, Christ Church.

1868

Septr 16 James Montague, born 30 May, son of John David Elliott, Verger
          of Cathedral, and Matilda, Christ Church Cathedral
          John Finlayson, Vicar Choral, Christ Church.

1870

June 15   Florence Eveline, born 12 May, daughter of John David Elliott,
          Verger of Cathedral, and Matilda, Christ Church Cathedral
          John Finlayson, Vicar Choral, Christ Church.

1878

Sep 2   Mary Catherine Margaret, born 8 Aug, daughter of Edward
          Seymour[261], Precentor of Christ Church, and Annie Frances, 52
          Upper Leeson St
          Arthur G. Ryder, D.D., Sub Dean of Christ Church.
Sep 2   Francis Otway Adam Loftus, born 8 Sep 1873, son of John Nor-
          wood, LL.D. Barrister-at-Law, and Arabella Joanna, Thorndale,
          Drumcondra & 11 Nelson St
          Arthur G. Ryder, D.D., Sub Dean of Christ Church.
Nov 8   Louisa Maud, born 5 Oct, daughter of Samuel Wentworth, Pro-
          fessor of Music, and Matilda, 4 Emmorville Square
          Arthur G. Ryder, Subdean of Christ Church.

1880

Jany 17   Evelyn Florence, born 6 Decr 1879, daughter of Edward Seymour,

Precentor of Christ Church Cathedral, and Annie Frances, 52
Upper Leeson Street
R.A. English, Residentiary Canon, Christ Church, Cathedral.

Page Three
1881

Aug 19   Dora Maria Hobart, born 13 July, daughter of Edward Seymour,
          Precentor of Christ Church Cathedral, and Annie Frances, 52
          Upper Leeson Street, Dublin
          R.A. English, Residentiary Canon, Christ Church Cathedral.

Oct 11   Ethel Augusta, born 8 August, daughter of Samuel Wentworth,
          Vicar Choral, C[hrist] C[hurch] C[athedral], Dublin, and Matilda,
          7 Chelmsford Road, Dublin
          Robert Staveley, Canon, C[hrist] C[hurch] C[athedral].

Oct 12   Eily Agnes Sitric, born 2 July, daughter of Henry Stringer, Vicar
          Choral, C[hrist] C[hurch] C[athedral], Dublin, and Jane May, 2
          Chester Road, Dublin
          William C. Greene.

Oct 12   Kathleen Flora Alberta, born 2 July, daughter of Henry Stringer,
          Vicar Choral, C[hrist] C[hurch] C[athedral], Dublin, and Jane
          May, 2 Chester Road, Dublin
          William C. Greene.

1882

March 7   Hilda Dorothea, born 22 Jany, daughter of Alfred Clarke[262],
          Residentiary Canon, Ch[ris]t Ch[urch] Cath[edral], and Edith
          Mary, Surrey Lodge, Merrion
          R.A. English, Residentiary Canon, Ch[ris]t Ch[urch]
          Cath[edra]l.

May 3   Maude Vokes, born 5 April, daughter of Bruere Mackey, merchant,
          and Elizabeth C., 69 Merrion Square
          Edward Seymour, Precentor.

Aug 17   William George, born 24 July, son of Alexander Williams[263], art-
          ist, and Katherine, 7 Grantham Street
          George A. Fry, Vicar of Dodworth, Yorkshire.

1886

Mar 24   Harry Godfrey Massy, born 19 Feb, son of Joseph Henry Miles[264],
          Residentiary Canon Ch[rist] Ch[urch] Cath[edra]l, Dublin and
          Adelaide, 15 Sallymount Avenue, Dublin
          W.H. Lang, Residentiary Canon, Ch[ris]t Ch[urch]
          Cathedral.

Page Four
1887

Nov 4   George Russell, born 28 Sept, son of Edward Broadberry, alto in
C[hrist] C[hurch] C[athedral] Choir, and Sarah, 12 Killeen Rd,
Rathmines, Dublin
J.H. Miles, Res[identiary] Canon, Ch[rist] Ch[urch] Cath[edra]l,
Dubl[in].

1889

Mar 19   Constance Monica, born 15 Feb, daughter of Cooper Penrose,
Captain R[oyal] E[ngineers], and Sylvia Alice, 49 St Stephens
Green
William C. Greene.

Nov 8   Gladys Daisy, born 20 Oct, daughter of John Harril Harris, wine
merchant, and Hannah, 39 Mountjoy St, Dublin
William Henry Lang.

Nov 20   Cecil James, born 13 Oct, son of Joseph Henry Miles, Residentiary
Canon in Christ Church, & Adelaide L.M., 8 Dawson Street
William C. Greene, Dean.

1891

Jan 9   Georgina Olive, born 13 Dec 1890, daughter of Charles Wrixin
Kelly, Professor of Music, and Georgina Annie, 30 Mt Pleasant
Square
William C. Greene, Dean.

Jan 10   Philip Vivian, born 28 Nov 1890, son of Joseph Henry Miles,
Residentiary Canon in Christ Church, and Adelaide L.M., 8
Dawson St
William C. Greene, Dean.

Septh 23 Millicent Edith, born 1 Septh, daughter of Daniel Lowrey, wine
merchant, and Edith Mary, Solent Villa, Terenure, Co. Dublin
W. H. Lang.

1892

Dec 2   Cecil Grattan, born 25 Sept, son of Thomas Grattan Kelly,[265] Diocesan Secretary, and Clara Josephine, 17 Baggot St
William C. Greene.

Page Five
1893

March 23 Arnold Findlator, born 14 February, son of Daniel Lowrey, wine

merchant, and Edith Mary, Solent Villa, Terenure, Co. Dublin
W.H. Lang, Res[identiary] Canon.

1894

April 17 Rosamund Mary Adelaide, born 9 March, daughter of Joseph
Henry Miles, Residentiary Canon of Christ Church, and Adelaide
Mary Louisa, 8 Dawson St
William C. Greene, Dean.

July 29 Eugene Wentworth Disney, born 1 July, son of Jacob Francis
Samuel Jackson, writing clerk, G[reat] N[orthern] R[ailways], and
Victoria, Clifton Lodge, Merrion
J.H. Miles, Residentiary Canon.

Octr 2 Wilfrid Aldwyn, born 23 Feby 1892, son of William Evan Cox,
gentleman of the choir, and Laura Emily, 29 Moyne Road
J.H. Miles, Res[identia]y Canon.

Octr 2 Kathleen Mildred, born 17 July, daughter of William Evan Cox,
gentleman of the choir, and Laura Emily, 29 Moyne Road
J.H. Miles, Res[identiary] Canon.

Nov 26 Oscar Cyril Frederich Dodgson, born 3 Oct, son of Richard C.M.
Harbord[266], Residentiary Canon, Christ Church, and Margaret G.,
18 Grovenor Square, Rathmines
William C. Greene.

Dec 22 William Conyngham, born 12 Nov, son of John Hall[267], Clerk in
Holy Orders, and Elizabeth, Mullinacuffe Glebe, Tinahely, Co
Wicklow
William C. Greene.

1895

May 31 Violet Constance, born 27 March, daughter of Thomas Grattan
Kelly, Diocesan Secretary, and Clara Josephine, 17 Lower Baggot
St
J.H. Miles, Res[identiar]y Canon.

Page Six
1896

June 9 George Lionel Alfred, born 14 May, son of R.C.M. Harbord,
Canon Residentiary, C[hrist] Ch[urch] Cath[edral], and Margaret
Grace, 18 Grovenor Square, Rathmines
William C. Greene

1897

Jan 6 Cyril Ernest, born 17 November 1896, son of Edward Broadberry,

Gentleman of the Choir, and Elizabeth Georgina, 5 Sallymount Avenue
Richard C.M. Harbord, Residentiary Canon.

Mar 25 Constance Jane, born 10 Jan, daughter of William Greenfield, chemist, and Jane, 56 Ranelagh Road
William C. Greene.

Aug 22 Marjorie Pearl Christine, born 31 July, daughter of Francis Ernest Greene, Esqre, and Muriel, 52 Fitzwilliam Square West
William C. Greene.
Private. Received Nov 1 1897.

1898

May 16 Cyril Ashworth Lyndon, born 16 April, son of Jacob Francis Samuel Jackson, writing clerk, G[reat] N[orthern] R[ailways], and Victoria, Clifton Lodge, Merrion
Richard Charles Mordaunt Harbord.

1899

Feb 24 Arthur Waller, born 18 June 1879, son of James Waller Goldsmith, Esq., and Jessie, Noah House, Tunbridge Wells
William C. Greene.

1900

May 18 Pamela Sylvia Coddington, born 11 April, daughter of Francis Ernest Greene, Esq, and Muriel Leuca, 52 Fitzwilliam Square
William C. Greene.

MARRIAGES

Page One
1847

April 29 Georgina Genevieve Louisa Campbell of St Mark's Parish, 6 Merrion Square East and Athlone, and Thomas Henry Preston Esqr of St Anne's Parish, Shelbourne Hotel and Moreby Hall, Yorkshire, by Special Licence
Charles Stuart Stanford, Preb[endary of] St Michan's
Witnesses: John J. Stanford, Charles Hogart.

1855

January 1 The Revd Edward Singleton Abbott[268] of St Peter's Parish, No.

4 Upper Mount Street Cresent, and Sidney Jane Barton of St
George's parish, 4 Eccles Street, by Special Licence
Henry Pakenham, Dean of Christ Church & St Patrick's
Witnesses: John Barton, Charles Abbott, A.H. [illegible],
William Chichester.

1878

Sept 4   The Lord Granville Armyne Gordon[269] of Orton Parish, Orton
Hall, Peterboro' and Charlotte D'Olier Roe[270] of Taney Parish,
and Mount Annville Park, Dundrum, by Special Licence
Richd C[henevix Trench, Archbishop of] Dublin
Witnesses: Lewis Flower, Elizabeth Roe.

Page Two

Sept 25   Gordon Jackson, Rath House, of Nobber parish in the
County of Meath, and Francesca Euphemia Coulter, 81 Park
St, Parish of Dundalk, by Special Licence
Hugh Gelston, A.M., Rector of Enniskeen, Dio[cese of] Meath
Witnesses: Francis Samuel Hopkins, Elijh Bell.

1881

August 2   Harry Ashworth Taylor, Lieutenant in H.M. 47th Regiment
and Minna Gordon Handcock of St Peter's in the County of
the City of Dublin, by Special Licence
Edward Seymour M.A., Precentor
Witnesses: Daniel de Hoghton, Henry C. Warren.

August 18 Bruere Vokes Mackey of St Stephen's Parish, in the City of
Dublin, Esquire, Bachelor, and Eliabeth Catherine Baggs,
Gurtskagh, Charleville, County of Cork, Spinster, by Special
Licence
Edward Seymour M.A., Precentor
Witnessess: M.F. Deane, George Warner Wilson Slator D.L.

Page Three
1882

Oct 17   William Homan Newell of St Peter's Parish, in the County of
Dublin, Esquire, C.B., L.L.D., and Sarah Isabella Elliott, oth-
erwise Tucker of Kilmeany Parish, County of Carlow, widow,
by Special Licence
William [Alexander, Bishop of] Derry and Raphoe
Witnesses: R.M. Barnes, W. O'B. Newell.

1883

Feb 1   Robert Lecky Pike of Aghade Parish, Kilnock, Tullow, County
of Carlow, Esqr, J.P., Bachelor, and Catherine Henrietta Howard
of Wicklow Parish, Ballinapark, Ashford, County of Wicklow,
Spinster, by Special Licence
R[ichard] C[henevix Trench, Archbishop of] Dublin
Witnesses: Amy Beatrice Tottenham, Charlotte J. Garnett.

1888

August 7   Sir William O'Malley[271], Baronet of the Parish of West
Kensington, London, and Caroline Marie Favez[272] of the Par-
ish of St Peter, Dublin, by Special Licence
William C. Greene, Dean
Witnesses: Saml Gordon, M.D., Maurice S. McKay, B.A.

Page Four

October 4   David Basil Hewitt of the Parish of Great Budworth Cheshire,
and Mary Alice Beare of St James's Parish, Dublin, by Special
Licence
James Hewitt M.A., Incumbent of Bear Church
Witnesses: L[illegible] H. Beare, J.F.L. Brunner.

1892

Dec 17   Sir William Francis Brady[273], Bart of the Parish of Dalkey, Co
Dublin, and Geraldine Hatchell[274], of the Parish of Dalkey, Co
Dublin, by Special Licence
William C. Greene, Dean
Witnesses: John Melville Hatchill, E. Maziere Constenay.

1896

August 22   Francis Ernest Greene of the Parish of St Anne, Dublin, and
Muriel Leuca Coddington of the Parish of St Peter, Dublin,
by Special Licence
[William Conyngham, Baron] Plunket, [Archbishop of]
Dublin
Witnesses: [Illegible] Latham Coddington, Herbert Wilson
Greene.

Page Five
1897

July 29   Isaac Charles Gibson of Kildare Parish, and Alyce Mary
           Crawford otherwise Macready of the Parish of Glenageary, by
           Special Licence
           William C. Greene, Dean
           Witnesses: Miles Macready, Thomas Gibson.

1900

Oct 5   Dunbar Plunket Barton of the Parish of St Peter's Dublin,
           Bachelor, and Mary Tottenham Manly of the Parish of St
           Bartholomew, Dublin, Spinster, by Special Licence
           J[oseph] F[erguson Peacocke, Archbishop of] Dublin
           Witnesses: Horace Plunkett, Arthur Manly.

BURIALS

Page One
1849

August 27 James Louis Magrath, 29 Lower Gardiner Street, Dublin, 28
           years
           George De Butts, cl[erk], Vicar.
Dec 6   Mary Elms, Bride Street, Dublin, 65 years
           George De Butts, cl[er]k, Vicar.

1851

March 31   Judith Evans, Charlemont Street (Lower), Dublin, 71 years
           and 6 months
           George De Butts, cl[er]k, Vicar.
June 5   Rebecca Mills, Rathmines, 27 years
           John Finlayson, (cl[er]k), Vicar Choral.

1863

Oct 15   The Most Reverend Richard Whately[275], D.D., Archbishop of
           Dublin, Palace, Stephens Green, 76 years
           Henry Pakenham, Dean.

1866

Sept 11   Honble & Venerable James Agar[276], Archd[eaco]n of Kilmore,
           Donishall, Carnew, 85 years
           J. West, Dean.

NOTES TO THE TEXT

Notes to some of the entries in the first register and the two supplementary lists of burials were provided by Finlayson. These have been edited and additional notes have been provided for as many of the other entries as possible. The notes are not intended to be comprehensive but are designed, as far as possible, to identify the subjects, indicate their chronology, and give some impression of their significance. The sources of the notes will frequently supply further information.

The following abbreviations have been used in the notes to the text:-

Anc. Rec. Dub. J.T. Gilbert (ed.) *Calendar of ancient records of Dublin* (19 vols, Dublin, 1889-1844).

B.L.G.I. *Burke's ... landed gentry of Ireland* (ed.) L.G. Pine (4th ed., London, 1958).

Burke *A genealogical and heraldic dictionary of the peerage and baronetage ... by Sir Bernard Burke* (ed.) A.P. Burke (63rd ed., London, 1901).

Christ Church deeds *'Calendar of the Christ Church deeds'* in *20th, 23rd, 24th* & *27th Report of the Deputy Keeper of the public records, Ireland.*

Cotton Henry Cotton *Fasti ecclesiae Hibernicae* (5 vols, Dublin, 1851–60).

C.P. G.E. Cockayne *Complete peerage of England, Scotland, Ireland, Great Britain and the United Kingdom extant, extinct or dormant* (8 vols, London, 1887).

Debrett's *Debrett's peerage, baronetage, knightage and companionage.*

D.N.B. *Dictionary of national biography.*

Finlayson John Finlayson *Inscriptions on the monuments, mural tablets ... in Christ Church cathedral, Dublin ...* (Dublin, 1878).

Grindle W.H. Grindle *Irish cathedral music* (Belfast, 1989).

Hill 'Mayors of Dublin' Jacqueline Hill 'Mayors and lord mayors of Dublin from 1229' in *A new history of Ireland* (ed.) T.W. Moody, F.X. Martin, F.J. Byrne (vol. IX, Oxford, 1984).

Lawlor	H.J. Lawlor *The fasti of St Patrick's, Dublin* (Dundalk, 1930).
Leslie, *Armagh*	J.B. Leslie *Armagh clergy amd parishes* (Dundalk, 1911).
Leslie, Dublin	J.B. Leslie Biographical succession list of the clergy of the diocese of Dublin (Representative Church Boby Library MS 61/2/4).
Leslie, Kilmore	J.B. Leslie Biographical succession list of the clergy of the diocese of Kilmore (Representative Church Body Library MS 61/2/11).
Leslie, *Ossory*	J.B. Leslie *Ossory clergy and parishes* (Enniskillen, 1933).
Leslie, Fasti	Fasti of Christ Church cathedral, Dublin (Representative Church Body Library MS 61/2/2).
Lennon	Colm Lennon *The lords of Dublin in the age of reformation* (Dublin 1989).
L.P.	John Lodge *The peerage of Ireland,* revised by Mervyn Archdall (6 vols, Dublin, 1784).
Obits	*Book of obits and martyrology of the cathedral church of the Holy Trinity ... Dublin* (ed.) J.C. Crosthwaite with an introduction by J.H. Todd (Dublin, 1844).
P.O.	*Patentee officers in Ireland, 1173–1826* (ed.) J.L.J. Hughes (Dublin, 1960).
Thrift	Roll of freemen – city of Dublin, 1468-1485, 1575–1774 (ed.) Gertrude Thrift (4 vols typescript, Dublin 1919, Dublin City Archives).

1 Brother of the Holy Trinity confraternity; obit 10 Kal. Maii (*Obits*, p. 21).
2 Elizabeth Felde: sister of the Holy Trinity confraternity; obit Id. Jan. 1540 (*Obits*, p. 6).
3 Sister of the Holy Trinity confraternity; obit 4 Non. Feb. 1540 (*Obits*, p. 9).
4 Jeneta Stanihurst; obit Non. Feb. 1540 (*Obits*, p. 10).
5 Geoffrey Fyche: archdeacon of Glendalough, 1497-at least 1509; dean of St Patrick's, Dublin 1530–37; died 8 April 1537; obit 6 Id. Apr (Leslie, Fasti, p. 198; *Obits*,p.20). Presumably a relation of Thomas Fyche, sub-prior of Holy Trinity; obit 16 Kal. Feb 1517 (*Obits*, p. 7).
6 Robert Fitz Simons: appointed precentor of St Patrick's cathedral, Dublin, 1504; died, 1542 (Lawlor, p. 56); Robertus Fytz Symon: brother of the Holy Trinity confraternity; obit 5 Id. Dec. (*Obits*, p. 53).
7 Sister of the Holy Trinity confraternity; obit 2 Id. Jun. 1528 (*Obits*, p. 28).
8 Brother of the Holy Trinity confraternity; obit 3 Id. Jun. 1530 (*Obits*, p. 28).
9 Katerina Boyse: sister of the Holy Trinity confraternity; obit 7 Id. Jul. 1541 (*Obits*, p. 31).
10 Priest and canon of Holy Trinity; obit 8 Kal. Mart. 1537 (*Obits*, p. 12).

11 Thomas, earl of Kildare; obit Non. Apr. (*Obits*, p.19); deputy to the viceroy 1454–60, lord justice 1460–16 & 1468–75, lord chancellor 1463, lord deputy 1471–75; died 25 March 1477; buried in All Hallows, Dublin (*C.P.*).

12 Hue Nugent, Bridge Street is listed in a rental of Holy Trinity, *c.*1537 (*Christ Church deeds*, no. 1165).

13 Johan Newman, Bridge Street appears in a rental of the commons of Holy Trinity, 1557 (*Christ Church deeds*, no. 1250).

14 John Talbot, Templeogue appears as a tenant of the Key in a Holy Trinity rental, *c.*1580 (*Christ Church deeds*, no. 1353) and again in 1592–93 (*Christ Church deeds*, no. 1415).

15 Chief serjeant-at-arms, 1528; constable of Dublin castle, 1540 (*P.O.*, p. 138); Sir John White, knt, cited in a lease of 1554 as a former lessee of the "tithe sheaf" of Kilmashogue in the marches of Dublin (*Christ Church deeds*, no. 1239).

16 William Kelly, of Dublin, merchant, cited in a lease of 1584 (*Christ Church deeds*, no. 1368). William Kelly, tailor, admitted to the feedom of the city of Dublin, by service, Christmas 1577 (Thrift).

17 William Newman, son of Walter Newman, deceased, flintmaker, was admitted to the freedom of the city of Dublin, by birth, midsummer, 1579 (Thrift).

18 William Millechapp, haberdasher, was admitted to the freedom of the city of Dublin, by grace, Michaelmas, 1580 (Thrift).

19 Christopher Peyton, auditor general, 1586 (*P.O.*, p. 104).

20 Soldier and military engineer: born in Exeter, *c.*1550; brother of Sir Thomas Bodley, founder of the Bodleian Library, Oxford; constable of Duncannon fort, 1603; knt, 1604; director general of fortifications and buildings in Ireland, 1612; died unmarried, 22 Aug. 1617 and buried in Christ Church four days later. (*D.N.B.*; Rolf Loeber *Biographical dictionary of architects in Ireland, 1600–1720* (London, 1981), pp 21–5; *P.O.*, p. 13).

21 ? Wife of Sir Francis Blundell, surveyor general, 1610 (*P.O.*, p. 13)).

22 Toby or Tobias Caulfield: born 2 Dec. 1565; accompanied the earl of Essex to Ireland as commander of a troop of horse; knighted in Christ Church cathedral, 25 July 1603; master general of the ordinance, 1617; 1st baron Charlemont, 1620; died 17 Aug. 1627; buried 21 Sept. 1627 (*D.N.B.*; *P.O.* p. 24; *C.P.*).

23 Patrick Roe, merchant, was admitted to the freedom of the city of Dublin, by service, Christmas, 1598 (Thrift).

24 Merchant and civic official: sheriff, 1560–61; alderman, 1568–?; mayor, 1575–76. Probably brother or cousin of alderman John Gough; father-in-law of alderman William Gough. Married; daughter, Barbara, married (1) alderman William Gough (d. 1604), (2) John Bathe, Drumcondra, co. Dublin (Lennon, p. 256). Assignment to alderman Patrick Gough of a void place to the north of St Michaels' church by Richard, son of alderman James Hancock, 1570 (*Christ Church deeds*, no. 1204); dean & chapter lease to Patrick Gough, merchant, a ruinous house in St Michael's lane on the surrender of a lease to James Hancock, 1570 (*Christ Church deeds*, no. 1315); lease from dean & chapter of a cellar under Christ Church on the surrender of a lease to Nicholas Hancock, merchant, 1570 (*Christ Church deeds*, no. 1316); tenant in St Michael's lane in a rental of the commons of Holy Trinity, *c.*1580 (*Christ Church deeds*, no. 1366); witness to a lease, 1595 (*Christ Church deeds*, no. 1429).

25 Child of Henry Dockwra (see note 27) and Anne, daughter of Francis Vaughan

of Sutton upon Derwent (*C.P.*).

26 Wife of Sir Ralph Birchenshaw, comptroller of the musters. She was a resident
    of Christ Church liberty, 1613 (Representative Church Body Library C6/1/
    26/9, nos 9, 13).

27 Sir Henry Docwra: soldier; born Yorkshire *c.*1568; constable of Dungarvan cas-
    tle, 1584; governor of Derry; treasurer of war in Ireland, 1616; baron Docwra of
    Culmore, 1621; died 18 April 1631 (*D.N.B.*; *P.O.*, p. 42).

28 Provost marshall of Connaught, 1595; chief remembrancer of the exchequer,
    1610; chancellor of the exchequer, 1613, 1615; secretary of state, 1613, 1615;
    commissioner of the court of wards, 1615, 1617, 1619; cessor of composition
    money, 1616 (*P.O.*, p. 97).

29 Charles Coote: born *c.*1610; M.P. for Leitrim, 1639; bart, 1642; provost mar-
    shal of Connaught, 1642; collector and receiver-general of the king's composi-
    tion money in Connaught, 1643; lord president of Connaught, 1645; earl of
    Mountrath, 1660; died 18 December 1661 of small pox; buried 6 Feb. 1662
    (*D.N.B.*; *P.O.*, pp 31–2; *C.P.*).

30 Enoch Reader, merchant and civic official: freedom of city of Dublin on pres-
    entation of gloves, 1651; member of Dublin city assembly, 1653; auditor of city
    accounts, 1655–63; captain in city regiment to defend Dublin against attacks by
    "Irish Papists and other enemies", 1659; elected sheriff but declined, 1660;
    member of committee to re-build city walls, 1661; churchwarden of St
    Werburgh's parish, 1662; alderman and in charge of revenue for stabling the
    city horse guards, 1663; lord mayor, 1670–71; one of seven aldermen dismissed
    for refusing to accept the new rules for governing the city which were intro-
    duced by Lord Berkeley, viceroy of Ireland but reinstated the same year, 1672;
    treasurer, 1672–87; on committee to inspect city fortifications, 1680; on com-
    mittee to petition lord lieutenant against proposals to grant city franchise to
    Roman Catholics; confirmed as alderman by charter of James II, on which his
    coat of arms was entered, 1687; died 1690. Member of the guild of merchants;
    resided in St Werburgh's street, 1659, and Castle street, 1662. Married: (1)
    Anne, daughter of Sir James Donnellan (see note 33, who died *c.*1664–5; (2)
    Magdalen John, widow of Isaac John, goldsmith and sheriff of Dublin, *c.*1670–
    1. Children: (1) Enoch (*c.*1658–1709), rector of Clonkeen (Armagh), 1680–5;
    rector of Kilsaran (Armagh), 1681–5; chancellor of Armagh, 1685–96; chancel-
    lor of Connor, 1696–1709; dean of Kilmore, 1691–1700; archdeacon of Dublin
    1700–9; dean of Emly 1700–9; described by archbishop William King as "a
    great pluralist". (2) Richard (*c.*1659–?1700), prebendary of Tassagart (St Patrick's
    cathedral, Dublin), 1693–9; vicar of Rathkenny (Meath); chancellor of Christ
    Church (Dublin), 1697–9; archdeacon of Dublin 1699–1700; dean of Emly, 1696–
    9; dean of Kilmore, 1700. (3)Mary. (4) There are references to the burials of
    seven other unnamed children of alderman Reader in the proctors' accounts
    (*Anc. Rec. Dub.*; Leslie, Fasti).

31 John Bollardt, merchant, was admitted to the freedom of the city of Dublin, by
    service, Christmas, 1657 (Thrift).

32 Child of Charles Coote, 1st earl of Mountrath and Jane Hannay, daughter of Sir
    Robert Hannay, Mochrum, Kirkcubrightshire, Scotland (*C.P.*).

33 James Donnellan: chief justice, Connaught presidency, 1634; judge of the court

of common pleas, 1637; commissioner of the prerogative court, 1656; chief justice of the court of common pleas, 1660 (*P.O.*, p. 43).

34 Anne, wife of alderman Enoch Reader (see note 30); daughter of James Donnellan (see note 33).

35 ?William Cadogan: died 14 March 1660; monument erected in Christ Church cathedral (Finlayson pp 17–18).

36 Elizabeth, daughter of John Holles, 2nd earl of Clare, widow of Wentworth Fitzgerald, 17th earl of Kildare, died 30 June 1666 at Kilkea castle and buried beside her husband. Wentworth Fitzgerald died of fever 5 March 1664 and was buried in Christ Church cathedral, 6 March 1664 (*C.P.*).

37 Thomas Springham, tanner, was admitted to the freedom of the city of Dublin by service, Christmas, 1597 (Thrift).

38 Only surviving son of John Bramhall, archbishop of Armagh: bart, 1662; M.P. for Dungannon, 1661–6; high sheriff of co. Louth, 1664; married Elizabeth, only daughter of Sir Paul Davis, secretary of state; left an only child, Eleanor, and the baronetcy became extinct (J.B. Leslie, *Derry clergy and parishes* (Eniskillen, 1937), p. 8).

39 Child of Thomas Butler, earl of Ossory, eldest son of James, 1st duke of Ormonde, and Amelia, daughter of Henry De Beverees, otherwise De Nassau, Lord of Auverquerque (*C.P.*).

40 Wife of Sir Francis Aungier, 1st baron Aungier of Longford, 1621: ? Douglas, sister of Gerald, 16th earl of Kildare and daughter of the Hon. Edward FitzGerald (*C.P.*).

41 First son of Nicholas Kerdiffe/Cardiff, king's serjeant-at-law; fellow, Trinity College, Dublin, 1631; rector of Desertcreat (Armagh), 1637–41; driven from Desertcreat by the rebels in 1641 and co-opted to a senior fellowship in Trinity College, Dublin, 1644; D.D., 1661; dean of Clonmacnoise, 1661–8; died 1671 (*Alumni Dublinensis* (ed.) G.D. Burtchaell & T.U. Sadleir (new ed., Dublin 1935); Leslie, *Armagh*, p. 218).

42 Thomas Coote, Cootehill, co. Cavan; son of Sir Charles Coote, bart; governor and mayor of Coleraine; died 25 November 1671; buried 27 November 1671 (L.P., vol. 2, p. 71).

43 Charles Coote: born *c.*1630; lord justice, 1660; 2nd earl of Montrath, 1661; custos rotulum, Queen's co., 1664; died 30 August 1672 (*P.O.*, p. 32; *C.P.*).

44 Lady Anne Caulfield; daughter of Charles Moore, 2nd viscount Drogheda; wife of Captain Thomas Caulfield, Donamon, co. Roscommon; buried in the choir, 3 December 1672 (L.P., vol. 3, p. 139).

45 Richard Barry, merchant, was admitted to the freedom of the city of Dublin, by birth, midsummer, 1611 (Thrift).

46 James Barry: born 1603, son of Richard Barry, mayor of Dublin; recorder of the city of Dublin; prime serjeant-at-law, 1629; baron of the exchequer, 1634; knt 1640; chief justice king's bench and baron of Santry, 1661; died 9 February 1672/3 (*D.N.B.*) or 1672 (*C.P.*); buried 14 February in St Mary's Chapel (*D.N.B.*; *P.O.*, p.7; *C.P.*).

47 Child of Callaghan McCarty, 3rd earl of Clancarty and Elizabeth, daughter of George FitzGerald, 16th earl of Kildare (*C.P.*).

48 Henry Hamilton, 2nd earl of Clanbrassill: born *c.*1647; educated at Oxford;

married Alice, daughter of Henry Moore, 1st earl of Drogheda, May 1667; died 12 January 1675 and was buried 15 January 1675 (*C.P.*).

49 Second son of Nicholas Kerdiffe (see note 41); scholar of Trinity College, Dublin, 1626; entered Lincoln's Inn, 1632; vicar, Rathcoole (Dublin), 1638; vicar, Killeen (Meath), 1643; D.D. 1661; died 1675 (Leslie, Dublin, p. 250).

50 Callaghan MacCarty, 3rd earl of Clancarty: formerly a monk in France but on accession to the title in 1666 conformed to the established church; died 21 November 1676 (*C.P.*).

51 James Margetson: born in Yorkshire; educated at Cambridge; chaplain to the earl of Strafford; rector of Annagh (Kilmore), 1635–7; dean of Waterford, 1635–8; dean of Derry, 1638–9; dean of Christ Church, Dublin, 1639–60; chancellor of Clogher and prebendary of Holy Trinity, Cork, 1639–60; archbishop of Dublin, 1661–3; archbishop of Armagh 1663–1678; died 28 August 1678 in Dublin and buried in the chancel of Christ Church cathedral (*D.N.B.*; Leslie, Fasti, p. 28).

52 John Parry: treasurer of Christ Church, 1661–6; dean of Christ Church, 1666–72; bishop of Ossory 1672–7; died in Dublin 21 December 1677; buried in St Audeon's church, Cormmarket, Dublin, 26 December 1677; bequeathed £100 to buy plate for St Canice's cathedral, Kilkenny 'as like as possible to the plait of Christ Church, Dublin' and £200 'to buy a pair of candle-sticks and other utensils for the use of the altar' of Christ Church (Leslie, *Ossory*, pp 19–20; register of parish of St Audeon, Dublin, 1672–1803, Representative Church Body Library P116/1/1).

53 Thomas Butler, Lord Tullogh, buried as an infant, 7 June 1681 (*C.P.*).

54 ?wife of alderman John Preston (see note 64).

55 John Parker: son of John Parker, prebendary of Maynooth, 1619–34; minor canon of St Patrick's (Dublin), 1642; prebendary of Maynooth, 1643–4; prebendary of Rathangan (Kildare), prebendary of St Michan (Dublin) & dean of Killaloe, 1643–61; chaplain to Lord Ormonde, imprisoned and stripped of preferments by Cromwell, on release followed Ormonde to England; bishop of Elphin, 1661–7, where he repaired the cathedral and palace; archbishop of Tuam 1667–79; archbishop of Dublin 1679–81; died 28 December 1681 at St Sepulchre's and bequeathed £40 to Christ Church cathedral to buy a pair of silver candlesticks for the altar (*D.N.B.*, Leslie, Fasti, p. 29–30).

56 Lady Dorothy Coote, daughter of 1st earl of Mountrath; born, 2 February 1652; wife of the Revd Moses Viredett, minister of the French church, Dublin; died, 8 February 1677; buried in the choir (L.P., vol. 2, p. 78).

57 Frances MacCartney; daughter of Sir Anthony Irby, Boston, Lincolnshire; wife of James MacCartney Esq.; died 3 March 1684 (L.P., vol. 7, p. 90).

58 Nehemiah Donnellan: prime serjeant, 1693; recorder of Dublin, 1693-95; 3rd baron of the exchequer, 1695; chief baron of the exchequer, 1704 (*P.O.*, 43, Jacqueline Hill *From patriots to unionists* (Dublin 1997), p. 395).

59 Robert Wilson: commonwealth minister, Termonmaguirk, 1655–8; vicar of Killargue & Drumlease, 1675–8; vicar of Urney, 1678–84; rector of Castleterra, 1678–84; archdeacon of Kilmore, 1678–84; died 1684; probate of will granted to Francis Marsh, archbishop of Dublin, 24 November 1684 (Leslie, Kilmore, pp 39–40).

60 Elizabeth, daughter of Richard Preston, earl of Desmond, wife of James Butler,

duke of Ormonde: born 25 July 1615; godmother to Queen Mary II; died 21 July 1684 (C.P.).

61   Child of William Caulfield, 2nd viscount Charlemont, and Anne, daughter of James Margetson, archbishop of Armagh (*C.P.*). For James Margetson see note 51.

62   Sir John Lyndon: first 3rd serjeant-at-law, 1682; justice of the king's bench, 1682 (*P.O.*, p. 83).

63   Mary, daughter of Richard de Burgh, 6th earl of Clanricarde, and wife of Edward Bermingham, 17th baron Athenry; died 13 August 1685; buried 14 August 1685 (*C.P.*).

64   John Preston, merchant and civic official: granted the freedom of the city of Dublin by fine and especial grace, 1648; clerk of the Tholsel and alderman, 1650; mayor, 1653–4, and a member of a committee appointed to audit the moneys which had been borrowed by the Commonwealth; treasurer, 1654, justice of the peace, 1656; died, 13 July 1686 (*Anc. Rec. Dub.*, L.P., vol. 3, p. 79).

65   George Mercer, medical doctor: born in Lancashire, *c*.1645; fellow, Trinity College, Dublin, 1670; vice-provost, 1686–7; removed for being married 1687; married Mary Barry; father of Mary Mercer, founder of Mercer's Hospital (*Trinity College Dublin record volume 1991* (ed.) J.R. Bartlett (Dublin 1992) p. 41; J.B. Lyons *The quality of Mercer's. The story of Mercer's hospital, 1734–1991* (Sandycove 1991).

66   Minard Christian, merchant, was admitted to the freedom of the city of Dublin, by fine, at Easter, 1650. Minard Christian, merchant, was admitted to the freedom of the city of Dublin, by service, at Michalemas, 1690 (Thrift).

67   Died 11 September 1693; monument erected in Christ Church cathedral (Finlayson, p. 18).

68   Francis Marsh: born 23 Oct. 1626 in Gloucestershire; educated at Cambridge; married the daughter of Jeremy Taylor who invited him to Ireland in 1660; dean of Connor, 1661; dean of Armagh, 1661; archdeacon of Dromore, 1664; bishop of Limerick 1667; bishop of Kilmore, 1673; archbishop of Dublin 1682; fled from Dublin in 1688–9 and returned after the revolution; died 16 November 1693 at St Sepulchre's and was buried in Christ Church cathedral near the communion table (*D.N.B.*; Leslie, *Armagh*, pp 16–17).

69   Michael Jepson: born *c*.1654 in co. Cork; minor canon of St Patrick's, Dublin, 1676; rector of Clonkeen (Armagh), 1679–80; archdeacon of Leighlin, 1680–83; chancellor of Christ Church, Dublin, 1683–91, where he saved the communion plate of the cathedral in 1689–90 by burying it under the coffin of bishop Cartwright of Chester who, having died in Dublin, was interred in Christ Church; dean of St Patrick's, Dublin, 1691–93; died 4 January 1694 (Leslie, *Armagh*, p. 34).

70   Child of Francis Marsh, eldest son of archbishop Francis Marsh (*B.L.G.I.*).

71   Child of Francis Cauntwell/Chantrell and Barbara, daughter of Archbishop Francis Marsh (*B.L.G.I.*).

72   Enoch Reader, dean of Emly (see note 30).

73   Thomas Lindsay/Lindesay: born, Blandford, Dorset, 1656; fellow of Wadham College, Oxford, 1679; came to Ireland as chaplain to Lord Capel, 1693; dean of St Patrick's, Dublin, 1694; bishop of Killaloe, 1695; bishop of Raphoe, 1713;

archbishop of Armagh, 1714–24, where he endowed the choir; died 13 July 1724; buried 20 July 1724 (*D.N.B.*; Leslie, *Armagh*, p.6).

74 Richard Ingoldsby: constable, Limerick castle, 1700; master general, ordinance, 1706; lord justice, 1709–11 (*P.O.*, p. 69). For an account of his funeral see J.T. Gilbert *A history of the city of Dublin* (3 vols, Dublin, 1861) i, pp 126–7.

75 Widow of John Bellew, 1st baron Bellew of Duleek, and daughter of Walter Bermingham, Dunfert, co. Kildare (*C.P.*).

76 William Moreton: born, Chester, 1641; educated at Oxford; came to Ireland as chaplain to the duke of Ormonde, 1677; dean of Christ Church, Dublin, 1677; bishop of Kildare, 1682–1705 which he held with the deanery of Christ Church; bishop of Meath, 1705–15; died, Dublin 21 November 1715 (*D.N.B.*).

77 Charles Henry Fitz-Roy Grafton, earl of Euston, son and heir of Charles, 2nd duke of Grafton; born 13 April 1714; died 1715 (C.P.).

78 ?Audley Mervyn Esq of Trillick, co. Tyrone who married Olivia, daughter of Sir Charles Coote, earl of Bellamont (L.P., vol.3, p. 208).

79 Daughter of Robert FitzGerald, 19th earl of Kildare, and Mary, daughter of William O'Brien, 3rd earl of Inichquin (*C.P.*).

80 Born at Castle Strange, co. Roscommom, 3 March 1657; fellow of Trinity College, Dublin, 1679; professor of mathematics, 1685; senior fellow, 1686; D.D., 1692; provost, 1692–5; bishop of Cloyne, 1695; bishop of Clogher, 1697; bishop of Derry, 1717; died, Dublin, 27 February 1718 (J.B. Leslie *Clogher Clergy and Parishes* (Enniskillen, 1929), pp 15–16).

81 Daughter of Robert FitzGerald, 19th earl of Kildare, and Mary, daughter of William O'Brien, 3rd earl of Inchiquin (*C.P.*). In L.P., vol. 1, p. 112 she is said to have been born, 11 May 1717.

82 Diana Ellis; born, 5 August 1716; died, 15 May 1718 (Finlayson, p. 20).

83 Judith, daughter of Francis Wilkinson Esq., Southwark; wife of Richard Coote, 3rd earl of Bellamont; died, 6 April 1719 (L.P., vol. 3, p. 213).

84 Phillip Kinnersley, goldsmith, was admitted to the freedom of the city of Dublin, by service, at Christmas 1716 (Thrift).

85 Frances, daughter of Robert FitzGerald (uncle of John, 18th Earl of Kildare); wife of William Tisdall of Mount-Tisdall, co. Meath; died, 26 August 1719 (L.P., vol. 1, p. 109).

86 Randal MacDonnell, 4th earl of Antrim; born 1680; died 19 October 1721 (*C.P.*)

87 Thomas Lindsay: see note 73.

88 ?of Newtown Barry, co. Wexford, whose daughter was married to John Maxwell, 1st baron Farnham (L.P., vol.3, p. 395).

89 William Caulfield, 2nd viscount Charlemont (*C.P.*).

90 Eldest daughter of John Moore, Drumbanagher; wife of Paul Barry, Finglas (L.P., vol. 1, p. 305).

91 John Maxwell, son of Revd Henry Maxwell, rector of Derrynoose, co. Antrim; M.P., co. Cavan, 1727–56; 1st baron Farnham, 1756; died, 6 August 1759 (*C.P.*).

92 Lady Catherine FitzGerald, daughter of Robert, 19th earl of Kildare; born, 2 November 1723; died, 2 April 1728 (L.P., vol. 1, p. 112).

93 Clerk of the pipe, exchequer, 1723 (*P.O.*, p. 8).

94 ? sister to Charles Cobbe, archbishop of Dublin.

95 ? George FitzGerald, Lord Offaly, 2nd son of Robert FitzGerald, 19th earl of Kildare; born, 11 October 1720; died an infant (*C.P.*).

96 Daughter of Robert, 19th earl of Kildare; baptised, 8 January 1727 (L.P., vol. 1, p. 112).

97 Welbore Ellis: son of the Revd John Ellis, vicar of Waddesdon (Oxford); born, *c*.1651; educated at Oxford; prebendary of Winchester, 1696; bp of Kildare and dean of Christ Church, Dublin, 1705; bishop of Meath, 1732; died, 1 January 1734 (*D.N.B.*); memorial erected in Christ Church (Finlayson, pp 19–20).

98 Diana, daughter of Sir John Broscoe, Boughton, Northamptonshire; married Dr Welbore Ellis, bishop of Kildare, 20 July 1706 (Finlayson, p. 20).

99 Son of Robert, 19th earl of Kildare; born, 16 December 1724; died aged nine years (L.P., vol.1, p. 112).

100 Jane, wife of St George Ashe, bishop of Clogher; died, 5 August 1741 (L.P., vol. 3, p. 284).

101 Sir Ralph Gore, 4th baronet; chancellor of the exchequer, 1717; M.P. for co. Donegal; speaker of the Irish House of Commons, 1729; died 23 February 1733 (L.P., vol. 3, p. 283).

102 Elizabeth, only daughter of St George Ashe, bishop of Derry; second wife of Sir Ralph Gore; died, 7 December 1741 (L.P., vol. 3, p. 284).

103 Elizabeth, daughter of Matthew Pennefather, comptroller and accountant general of Ireland; 1st wife of Alexander MacDonnell, 5th earl of Antrim; died, 18 March 1737, in her 25th year; buried, 22 March 1737 (*C.P.*).

104 ?daughter of Alexander McDonnell, 5th earl of Antrim; born, 7 February 1735 and died soon after birth (L.P., vol. 1, p. 213)

105 ? sister to Charles Cobbe, archbishop of Dublin.

106 Daughter of Robert, 19th earl of Kildare; born, 3 April 1734; died, 18 October 1743 (L.P., vol. 1, p. 112).

107 Robert FitzGerald: born, 4 May 1675; 19th earl of Kildare, 1707; lords justice, 1714; re-purchased lease of Carton House, co. Kildare, 1739; died at Carton, 20 Feb. 1744; buried, 27 February 1744; monument erected in Christ Church (*C.P.*, Finlayson, pp 21–5).

108 ?Mary, daughter of Paul Barry; died, September 1747 (L.P., vol. 1, p. 305).

109 Daughter of Alexander, 5th earl of Antrim, and Anne, daughter of Charles Patrick Plunkett, M.P., Dillonstown, co. Louth (*C.P.*).

110 ?daughter of James Daly of Carrowkelly, co Galway and Catherine, daughter of Sir St George Gore bart (L.P., vol 3, p. 397).

111 Lady Caroline Elizabeth Mabel FitzGerald, daughter of James 20th earl of Kildare, duke of Leinster; born, 21 June 1750; died, 13 April 1753 (L.P., vol. 1, p. 113).

112 See note 91.

113 Thomas Fletcher: son of the Revd Thomas Fletcher, prebendary of Wells; born, *c*.1703; educated at Oxford; chaplain to the duke of Devonshire, lord lieutenant of Ireland; treasurer of Christ Church, Dublin, 1738; dean of Down, 1739; bishop of Kildare and dean of Christ Church, Dublin, 1745; died 8 March 1761; monument erected in Christ Church cathedral (*Clergy of Down and Dromore* (Belfast 1996).

114 Oliver Brady: born, *c*.1695, Kinsale; vicar, Rathconnell (Meath), 1723–62; rector, Multyfarnham (Meath), 1734–62; vicar, Davidstown (Kildare), 1744–62; rector, Killury (Meath), 1751–62; chancellor, Christ Church, 1744–62; rector, St Paul (Dublin), 1760–2; died, 29 January 1762 (Leslie, Fasti, p. 89).

115 Lady Louisa Bridget FitzGerald; daughter of James, 1st duke of Leinster; born, 8 June 1760 (L.P., vol. 1, p. 113).

116 Anne Ellis: born, 6 August 1707; married (1) Henry Agar, Gowran, co. Kilkenny (2) George Dunbar, co. Fermanagh; died, 14 April 1765 (Finlayson, p. 19).

117 John Bowes: born, London *c*.1690; solicitor general, 1730; attorney general, 1739; chief baron of the exchequer, 1741; lord chancellor, 1757; baron Bowes of Clonlyon, co. Meath, 1758; died, 22 July 1767 (*C.P.*); monument erected in Christ Church cathedral (Finlayson, p. 29).

118 Sister of George Stone, bishop of Kildare and dean of Christ Church, Dublin, 1743–5; archbishop of Armagh, 1747-64; died 1764 (*D.N.B.*).

119 Born, Wexford, *c*.1698; fellow of Trinity College, Dublin, 1722; D.D., 1737; expelled from fellowship, 1739; rector, Old Connell (Kildare), 1741; rector, Kill (Kildare), 1753; rector, Kilsaran (Armagh), 1745; chancellor, Christ Church, Dublin, 1762–71 (Leslie, Fasti, p. 89).

120 Judith, widow of John Maxwell, 1st baron Farnham; daughter of James Barry, Newtownbarry, co. Wexford; baptised 15 December 1699; died 5 April 1771 in Henrietta Street, Dublin (*C.P.*).

121 Son of James, 1st duke of Leinster; born, 8 December 1771 (L.P., vol. 1, p. 113).

122 Edward Hawke, 2nd son of admiral Sir Edward Hawke, 1st baron Hawke, 1776; born, December 1746; died, unmarried, 2 October 1773 (*Burke*).

123 James FitzGerald: born, 29 May 1722; M.P. Athy, 1741–4; viscount Leinster, 1744; earl of Offaly and marquis of Kildare, 1761; 1st duke of Leinster, 1766; died at Leinster House, Dublin, 19 November 1773 (*C.P.*).

124 Wife of Charles Jackson, bishop of Kildare and dean of Christ Church, Dublin, 1765–90; died 22 July 1775; monument erected in Christ Church (Finlayson, p. 29).

125 Vicar choral, St Patrick's cathedral, Dublin, 1769–77; organist, Christ Church, 1765–77; died, 22 November 1777; monument erected in Christ Church, Dublin (Lawlor, pp 227, 233; Grindle, p. 223, Finlayson, pp 30–1).

126 Daughter of Arthur Pomeroy, 1st baron Harberton; and wife of Rt Hon. James Hewitt, viscount Lifford, dean of Armagh, 1796–1830 (*C.P.*; Leslie, *Armagh*, pp 24–5).

127 Daughter of Lt. Col James Callender and Lady Elizabeth Helena Mac Donnell, second daughter of Alexander, 5th earl of Antrim (L.P., vol. 1, p. 213).

128 Mary, widow of Robert FitzGerald, 19th earl of Kildare, to whose memory she erected the monument in Christ Church; born, London, 12 February 1692; daughter of William O'Brien, 3rd earl of Inchiquin; god-daughter to Queen Mary II; died, February 1780 and buried with her husband (*C.P.*; Finlayson, pp 21–5).

129 Son of William Robert FitzGerald, 2nd duke of Leinster, and Emilia Olivia, daughter of St George Ussher, 1st baron St George (*C.P.*).

130 Lord George Simon, son of James, 1st duke of Leinster; born, 17 April 1773; died May 1783 (L.P., vol. 1, p. 113).

131 Daughter of Randal, 4th earl of Antrim; died June 1783 aged 78 years (L.P., vol. 1, p. 213).

132 George FitzGerald, marquis of Kildare; son of William Robert FitzGerald,

2nd duke of Leinster; born, 20 June 1783 at Carton House, co. Kildare; died, 10 February 1784 (*C.P.*).

133 Christiana, wife of Rt Hon. John Hely Hutchinson, provost of Trinity College, Dublin; baroness Donoughmore, 1783; died, 24 June 1788 (*C.P.*).

134 James Hewitt: born, Coventry, 1709; barrister; M.P. for Coventry, 1761; lord chancellor of Ireland and 1st baron Lifford, 1768; viscount Lifford, 1781; died in Dublin , 28 April 1789, of a severe cold caught in the House of Lords; monument erected in Christ Church (*D.N.B.*, Finlayson, p. 32).

135 Daughter of Michael, 10th earl of Clanricharde; wife of Denis Daly of Rafford, co. Galway (L.P., vol. 1, p. 142).

136 Died, 4 September 1794 at Buxton, Derbyshire where he had gone for health reasons (*D.N.B.*).

137 Son of the Revd Samuel Shenton, fellow of Trinity College, Cambridge; educated at Oxford; dean's vicar, Christ Church, Dublin, 1757–98; vicar choral, St Patrick's, Dublin, 1758–60 & 1773–82; canon of Kildare cathedral, 1765–72; dean's vicar, St Patrick's, Dublin, 1783–98; treasurer of Kildare cathedral, 1772–98 (Leslie, Fasti, p. 173).

138 Emily Jane Sarah Frayer; according to her memorial in Christ Church she died, 6 November 1814, aged 37 years (Finlayson, p. 32).

139 Died, 12 January 1815, aged 43 years; monument erected in Christ Church (Finlayson, p. 33).

140 Vicar choral, Christ Church and St Patrick's, Dublin, 1776–1830 (Leslie, Fasti, p. 174).

141 Former chorister of Christ Church, Dublin; worked on the Christ Church organ, 1816–17 (Grindle, pp 143–5).

142 Born, Bath, 1760; educated at Oxford; regius professor of Hebrew, 1814; archbishop of Cashel, 1822; bishop of Cashel, Emly, Waterford and Lismore, 1833; died 28 December 1838; monument erected in Christ Church (*D.N.B.*; Finlayson, p. 39).

143 Born, 14 December 1760; son of James, 5th earl of Balcarres; educated at Oxford; vicar of Sutterton (Lincoln), 1793; bishop of Killaloe, 1803; bishop of Kildare and dean of Christ Church, Dublin, 1804–46; died at Glasnevin, 8 August 1846; monument erected in Christ Church (Leslie, Fasti, p. 66; Finlayson, pp 41–2).

144 Colonel of His Majesty's 78th regiment of foot; died, 11 August 1822; for an account of his death and funeral, see *Saunder's News Letter* and *The Morning Post* 12th, 21st, 22nd August 1822; monument erected in Christ Church (Finlayson, pp 33–4).

145 Brother of Robert Henley-Ongley, 3rd baron Ongeley, Old Warren, Bedfordshire; died, 16 July 1826, aged 20 years; monument erected in Christ Church (*C.P.*; Finlayson, p. 34).

146 Son of Joshua, 2nd baron Huntingfield; born, 19 August 1813; died, unmarried, 31 May 1835; removed from the royal vault to the family vault in Suffolk, 14 April 1846 (Burke; chapter act, 31 Jan. 1836, Representative Church Body Library, C6/1/7/12).

147 Charles Gordon-Lennox, 4th duke of Richmond (Burke).

148 Charlotte, daughter of Alexander, 4th duke of Gordon (Burke).

149 Organist of Christ Church 1805–41. Joint organist with his uncle Langrishe
    Doyle, at Doyle's request, from 1805–14 (Grindle, p. 223).
150 Son of Clotworthy Rowley, barrister & M.P. for Downpatrick; born, Dublin
    c.1777; LL.B. & LL.D (Dubl.), 1828; curate Ballinderry (Armagh), 1801–2;
    prebendary of St Michan's, 1809–45; rector of Lurgan (Kilmore), 1812–45;
    died, Kingstown, 5 January 1845; buried in St Michan's church, Dublin (Leslie,
    Fasti, p. 125).
151 Daughter of Joseph Clarke, London (Leslie, Fasti, p. 125).
152 Donat/Dunan, first Norse bishop of Dublin, c.1038; founded Christ Church
    with Sitric, king of the Dublin Norsemen; died 6 May 1073 or 1074 and buried
    in Christ Church at the right side of the high altar (Cotton ii, pp 8–9).
153 Richard de Clare, 2nd earl of Pembroke and Strigul; came to Ireland in 1168 to
    support Dermot McMurrough, king of Leinster, who had appealed for assist-
    ance to Henry II; died 1176 and buried in Christ Church; monument erected in
    Christ Church (*Obits*, p. 57; *D.N.B.*, Finlayson, pp 7–11).
154 Official and chaplain of Henry II; archbishop of Dublin, 1181; repaired and
    enlarged Christ Church; founded St Patrick's collegiate church, Dublin; died,
    Dublin, 25 October 1212, and buried in Christ Church in the south side of the
    choir (*D.N.B.*, Cotton ii, pp 10–11, Finlayson, p. 11).
155 William, Lord Maxfield, earl marshal of England; created, by King John, earl
    of Pembroke; married Isabel, only daughter of earl Strongbow; died 1219
    (Finlayson, p. 68; *B.O.*, p. 57).
156 Archdeacon of Stafford; archbishop of Dublin, 1212; present at the signing of
    Magna Carta; chiefly instrumental in building Dublin castle; erected St Patrick's
    collegiate church into a cathedral; united the sees of Dublin and Glendalough;
    died 1228 (*D.N.B.*, Cotton ii, p. 11).
157 Dean of St Martin le Grand, London; archdeacon of Norwich, c.1225; arch-
    bishop of Dublin, 1228; founded the chantry of the Blessed Virgin Mary in St
    Patrick's cathedral, 1235; enforced residence on the prebendaries of St Patrick's,
    1247; died c.12 December 1255; buried in Christ Church in the tomb of John
    Comyn (Leslie, Fasti, p. 5)
158 Englishman: member of the order of Knights Hospitallers; bishop of Water-
    ford, 1274; lord treasurer, 1274, 1278; lord deputy, 1277, 1279; lord justice,
    1282; archbishop of Tuam, 1286; died in Dublin, 3 July 1288 (Cotton iv, p. 7;
    P.O., p. 54).
159 Norman French monument in Christ Church, early fourteenth century (Finlay-
    son, p. 12).
160 *Obits*, p. 57. The *D.N.B.* states that he was buried in Franciscan convent, Kil-
    dare.
161 Daughter of Richard, earl of Ulster. She is said in to have been buried beside
    her husband, at Kildare (Marquis of Kildare *Earls of Kildare* (2 vols, Dublin,
    1858), p. 31).
162 Born, c.1295, Yorkshire; clerk in chancery, 1318; prebendary, Chichester cathe-
    dral, 1336; master of the rolls, 1337; imprisoned 1340; archdeacon of Cornwall,
    1346; archbishop of Dublin 1349; chancellor of Ireland, 1350; enlarged and
    beautified the choir of Christ Church; died, 9 September 1362; buried in Christ
    Church under a marble monument at the second step before the high altar

(*D.N.B.*, Walter Harris *The whole works of Sir James Ware* (2 vols, Dublin, 1764), i, p. 332).

163 Died, 25 August 1390 (L.P., vol. 1, p. 80).

164 Son of a mayor of London; Carmelite friar; bishop of Ossory, 1386; lord chancellor, 1393; archbishop of Dublin, 1396; died 20 July 1397 (Leslie, *Ossory*, p. 9).

165 Mayor of Dublin, 1401–3, 1404–6, 1411–12; brother of the Holy Trinity confraternity; benefactor of the priory having given three vills; obit, Kal. Apr. 1433 (Hill 'Mayors of Dublin', pp 550–1; *Obits*, pp 18, 57).

166 Brother of the Holy Trinity confraternity and benefactor of the priory; obit, 2 Kal. Aug. 1438 (*Obits*, pp 34, 57).

167 Benefactor of the priory having given, *inter alia*, books and money; obit, 8 Kal. Jul. 1482 (*Obits*, pp 29, 58).

168 Benefactor of the priory; obit, 5 Kal. Oct. 1495 (*Obits*, pp 43, 59).

169 John Savage, merchant, admitted to the freedom of the city of Dublin on having served an apprenticeship, 1468; John Savage, goldsmith, admitted to the freedom of the city of Dublin, on having served an apprenticeship, 1474; mayor of Dublin, 1493-94; treasurer of the city of Dublin, 1498; benefactor of the priory, having given vestments; obit, 2 Non. Sept 1499 (*Anc. Rec. Dub.*, i, pp 331, 350, 378, 384; *Obits*, pp 40, 58–9).

170 Brother of the Holy Trinity confraternity; obit 3 Id. Dec. 1512 (*Obits*, pp 54, 58).

171 Buried, 16 October 1513 in the choir near the altar (L.P., vol. 1, p. 86).

172 Canon of Holy Trinity; obit, 7 Kal. Aug. 1528 (*Obits*, pp 34, 58).

173 Died, 11 October 1577; monument erected in Christ Church (Finlayson, p. 13).

174 Monument in Christ Church (Finlayson, p. 13).

175 Wife of Sir Henry Harrington, knt; died, 8 September 1544 (Finlayson, p. 13).

176 Children of Arthur Grey, 14th baron Grey De Wilton, lord lieutenant of Ireland, 1580-82, and Jane Sibyella, daughter of Sir Richard Morison, Cashiobury, Hertfordshire (*D.N.B.*, Finlayson, p. 14).

177 Born, 1527, Kilkenny; educated at Oxford; dean of Ferns 1559; archdeacon of Meath, 1559–95; prebendary of Tipperkevin in St Patrick's cathedral, Dublin, 1561–85; dean of Christ Church, Dublin, 1565–95; bishop of Kilmore, 1585–9; archbishop of Armagh, 1589–95; died, 2 March 1595 (Leslie, Fasti, pp 60–1; Cotton iii, pp 19–20).

178 First wife of Sir William Ussher, clerk of the council; buried, 13 November 1597 (L.P., vol. 7, p. 251).

179 Second wife of Sir Edward Moore, bart; daughter of William Brabazon, Eastwell, Leicestershire; buried, 30 December; for an account of her funeral see source (L.P., vol. 2, p. 93).

180 Sheriff of Dublin, 1605; died July 1615; married Margaret Staples who erected a momument in Christ Church (Finlayson, p. 16).

181 Edmung Goffe, died, 16 February 1607; monument erected in Christ Church by his wife (Finlayson, p. 15).

182 Chief baron of the exchequer, 1612; commissioner of the court of wards; 1613; custos sigilli, 1619; died, 7 March 1619 (*P.O.*, p. 90; L.P., vol. 6, p. 14).

183 See note 23.

184 Son of Sir William Griffith, knt; arrived in Ireland, 28 September 1631; privy councillor; captain of two hundred and fifty footmen; died, 12 March 1632; monument erected in Christ Church (Finlayson, p. 16).

185 Merchant; sheriff, 1604; alderman, 1607; mayor, 1610; died, 23 August 1637 (L.P., vol. 1, p. 305).

186 Born, 6 September 1641; died, March 1643 (L.P., vol. 4, p. 56).

187 Born, 24 March 1636; died, 3 April 1655 (L.P., vol. 4, p. 55).

188 Son of Luke Ussher, archdeacon of Armagh; rector of Clonmore (Armagh), 1633; rector of Drumconrath (Meath), 1635; died at Termonfeckin, co. Louth, 31 July 1659 (Leslie, *Armagh*, p. 193; Cotton v, p. 206).

189 Died, 11 March 1660 (L.P., 7, p. 261).

190 Eldest son of Henry Cadogan, Llanbetter, Wales; born, 5 February 1600 (Finlayson) or 1601 (*D.N.B.*) at Dunster; accompanied the earl of Strafford to Ireland where he served as a captain of the horse in 1641; major of the horse in Cromwell's army and governor of Trim castle, 1649; died, 14 March 1661; monument erected in Christ Church (*D.N.B.*, Finlayson, pp 17–18).

191 Eldest son of James Leslie of Evandale; born Leslie Fife, 1580; educated at Aberdeen; ordained in Ireland, 1617; prebendary of Connor, 1619; rector of Muckamore (Connor), 1622; dean of Down, 1627; treasurer of St Patrick's cathedral, 1632; bishop of Down and Connor, 1635; lost much property in the 1641 rebellion and withdrew from Ireland; bishop of Meath, 1661; died in Dublin, 9 April 1661; buried in Christ Church, 10 April 1661 (*D.N.B.*, Leslie, *Armagh*, pp 59–60; Cotton iii, p. 119.

192 See note 29.

193 Son of Peter Bramhall, Carleton near Pontefract, Yorkshire; baptised, 18 November 1594; educated at Cambridge; came to Ireland as chaplain to the earl of Strafford, 1633; archdeacon of Meath; bishop of Derry, 1634; retired to the continent, 1644; archbishop of Armagh at the Restoration; died in Dublin, 20 June 1633 (*D.N.B.*, Cotton iii, pp 22–3).

194 Died of a fever in his prime, 5 March 1664; buried next day (L.P., vol. 1, p. 105).

195 Son of Henry Wilde of London; born, 9 January 1910; fellow of St John's college, Oxford; chaplain to archbishop Laud; as a royalist he suffered in the civil war and was deprived of his fellowship; appointed bishop of Derry at the Restoration; died in Dublin, 29 December 1665; buried in the choir of Christ Church near the altar rails (*D.N.B.*, Cotton iii, p. 318).

195 Baptised, 21 January 1663; buried 21 March 1665 (L.P., vol. 1, p. 105).

197 See note 36.

198 Finlayson concluded that the phrase 'buried in this church' in Cotton's entry for Neyland meant that the burial had taken place in Christ Church but in this he was mistaken. Cotton's list is of prebendaries of St Michan's and it was to St Michan's church that Cotton was referring (Cotton ii, p. 74; Leslie, *Ossory*, p. 62).

199 Buried, 2 April 1669 (L.P., vol. 1, p. 308).

200 Baptised, 7 May 1639; died, 22 September 1670; buried, 4 October 1670 (L.P., vol. 1, p. 308).

201 See note 42.

202 See note 46.

203 See note 43.

204 See note 44.

205 Baptized, 10 June 1640; died, 17 November 1674; buried in St Mary's chapel, 22 November 1674 (L.P., vol. 1, p. 308).

206 Buried, 8 December 1675 (L.P., vol. 1, p. 306).

207 See note 48.

208 See note 56.

209 See note 51.

210 See note 55.

211 Buried, 11 March 1681 (L.P., vol. 2, p. 198).

212 Buried in the choir, 7 June 1681 (L.P., vol. 4, p. 56).

213 Died, 10 July 1683; buried 12 July 1683 (L.P., vol. 3, p. 208).

214 Baptised, 6 November 1683; buried in the choir, 18 March 1684 (L.P., vol. 3, p. 151).

215 Eldest daughter of Louis, Lord Beverweart, natural son of Maurice, prince of Orange; buried, 25 January 1684 (L.P., vol. 4, p. 59).

216 Eldest daughter of Laurence, earl of Rochester; died in Dublin of a miscarriage, 25 January 1684, aged seventeen years and three days; buried in the family vault (L.P., vol. 4, p. 63).

217 See note 57.

218 See note 63.

219 See note 64.

220 See note 68.

221 See note 67.

222 Son of William Wilson, Marcle, Worcestershire; born, *c*.1644; educated at Oxford; chaplain to the duke of Ormonde; chancellor of Christ Church, Dublin, 1682; dean of Raphoe, 1683; bishop of Limerick, 1692; died in Dublin, 3 November 1695 (Cotton i, p. 387; Leslie, Fasti, pp 87-8).

223 Died, 20 April 1709 in his 89th year; monument erected in Christ Church (Finlayson, p. 19).

224 Son of Robert FitzGerald, 19th earl of Kildare, and Lady Marie O'Brien, eldest daughter of William, earl of Inchiquin; born, 11 October 1720 (L.P., vol. 1, p. 111).

225 Daughter of Robert FitzGerald, 19th earl of Kildare, and Lady Marie O'Brien, eldest daughter of William, earl of Inchiquin; born 11 June 1719 (L.P., vol. 1, p. 112).

226 Daughter of Robert FitzGerald, 19th earl of Kildare, and Lady Marie O'Brien, eldest daughter of William, earl of Inchiquin; born, 31 December 1726 (L.P., vol. 1, p. 112).

227 Third daughter of Sir John Burke, Derrymaclaghtny, co. Galway; died, 7 October 1710 (L.P., vol. 1, p. 212).

228 Born, 25 December 1709; died, 10 November 1711; monument erected in Christ Church (Finlayson, p. 20).

229 William Ellis: born, 15 May 1711; died, 21 May 1711; monument erected in Christ Church (Finlayson, p. 20).

230 Born, 9 October 1712; died, 18 October 1712; monument erected in Christ Church (Finlayson, p. 20).

231 Born 21 January 1715; died, 31 August 1715; monument erected in Christ Church (Finlayson, p. 20).

232 Died of small pox, 20 October 1721, aged about eight years (L.P., vol. 2, p. 318).

233 Died at Inchicore, near Dublin, 14 November 1727 (L.P., vol. 4, p. 130).

234 Born, 21 January 1715; died, 14 May 1765; monument erected in Christ Church (Finlayson, p. 20).

235 Son of Charles Osborne, vicar choral and organist, Limerick cathedral; born, *c*.1771; vicar choral, Limerick cathedral, *c*.1784; vicar choral, Christ Church, Dublin, 1799–1823; vicar choral, St Patrick's cathedral, Dublin, 1814; vicar, Clonelty (Limerick), 1813–23 (Leslie, Fasti, p. 175; Cotton ii, p. 87).

236 The source for this list is the book of obits and the page references are to *The book of obits*, ed. Crosthwaite.

237 Thomas, son of Thomas Smothe, Dublin: in a deed of 1379 the prior of Holy Trinity and others are named as the executors of his will (*Christ Church deeds*, no. 250).

238 ?husband of Alicia Grauncet, benefactor of Holy Trinity (*Obits*, p. 27)

239 Sergeant-at-law; in a deed of 8 October 1486 (Estrete's covenant) he surrenders his pension of 40s. and grants a rent of £4.4.0 to the prior and convent of Holy Trinity so that a mass of the Holy Ghost and other services shall be said for him and his benefactors in the chapel of St Laurence O'Toole (*Christ Church deeds*, no. 349).

240 Benefactor of Holy Trinity; canon of Holy Trinity in a deed of 1488 (*Obits*, pp 23–4, *Christ Church deeds*, no. 1091).

241 John Fanyn and Matilda Talbot, his wife, are parties to deeds in 1455; John Fannynge, Oxmanstown, appears in a rental of Holy Trinity, 1542 (*Christ Church deeds*, nos 958–60, 1191).

242 Geoneta Fannyng, widow, Dublin and Simon Duff, chaplain, grant property in Oxmanstown to Holy Trinity, 3 February 1512 (*Christ Church deeds*, no. 391).

243 Party to deeds, 1512 (*Christ Church deeds*, nos 391–3).

244 Rogerus Darcy, miles, gave money for the building of the cloister (*Obits*, p. 36).

245 His will dated, 6 May 1463, describes him as a gentleman; refers to his first wife, Johanna St Leger, and his second wife, Katherine Nangle; and requests that he be buried in the monastery of the Blessed Virgin Mary, Dublin (H.J. Lawlor 'A calendar of the Liber Niger and Liber Albus of Christ Church, Dublin' in *Proceedings of the Royal Irish Academy*, vol. XXVII, section C, no. 1, 1908, p. 38).

246 John Benett was mayor of Dublin, 1456–7; (Hill, Mayors of Dublin, p. 553).

247 Son of John Benett, mayor of Dublin, and Johanna Sueterby; husband of Elizabeth Bellew; grants lands for the support of four choristers in Holy Trinity; brother of the Holy Trinity confraternity (*Christ Church deeds*, no.319, *Obits*, p. 25).

248 First wife of Thomas Suetyrby and mother of Thomas Benett (see notes 245, 247).

249 Wife of Thomas Benett (see note 247).

250 Nicholas Bourke: mayor of Dublin, 1472–3; obit, 4 Id Aug. 1484 (Hill, Mayors of Dublin, p. 553; *Obits*, p. 36).

251 Sir Roland FitzEustace, lord treasurer, 1454, 1461; baron Portlester, 1461; lord deputy, 1462; lord chancellor, 1472; benefactor in Estrete's covenant; died, 1496;

D.N.B. states that he was buried in the Franciscan abbey, Kilcullen, which he had founded. (*D.N.B.*; *P.O.*, p. 49; *Christ Church deeds*, no. 349, *Obits*, p. 54).

252 Robert Nettirvile was witness to a deed, 26 July 1488 (*Christ Church deeds*, no. 1090; *Obits*, p. 54).

253 Daughter of Robert FitzWilliam, Dublin; wife of Richard Cadell; alive 1487 (*Christ Church deeds*, nos 379, 1084; *Obits*, p. 30).

254 Richard Stanyhurst, 'brother to Jennet FitzWilliam' (*Christ Church deeds*, no. 1084).

255 Benefactor of Holy Trinity; grants to the prior and convent all his goods, except two silver cups, with a life interest for himself, 4 May 1477; party to a deed, 30 July 1478 (*Obits*, p. 12; *Christ Church deeds*, no. 308, 1013).

256 Born in Dublin, 16 December 1825, son of Charles F. Stewart, librarian of the King's Inns; chorister in Christ Church cathedral; organist of Trinity College and Christ Church, 1844–94 and of St Patrick's Cathedral, Dublin, 1852–61; professor of Music, Trinity College, Dublin, 1862–94; knt, 1872; died in Dublin, 25 March 1894 (*D.N.B.*).

257 Born in Dublin *c.*1811; master of Christ Church cathedral school, 1836; precentor's vicar choral, 1844; prebendary of St Michael's, 1876–82; died 21 May 1882 (Leslie, *Fasti*, p. 113).

258 Son of John Smith, Mus. Doc; elected vicar choral, Christ Church cathedral, 12 April 1858; deprived for failure to satisfactorily discharge his duties in the choir, 1878 (Leslie, *Fasti*, p. 178; Representative Church Body Library, C6/5/2).

259 Seventh earl of Granard: born, 5 Aug. 1833; vice admiral of the province of Connaught; knight of the order of Malta; knight grand cross of the order of St Gregory; lieutenant colonel, 9th battalion, rifle brigade; member of senate of Royal University of Ireland; succeeded his grandfather to the earldom, 1837; died, 25 Aug. 1889 (Burke).

260 Daughter of Hamilton Knox Grogan Morgan, M.P., of Johnstown Castle, co. Wexford; died, 22 Jan. 1872 (Burke).

261 Son of Edward Seymour, solicitor; born in Dublin *c.*1830; curate of Skryne (Meath) 1854; St Patrick's, Waterford 1855, St Andrew's, Dublin 1857; prebendary of St Michael's 1866-72; canon of Christ Church 1872-6; precentor 1876 until retirement in 1883; died 5 Jan. 1908. Author of *Christ Church Cathedral* (Dublin 1869), *The Cathedral System* (Dublin 1870), *History of Christ Church Cathedral, with Mr Street's Account of the Restoration* (Dublin 1882) (Leslie, *Fasti*, pp 81–2).

262 Cambridge graduate; curate St Matthew, Leeds 1872; Chapel Allerton 1875; minor canon, Christ Church cathedral, 1878–83; thereafter dioceses of Ripon and York (Leslie, *Fasti*, p. 178).

263 Landscape and marine painter: son of William Williams, hatter, Drogheda; born in Monaghan 21 April 1846; educated Drogheda grammar school and apprenticed to his father; studied drawing at the Royal Dublin Society schools; R.H.A., 1891. Also a qualified musician: member of the Chapel Royal choir and a soloist in the choirs of Christ Church and St Patrick's cathedrals; died in Dublin 15 Nov. 1930 (Theo Snoddy *Dictionary of Irish artists* (Dublin 1996), pp 542–4).

264 Curate, Kilkeeven (Elphin), 1881; sec. C.I.Y.M.C. & minor canon, Christ Church

cathedral, 1882–96; thereafter in the Church of England; died in Broadstairs, Kent, 27 Jan. 1935 (Leslie, Fasti, p. 179).

265 Diocesan Secretary of Dublin, Glendalough & Kildare, c.1892–1914 (*Irish Church Directory*).

266 Richard Charles Mordant Harbord; son of Colonel Richard Harbord, 7th Royal Fusiliers; curate, Dromaleague (Cork), 1889; minor canon & master of Christ Church grammar school, 1894–1903; curate, 1903, and incumbent, 1904 until his retirement in 1931, Murragh & Templemartin (Cork); died 30 Dec. 1939 (Leslie, Fasti, p. 179).

267 Curate, St Michan's, Dublin, 1887–8 & 1898–9; curate, Chapelizod (Dublin), 1888–9; curate, Fethard (Ferns), 1889–90; rector, Ballycarney (Ferns), 1890–3; curate Mullinacuffe (Ferns), 1893–95; rector, Carogh (Kildare), 1895–8; died 21 Aug. 1899, aged 48 (J.B. Leslie *Ferns Clergy and Parishes* (Dublin, 1936), p. 116).

268 Son of alderman Thomas Abbott, merchant, lord mayor of Dublin, 1825–6; curate, St Michael's, Dublin, 1837; prebendary of St Michael's, 1844–5; prebendary of St John's, 1845–54; prebendary of St Michan's, 1855; rector of St Mary's, Dublin, 1855–65; sub dean of the Chapel Royal; died 12 June 1865 having taken his own life in a fit of insanity (Leslie, Dublin, p. 400).

269 Brother of Charles Gordon, 11th marquis of Huntley; born, 14 June 1856; formerly lieutenant in the Longford militia (*Debrett's*).

270 Daughter of Henry Roe, distiller, who funded the restoration of Christ Church cathedral, 1871–8; died, 1900 (*Debrett's*).

271 Born, 1816; 2nd bart, 1864; married Louisa Mary, daughter of the Revd Henry du Cane, Witham, Essex (*Debrett's*).

272 Daughter of Samuel Favez Esq. (*Debrett's*).

273 Francis William Brady: born 22 July 1824; succeeded his father as 2nd bart, 1871; Q.C., D.L. for city of Dublin, county court judge, chairman of quarter sessions, co. Tyrone, commissioner in lunacy; married, 7 Nov. 1847, Emily Elizabeth Kyle, daughter of the bishop of Cork, (died 4 Aug. 1891) (Burke).

274 Daughter of George W. Hatchell, M.D. (Burke).

275 Son of Revd Joseph Whatley, vicar of Widford, Hertfordshire; born 1 Feb. 1787; fellow of Oriel College, Oxford, 1811; vicar, Halesworth, Suffolk, 1822; principal of St Alban's Hall, Oxford, 1825; Drummond professsor of political economy, Oxford, 1830–2; archbishop of Dublin, 1831–63; died 8 Oct. 1863; buried in the Royal Vault (*D.N.B.*, Leslie, Fasti, pp 46–8).

276 Third son of Charles Agar, archbishop of Dublin and earl of Normanton; born 10 July 1781; educated at Westminster school and Oxford; prebendary of Timothan (Dublin), 1805–9; curate, St Nicholas Within, Dublin, 1805–9; vicar, Carrigallen (Kilmore), 1809–66; rector & vicar, Holywood (Glendalough), 1814–66; archdeacon of Kilmore, 1816–66; died at Donishall, co. Wexford, 6 Sept. 1866 (Leslie, Kilmore, pp 44–5).

INDEX

The following index is to personal names which appear in the book of obits, the proctors' accounts and the cathedral's registers of baptisms, marriages and burials. Where the same name appears more than once without any distinctive qualification, such as a different christian name or an occupational tag, it is an indication that it is believed that the entries may relate to different people of the same name although it has not been possible to definitively establish that this is the case.

Foster, Johannes, 74
Foster, Patrick, 107
Fox, Cristoforus, 59
Fox, Eadmunda, 76
Fox, Jeneta, 46
Fox, Johannes, 81
Fox, Symonis, 49
Frayne, Millana, 44
Freman, Richardus, 43
Freman, Richardus, 81
Fry, George A., 133
Fryer, Captain, 106
Fryer, Mrs, 106
Fulburn, Stephen of, archbishop of Tuam, 61, 120
Fulco see Fulk
Fulk, prior of Holy Trinity, 60
Fulk de Sandford, archbishop of Dublin, 56
Fulthrop, Rogerus, 79
Furneys, Adam de, 54
Fwelbert, Thomas, 40
Fwelbret, Thomas, 59
Fyan, Johannes, mayor of Dublin, 80
Fyan, Willelmus, 59
Fyand, Ammia, 48
Fych, Margareta, 55
Fych, Thomas, sub-prior of Holy Trinity, 42
Fyche, Alicia, 52
Fyche, Galfridi, dean of St Patrick's, 52
Fyche, Johannes, 49
Fyche, Ricardus/Richard, 61, 85, 86, 120
Fyche, Wilhelmus, 42
Fyers, Lieutenant General William, 110
Fylenys, Patricius, 50
Fylpoot, Thomas, 49
Fyn, Agneta, 50
Fyn, Willelmus, 49
Fynglas, Jeneta, 59
Fynglas, Johanna, 69
Fynglas, Willelmus, 72
Fyst Wyllam, Jenete, 123
Fytz Ede, Thomas, 78
Fytz Eustace, Raulanus, 82, 85, 123
Fytz Gerot, Elizabeth, 66
Fytz Gerott, Johanna, 52
Fytz Jon, Petrus, 74
Fytz Robert, Johannes, mayor of Dublin, 49
Fytz Robert, Johannes, 68
Fytz Symon, Robertus, precentor of St Patrick's, 81, 89

Fytz Symon, Thomas, mayor of Dublin, 47
Fytz Symon, Walterus, mayor of Dublin, 47
Fytz Thomas, Mauricius, 67
Fytzmoris, Geraldus, count of Kildare, 75
Fytzwillam, Jeneta, 61
Fyzt Moryce, Geraldus, comes Kyldarie, 69
Fyzt Symon, Philippus, 79
Fyzt Wyllam, Jenete, 85
Fyztsimon, Walterus, archbishop of Dublin, 57

Gadyn de Clyfford, Nicholaus, 80
Galfidus, canonicus, 80
Galfridus, canonicus, All Hallows, 47
Galfridus, canonicus, Holy Trinity, 52
Galgaclus, canonicus, 45
Gallan, Katerina, 82
Gallier, Margareta, 49
Garnett, Charlotte J., 138
Garrey, Timothy, 114
Garry, Bridget, 114
Garry, Henry Theodore, 114
Garvey, John, archbishop of Armagh, 120
Gascion, Mrs, 96
Gaydon, Henricus/Henry, 59, 89
Gaydon, Johannes, 61
Geary, William, 109
Geffry, Laurencius, 53
Geffry, Robertus, 51
Geffry, Symon, 51
Gelalius, canonicus, 63
Gelston, Hugh, 137
Genico, Nicholaus, 56
George IV, king of England, 128
Geraldus, count of Kildare see Fitzgerald
Gernonum, Alicia, 58
Gervasius, frater, 51
Gervasius, prior, 66
Gey, Willelmus, 79
Gibson, Isaac Charles, 139
Gibson, Thomas, 139
Gigred, 80
Gilbert, William, 107
Gilchrist, Anne Grace, 117
Gilchrist, John, 117
Gilchrist, Margret, 117
Gilldisley, Ricardus, 81
Glasnevyn, Ricardus de, 72
Glowceter, Johannes, 82
Glyn, Macrobius, 71
Godarte, Wilhelmus, 41